Claude Debussy
im Spiegel seiner Zeit

Titel des englischen Originals: *Debussy remembered*
Faber and Faber Limited, London 1992

Lektorat: Jochen Schürmann
Titelentwurf: Theodor Bayer-Eynck
Titelfoto: Ullstein Bilderdienst, Berlin
Satz und Gestaltung: MisterMac AG, Chur
Druck: Gasser AG, Chur
ISBN 3-7265-6028-9

Roger Nichols

Claude Debussy im Spiegel seiner Zeit
– Portraitiert von Zeitgenossen

Aus dem Englischen von Wiebke Falckenthal
Die mit einem * gekennzeichneten Quellentexte wurden von Claudia Bork aus dem Französischen übertragen

M&T Verlag

Inhalt

Vorwort

Als Béla Bartók das erste Mal nach Paris kam, wollte er unbedingt Debussy kennenlernen und äußerte diesen Wunsch einem Freund gegenüber. »Aber er kann ganz schön widerborstig werden. Willst du dich wirklich der Gefahr aussetzen, dich beleidigen zu lassen?« »Warum nicht!«

Zu Debussys Verteidigung muß man sagen, daß der französische Komponist nie ein großer Menschenfreund gewesen ist, und mit zunehmendem Alter schien dieser Charakterzug an ihm immer deutlicher zu werden. In den neunziger Jahren hatte er die Idee, eine esoterische Gesellschaft für Musiker zu gründen, um die Massen von der Musik besser fernhalten zu können, denn seiner Ansicht nach war die große Mehrheit gar nicht in der Lage, wahre Kunst richtig zu verstehen. In seinen Augen diskreditierte sich der allgemeine Geschmack schon durch die Verehrung höchst überflüssiger Werke, wie zum Beispiel Charpentiers *Louise* (er ließ keine Gelegenheit aus, darüber ein unfreundliches Wort zu verlieren). Er behauptete von sich selbst, »so unscheinbar wie ein Grashalm« zu sein, was völliger Unsinn ist. Die folgenden Erinnerungen zeigen, wie alle Freunde mit seinem ausweichenden, schwierigen und widersprüchlichen Wesen – ganz zu schweigen von seiner großen Begabung, andere aus der Fassung zu bringen – zu kämpfen hatten. Debussy glaubte weder an Gott noch an das Establishment oder an irgendwelche bürgerlichen Konventionen; und wer an Metaphorik Gefallen findet, ergeht sich gern in Anspielungen auf seine eigentümlich geformte Stirn, die sich, gleich einem Schiffsbug gewölbt, zielstrebig den Weg durch die bis dahin ruhige See bahnt. Und dennoch, für die meisten seiner Freunde lohnte sich der Kampf mit seiner schwierigen Natur offenbar. Paul Dukas meinte, um Debussy richtig einschätzen zu können, müßte man ihn schon in jungen Jahren gekannt haben, und zwar bevor *Pelléas et Mélisande* ihm Ruhm und – was noch schädlichere Auswirkungen hatte – Verantwortung einbrachte. Wie diese Erinnerungen ausführlich belegen, blieb er auch in späteren Zeiten eine starke Persönlichkeit mit außergewöhnlichem Charme.

Ebenso wie Maurice Ravel sprach Debussy nicht gern über Musik; er zog das »Leben« in seiner großen Vielfalt vor. Er war kein Übermensch: Zigaretten drehte er geschickt, Tennis spielte er schlecht; er kochte exzellent und war ein unerträglich langsamer und miserabler Bridgespieler. Mit die größten Fragen wirft seine zweite Heirat auf. Gerüchten zufolge soll er sich viel mit dem Tischrücken beschäftigt haben, was Emma nicht gern sah, und wann immer er versuchte – wie zum Beispiel bei seiner Rußlandreise im Jahr 1913 –, sich ihrer unmittelbaren Kontrolle zu entziehen, tat sie bestimmt alles, um ihm das Leben schwer zu machen. Andererseits kann es mit ihm als Ehemann auch nicht sehr leicht gewesen sein. Emma sorgte dafür, daß er die Ruhe bekam, die er zum Arbeiten benötigte – und die unvergleichlichen Früchte dieser Arbeit waren ein weiterer Grund dafür, daß ihm seine Freunde und Musikerkollegen Verstöße gegen die Umgangsformen verziehen.

Wie schon in dem Band »Maurice Ravel im Spiegel seiner Zeit« habe ich unerhebliche oder uninteressante Passagen, ohne dies anzumerken, ausgelassen. Die Quellenangaben stehen so ausführlich wie möglich jeweils am Ende des Textauszugs.

Roger Nichols

I
Jugend und Studienjahre

Achille-Claude Debussy, um 1874

Achille-Claude Debussy wurde am 22. August 1862 in Saint-Germain-en-Laye, westlich von Paris, als Sohn von Victorine Manoury und Manuel Debussy geboren. Sein Vater besaß zu der Zeit einen kleinen Porzellan-Laden. Achille war das älteste von fünf Kindern. Madame Mauté, die Schwiegermutter von Paul Verlaine, förderte seine musikalische Begabung. Ab Oktober 1872 besuchte Debussy das Pariser Conservatoire und erhielt dort Unterricht im Solfeggio bei Albert Lavignac und Klavierstunden bei Antoine Marmontel. 1884 gewann er beim zweiten Anlauf den Prix de Rome und lebte im Jahr darauf in der Villa Medici in Rom. 1887 kehrte Debussy nach Paris zurück.

Gabriel Pierné
(1863–1937)

Gabriel Pierné studierte am Conservatoire bei César Franck und Jules Massenet. Er gewann 1882 den Prix de Rome und wurde 1890 der Nachfolger Francks als Organist von St. Clotilde. Von 1910 bis 1934 war er Chefdirigent bei den Concerts Colonne. Unter seiner Leitung fanden 1910 die Uraufführung von *Ibéria* (aus den *Images*) sowie die ersten Konzertaufführungen von *Jeux* (1914) und *Khamma* (1924) statt.

Ich lernte Debussy gegen 1873 in der Solfeggio-Klasse von Lavignac auf dem Conservatoire kennen. Er war ein beleibter Junge von ungefähr zehn Jahren, klein, stämmig und untersetzt. Er trug eine schwarze Jacke, die durch eine weichfließende, gepunktete Krawatte und eine Samthose aufgelockert wurde. Er wohnte damals in der vierten Etage in der Rue Clapeyron. Seine Unbeholfenheit, seine Ungeschicklichkeit waren außergewöhnlich; er wirkte schüchtern und fast scheu.

In der Klavierklasse von Marmontel versetzte er uns mit seinem sonderbaren Spiel in Erstaunen. War es eine angeborene Ungeschicktheit oder Schüchternheit – ich weiß es nicht, aber er hackte buchstäblich auf das Klavier ein und übertrieb jeden Ausdruck. Er schien wie von einer Wut gegen das Instrument gepackt, traktierte es mit impulsiven Gesten, atmete laut bei schwierigen Passagen. Seine Schwächen legten sich mit der Zeit, und er erzielte manchmal Wirkungen von überraschender Sanftheit. Mit all seinen Fehlern und Vorzügen blieb sein Spiel etwas ganz Besonderes.

Er war ein Gourmet, kein Gourmand. Er liebte die guten Dinge und scherte sich wenig um die Quantität. Ich erinnere mich noch sehr gut daran, wie er eine Tasse Schokolade genoß, zu der ihn meine Mutter nach dem Unterricht bei Prévost eingeladen hatte, oder an die Art, wie er bei Boubonneux in der Vitrine, die den Luxusprodukten vorbehalten war, ein winziges Sandwich oder ein kleines Förmchen mit Makkaroniauflauf wählte, anstatt sich wie seine Kameraden mit nahrhafteren Kuchen zu bescheiden. Dieses mittellose Kind, das den einfachsten Kreisen entstammte, hatte in allem einen aristokratischen Geschmack.

Er zeigte eine besondere Schwäche für winzige Gegenstände, für die feinen und zarten Dinge. Mein Vater besaß eine sorgfältig gebundene Sammlung der Zeitschrift »Le Monde Illustré«. Als Achille (zu jener Zeit trug er diesen Vornamen) zu mir nach Hause kam, schauten wir uns voller Vergnügen die Bilder darin an. Debussy bevorzugte diejenigen, die nur wenig Raum einnahmen und einen breiten Rand ließen. Eines Tages überredete er mich dazu, mit ihm einige dieser Illustrationen auszuschneiden, um damit unsere Zimmer zu schmücken. Die Missetat war bald vollbracht, und ich erinnere mich, daß Debussy die mit übergroßen Rändern versehenen Reproduktionen berühmter Gemälde, vor allem von Meissonnier, mitnahm. Ich brauche Ihnen nicht zu erzählen, wie groß der Ärger meiner Eltern war.

Gabriel Pierné

Ich verlor ihn in den höheren Klassen aus den Augen, ich war bei Massenet, er bei Guiraud. Aber als er 1885 in der Villa Medici eintraf, hielt ich mich noch in Rom auf. Obwohl er mit seinen Studienkollegen Seite an Seite lebte, gab es zwischen ihm und ihnen keine wirkliche Vertrautheit. Er blieb ganz für sich und mied unsere Gesellschaft. Er ging viel aus, durchstöberte die Trödlerläden und kaufte maßlos winzigen japanischen Nippes zusammen, der ihn begeisterte. Man sah ihn nur zu den Mahlzeiten.

Souvenirs d'Achille Debussy, »Revue Musicale«, 1. Mai 1926, S. 10f *

»La Défense Nationale«

Rezension eines Konzerts vom 16. Januar 1876, bei dem Debussy (oder vielmehr de Bussy, wie er sich damals noch nannte) zusammen mit der Sängerin Mendès, dem Geiger Mansart und dem Cellisten Samary in Chauny (Aisne) auftrat.

Mademoiselle Mendès und Monsieur Samary werden wieder nach Chauny kommen. Aber vor allem De Bussy wird wiederkommen, De Bussy, der so großen Mut in seinem so kleinen Körper birgt! Welch' ein Feuer! Welch' ein Schwung! Welch' echte Begeisterung! Keiner sage mehr, das Klavier sei ein kaltes Instrument, daß es ein weiter Weg sei von dem anschlagenden Finger bis zur Saite, die erklingt, und daß sich das Leben auf diesem Wege verlöre und der Ton tot sei! Dieser kleine angehende Mosart [sic!] ist ein Teufelskerl. Wenn er sich des Klaviers bemächtigt, legt er seine ganze Seele in die Saiten. Die Herren Mansart und Samary mußten ihre ganze außergewöhnliche Kunst aufwenden, um ihn in dem Trio von Haydn wieder einzuholen, bei dem er sich zu einer bezaubernden Furia hinreißen ließ. Er ist noch nicht einmal vierzehn!

»La Défense Nationale«, Nachdruck in: Sondernummer der »Revue de Musicologie« *Claude Debussy (1862-1962)*, 1962, S.97 *

Paul Vidal
(1863–1931)

Paul Vidal studierte am Conservatoire und gewann 1883, ein Jahr vor Debussy, den Prix de Rome. Neben seiner Tätigkeit als Komponist bekleidete Vidal mehrere Posten an der Opéra und wurde 1906 zu deren Chefdirigenten ernannt. In der Zeit von 1914 bis 1919 war er Musikdirektor der Opéra-Comique.

Ich lernte Achille Debussy im Oktober 1878 in der Klavierklasse des alten Marmontel kennen. Debussy fiel mir sofort durch sein eigenwilliges Aussehen auf: Seine schwarzen, gelockten, in die Stirn fallenden Haare, seine durchdringenden Augen und das Konzentrierte und Unnahbare seines Gesichtsausdruckes; er hatte etwas Wildes an sich. Mir gelang es, ihn zu zähmen, und wir wurden schnell enge Freunde.

Debussy, der zwei Jahre zuvor den zweiten Preis im Klavierspiel bekommen hatte, hoffte am Ende des Jahres 1879 den ersten Preis zu erringen, aber es mißlang ihm, was für ihn und vor allem für seine Familie eine große Enttäuschung war, denn diese erhoffte sich für ihn die schillernde Karriere eines Pianisten.

Sein sehr interessantes Spiel war technisch gesehen nicht ohne Fehler, so führte er den Triller nur mit Schwierigkeit aus. Seine linke Hand hingegen war von außergewöhnlicher Geläufigkeit und besaß eine große Spannweite. Sein Talent als Pianist entwikkelte sich vor allem im Laufe der folgenden Jahre in der Klasse für Begleitung bei Bazille, wo er sich deutlich von den anderen abhob.

In Emile Durands Klasse für Harmonielehre wurde unsere Freundschaft in diesem selben Schuljahr 1878/79 noch enger. Er war nicht der schlechte Schüler, den manche in ihm zu sehen meinten. Er verstand sich nur nicht gut mit seinem Lehrer, da er statt der harmonischen Ausarbeitungen, die dieser von ihm erwartete, immer über das Ziel hinausging: Er erfand kunstvolle, elegante, bezaubernde Lösungen, aber keineswegs die schulmäßigen, und Emile Durand, der ein guter Lehrer, aber ohne jegliche Flexibilität war, machte ihm dafür bittere Vorwürfe. Es geschah in dieser Klasse von Emile Durand, daß wir zwei uns mit Pierné befreundeten und ein unzertrennliches Trio wurden. In der schönen Jahreszeit gingen wir einmal in der Woche zum Kontrapunktüben an einen Teich im Parc Monceau, wo das Plätschern der kleinen Enten Debussy entzückte.

Zu dieser Zeit brachte Debussy mir bereits Kompositionen in das Hotel des Messageries, er sang seine ersten Melodien und wir trafen uns sehr oft mit Pierné und Henri Passerieu zu einer Art von Proben, die uns mit Begeisterung erfüllten.

Ich für meinen Teil liebte die Melodien Debussys und wurde niemals müde, sein Lied *Madrid, princesse des Espagnes* und seine *Ballade à la Lune* zu hören. Da ich ihn immer drängte, mir seine neuesten Kompositionen vorzuspielen, und er nicht die Zeit hatte, neue zu schreiben, oder nicht schreiben wollte, spielte er mir den Streich, eine ganze Liedsammlung von Pessard auswendig zu lernen, und sang mir *Les Joyeusetés de bonne compagnie* vor, als seien sie von ihm.

Madame Debussy war eine Mutter, die leidenschaftlich an ihrem Sohn hing und sehr exaltiert war; jeder Brief, den sie von ihm während seiner Reise erhielt, war ein wahres Ereignis in ihrem Leben. Sie war von großer Güte und verwöhnte mich sehr. Sie war eine ausgezeichnete Köchin, und es gefiel ihr, köstliche Speisen zu bereiten, was dem kulinarisch weit entwickelten Geschmack von Debussy sehr entgegenkam.

Sie und ihr Mann entstammten einem sehr bescheidenen Milieu, gehörten aber nicht zum »einfachen Volk«, da sie sich für alles interessierten und über alles informiert waren; einen solchen Menschenschlag findet man nur in Paris. Dieses kleine Angestelltenpaar sah sich alle neuen Stücke an, die in den Theatern spielten, und fand großes Vergnügen daran, über sie zu diskutieren.

Der musikalische Geschmack Debussys zu diesem Zeitpunkt – oder genauer gesagt vor seiner Reise nach Rußland und Wien, die ihm neue Horizonte erschloß – war stark durch das Repertoire der Klasse von Marmontel geprägt. Dort beschäftigte man sich viel mit Chopin und Schumann – für letzteren hegte Debussy eine besondere Vorliebe –, und auch die Werke von Stephen Heller und Valentin Alkan, die heute allzusehr in Vergessenheit geraten sind, wurden häufig gespielt. Neben diesen Musikern war Debussy voller Bewunderung für Berlioz und vor allem für Lalo: Er trug auswendig Passagen aus *Namouna* vor, das noch nicht veröffentlicht worden war; er liebte die Partitur von *Samson et Dalila* von Saint-Saëns sehr und zeigte große Sympathie für die Theatermusik Léo Delibes, Guirauds und selbst Pessards, dessen *Capitaine Fracasse* ihn verzauberte.

Er gab vor, Beethoven zu verabscheuen, jedoch sah ich ihn während seines Aufenthalts in Rom zweimal von Begeisterung für diesen Meister erfaßt: Zunächst anläßlich des 5. Klavierkonzerts, gespielt von Sgambati, und dann bei einer Aufführung der Zweiten Symphonie, die von Pinelli dirigiert wurde. Andererseits mochte er »Père Franck«, dessen Partitur der *Béatitudes* er besaß. Debussy besuchte, wie ich, einige Zeit Francks Orgelklasse auf dem Conservatoire, und wir amüsierten uns beide über die Originalität des alten Meisters und über die Art, wie er seine

Die Preisträger des Prix de Rome auf den Stufen der Villa Medici, u. a. Paul Vidal (zweiter von links) und Claude Debussy (mit weißer Jacke an den mittleren Säulen sitzend)

Schüler gegen Ende der Improvisation anherrschte: »Modulieren Sie, modulieren sie, weiter, weiter...« Und dann plötzlich, erschreckt durch irgendeine Überspanntheit: »Nicht zuviel,... nicht zuviel.« Seine kleinen Eigenarten hinderten uns nicht daran, für ihn den herzlichsten Respekt zu hegen.

Debussy schloß sich Guirauds erster Kompositionsklasse an, ich war seit zwei Jahren bei Massenet; wir sahen uns trotzdem oft, und durch meine Vermittlung wurde er Klavierbegleiter im Kurs von Madame Moreau-Sainti, wo er in die Geheimnisse des Gesanges eingeweiht wurde.

Ende 1883 erhielt ich den Prix de Rome, während Debussy mit der Kantate *Le Gladiateur* Zweiter wurde. Dieses Ereignis wurde in der Familie Debussy mit einem Essen gefeiert, an das ich eine bewegte Erinnerung bewahre. Ich wurde wirklich wie ein Kind des Hauses behandelt. Ernest Guiraud stand dieser kleinen Familienfeier vor.

Ich reiste nach Rom ab, und Debussy folgte mir als Begleiter der Liedertafel »La Concordia« nach, deren Präsident Gounod und Direktorin Henriette Fuchs war. Da Gounod jeden Samstag auf dem Rückweg vom Institut zu den Proben der »Concordia« kam, lernte er dort Debussy kennen, für den er großes Interesse zeigte. Gounod setzte sich 1884 sehr dafür ein, daß Debussy für seine Kantate *L'enfant prodigue* der Prix de Rome verliehen wurde. Gounod war sich der außergewöhnlichen Begabung Debussys bewußt, und er scheute sich nicht, ihn als »Genie« zu bezeichnen.

Ende Januar 1885 hatte ich das Vergnügen, Debussy in der Villa Medici eintreffen zu sehen. Debussy war nicht der einsame Mensch, als der er sich in seiner Korrespondenz darzustellen gefiel. Wenn er sich auch manchmal über die mangelnde Kameradschaft beklagte, die in der Villa herrschte, so erschien er doch zu den Abenden von Monsieur Hébert, dem Direktor, wo er vierhändig spielte und seine Lieder sang, die alle liebten: *Les chevaux de bois, Mandoline, Fantoches* (er tat meiner Meinung nach Unrecht, diese später zu verändern) wurden ständig verlangt.

Wir waren oft tagelang zusammen und verbrachten diese Zeit damit, vierhändig die Orgelwerke Bachs zu spielen, den Debussy tief verehrte. Außerdem übten wir ausführlich die Arrangements der Neunten Symphonie von Beethoven für zwei Klaviere und die Walzer von Chabrier usw. Zu dieser Zeit lernten wir anläßlich eines Diners bei Hébert auch Franz Liszt kennen.

Da Xavier Leroux ebenfalls nach Rom gekommen war, verbrachten wir unsere Abende mit großen Lesungen. Laut und mit verteilten Rollen lasen wir eine große Anzahl der Theaterstücke

Shakespeares. Debussy zeigte schon in jungen Jahren eine große Vorliebe für die Gebrüder Goncourt, für Gustave Flaubert, Théodore Banville und für Verlaine, zu einer Zeit, da letzterer erst einem kleinen Kreis bekannt war. Er schätzte auch die Verse Paul Bourgets sehr.

Souvenirs d'Achille Debussy, »Revue Musicale«, 7, 1. Mai 1926, S. 11-16 *

Raymond Bonheur
(1861–1939)

Von Raymond Bonheur gibt es nur wenige Kompositionen. Eines seiner Lieder, *Avec les pistolets aux fontes* (Text von Francis Jammes), wurde von Debussy orchestriert. Leider ist die Partitur heute verlorengegangen. Von Bonheur stammt die Oper *Mavra*, und er hatte vor, zusammen mit André Gide eine zweite mit dem Titel *Le retour* zu schreiben.

Es muß 1878 gewesen sein, als ich Debussy an einem tristen Morgen zu Beginn des Schuljahres am Conservatoire zum erstenmal sah. Seine Mutter hatte ihn gerade unserem Lehrer für Harmonielehre, Emile Durand, vorgestellt, und ich erinnere mich, daß er, obwohl er schon aus diesem Alter heraus war, an diesem Tag noch wie ein kleiner Schüler der Klavierklasse angezogen war – mit kurzer Hose und Samtjacke.

Schon von seinen ersten Schulübungen an ward sein außerordentliches Talent sichtbar: Ob es sich um ein vorgegebenes Thema oder eine Baßvariation handelte, es geschah nur selten, daß er nicht eine geniale Ausarbeitung zustande brachte und die gewöhnliche Banalität mit einer subtilen und unerwarteten Harmonie zu beleben verstand. Ein junger Musiker, der bereits Rom-Preisträger war, hatte unserer Klasse, wie dies damals üblich war, eine Aufgabe gestellt – ein Thema, das die Schüler für vier Stimmen zu harmonisieren hatten – und am Tage der Korrektur geriet er über die bezaubernde Spontaneität in der Hausarbeit des Anfängers Debussy derart außer Fassung, daß er mit einer ausgesprochen eleganten Geste seine eigene Ausarbeitung nahm und sie vor unseren Augen zerriß.

Debussy und ich wurden schnell Freunde. Ein Band von Banville, eher unvermutet in dieser Umgebung, den ich in seinen Händen fand, war dafür der Grund. Debussy hastete für gewöhnlich in allerletzter Minute mit diesem kurzen und eiligen Schritt, den ich immer an ihm gekannt habe, durch den Hof des alten Konservatoriums. Nach Ende des Unterrichts gingen wir meist gemeinsam nach Hause, oft traf ich mich auch mit ihm bei seinen

Eltern, und er spielte mir auf einem alten Flügel, dessen von Zigaretten verbrannte Tasten ich noch heute vor mir sehe, seine ersten Entwürfe vor. Aus diesen lange zurückliegenden Tagen stammen die meisten seiner Lieder zu Versen von Bourget, außerdem einige kleine Kompositionen, die in meiner Erinnerung ziemlich durcheinandergehen und von denen einige in der Folgezeit unter den verschiedensten Titeln umgeschrieben wurden. Etwas später dann kamen seine Vertonungen zu Gedichten von Verlaine – sie waren von großer Einfühlsamkeit und schon ganz unverkennbar von ihm. Ich glaube auch, mich an eine Rhapsodie in Lisztscher Manier erinnern zu können, und einen Augenblick dachte er auch an eine Vertonung von Banvilles *Florisse*, was letztlich jedoch nur ein Vorhaben blieb.

So war er mir also erschienen, verschlossen und ein wenig distanziert, mit einem bereits sehr ausgeprägten Geschmack für alles Seltene und Wertvolle; übrigens besonders reizend trotz seiner gewiß brüsken Art beim ersten Kontakt. Und so fand ich ihn einige Jahre später nach seiner Rückkehr aus Rom eines Abends in der Brasserie Pousset wieder, wo er gern noch spät saß, mit seiner Stirn, dieser starken Stirn eines Fauns von so sonderbarem Profil – nach vorn gewölbt wie der Bug eines Schiffes –, seinen von zusammengezogenen Brauen verdüsterten braunen Augen, die, starr vor sich hin in die Ferne blickend, einen imaginären Punkt fixierten, während er mit dem Zeigefinger mit einer ihm eigenen Geste die Asche seiner Zigarette abstreifte. So wie es vielen Leuten ergeht, die durch Gemeinplätze nicht zufriedenzustellen sind und die selbst denken, so war auch seine Rede stockend, und er drückte sich meist mit einem leicht lispelnden Zungenschlag aus, in kurzen, abgehackten und unvollständigen Sätzen, manchmal einsilbig und gereizt nach dem richtigen Wort für eine Nuance, für die Wiedergabe eines bestimmten Eindrucks suchend. Von denen, die an seinem Tisch saßen, sind viele nicht mehr unter uns; ich möchte hier nur an Henri de Brayer erinnern, dessen gequältes, maskenartiges Gesicht sich wie durch ein plötzliches Aufflackern erhellte, wenn bestimmte Themen angeschnitten wurden, was vielleicht nicht ohne späteren Einfluß auf die Entwicklung Debussys war. Wenn die Brasserie geschlossen wurde, streiften wir durch die verlassenen Straßen von Paris, ganz dem Charme der Pariser Nächte ergeben, dem Paris von vor dreißig Jahren, dessen einnehmende Sanftheit, Wollust und Geheimnis am Ende von *Receuillement* – jenem Gedicht von einzigartigem Gefühl unter den Baudelaireschen Gedichten – ebenso wie im ersten *Nocturne* Ausdruck finden. Mit seinem dunklen Haar, seiner sinnlichen Nase und seinem blassen Gesicht, das von einem lichten Bartkranz eingerahmt wurde, erinnerte Debussy zu dieser Zeit an eines der noblen Porträts von Tizian, und man konnte sich ihn leicht in dem prunkvollen Dekor eines venezianischen Adelspalasts vorstellen. Obwohl arm geboren, trat er im Leben mit dem Geschmack, den Bedürfnissen und der Sorglosigkeit eines Grandseigneurs auf; nichts erschütterte ihn mehr, als wenn man ihn für einen Berufsmusiker hielt, und schon das Wort erfüllte ihn mit einer heimlichen Abscheu. (Dies war natürlich nur eine unschuldige Mystifizierung. Anläßlich der Hochzeit eines gemeinsamen Freundes, bei der wir beide als Trauzeugen fungierten, überlegte Debussy – nachdem er sich, wie dies üblich ist, im Trauregister eingetragen hatte – als er seinen Beruf angeben sollte, einen Augenblick, um dann ernst zu schreiben: «Gärtner»).

Seine Eltern hatten sich für ihn die schillernde Karriere eines Virtuosen erhofft, aber die Disziplin und das Üben, unabdingbar für einen Vortragenden, schreckten ihn schon bald; seine unglaubliche Auffassungsgabe und die seltene Qualität seines Talents hätten ihm aber zumindest den Erfolg eines Komponisten sichern können, in einem Alter, in dem nur wenige einer solchen Versuchung hätten widerstehen können. Debussy aber hatte höhere Ambitionen und hätte eher zugestimmt, Falschgeld herzustellen, als drei Takte zu schreiben, ohne das unwiderstehliche Bedürfnis zu verspüren, dies zu tun. An ihm war keine Spur der gewöhnlichen Überheblichkeit zu entdecken, die bei Künstlern so häufig anzutreffen ist, noch jener kameradschaftliche Ton, hinter dem sich oft wenig angenehme Nebengedanken verbergen; zugleich besaß er eine unglaubliche Sensibilität für die Meinung einiger weniger und eine seltene Begeisterungsfähigkeit für ein neues Werk, wenn er dafür einen Anlaß sah (man konnte dies anläßlich der stürmisch gefeierten Premiere von Lalos *Namouna* beobachten, als die Unbändigkeit seines Applauses und seine provozierende Attitüde einen solchen Skandal verursachten, daß auf die Bitte der Abonnenten die Konservatoriumsloge für die Schüler der Kompostionsklassen mehrere Monate lang gesperrt blieb). Andererseits zeigte er eine beispiellose Gleichgültigkeit für die Meinungen der Massen sowie vor allem einen schönen Stolz, der nichts anderes war als das Bewußtsein, in gewisser Weise in höheren Sphären zu leben. Denken Sie sich dazu ein völliges Fehlen von Intrigantentum und »Arrivismus«, wie man sagt, und man kann sich fragen, was aus *Pelléas* geworden wäre, wenn das Glück es nicht gewollt hätte, daß sich Debussys Wege mit denen des Verlegers Georges Hartmann kreuzten.

Es ist bekannt, welch unvergleichlicher Interpret seiner eigenen Werke Debussy war, indem er die Illusion eines Orchesterklangs zu erzeugen in der Lage war und so einen unglaublichen Eindruck von Lebendigkeit und Bewegung vermittelte; seine

Stimme war reich an Klang und Ausdruck, und wer ihn nie in der furchterregenden Haarszene des vierten Akts von *Pelléas* gehört hat, vermutet kaum seine tragische Ausdruckskraft. Aber vor allem wenn er einen noch unfertigen Entwurf fast noch im Fieber der Improvisation spielte, dann war er wirklich außergewöhnlich. »Wie sehr«, sagte er, »beneide ich die Maler, die ihrem Traum die Frische einer Skizze bewahren können.« Ich werde nie das Gefühl von Blendung vergessen, das mich erfaßte, als er mir *L'Après-midi d'un faune* in seiner ersten Fassung zeigte, förmlich vor Licht glänzend, von der Hitze des Sommers durchglüht; dieser Glanz half erst später gewisse Vorbehalte abzubauen. Es ist vielleicht nicht ohne Interesse anzumerken, daß es die Musiker waren, die anfangs der Kunst Debussys den größten Widerstand entgegenbrachten – anläßlich der ersten Vorstellungen von *Pelléas* hatte ich mehrmals die Gelegenheit, dies festzustellen –, während ein Zuhörer ohne technische Kenntnisse, aber schlicht mit einem gewissen Empfindungsvermögen, von Anfang an begeistert war, ohne gar zu merken, was sich bei den Berufsmusikern abspielte.

Ein strahlender Tag ging zur Neige – Debussy wohnte damals in der Rue de Londres, fast an der Ecke der Rue d'Amsterdam –, und durch das weitgeöffnete Fenster schien die untergehende Sonne bis in die hinterste Ecke des Zimmers ... *L'Après-midi d'un faune* habe ich seitdem oft gehört, aber keine noch so perfekte Aufführung hat mich diese wenigen Minuten von damals je vergessen lassen. Und wenn ich an *Pelléas* denke, dann ist es nicht die staubige Kulisse der Opéra-Comique, vor der ich mir die verschiedenen Episoden in Erinnerung rufen möchte, sondern in der wunderbaren Atmosphäre dieses Appartements in der Rue Gustave Doré, wo ich *Pelléas* entstehen und sich nach und nach verändern sah.

Es war gewöhnlich Samstag nachmittags, daß ich die vier Etagen hinaufstieg, und meist bekam ich dort bekannte Gesichter zu sehen: Satie jedenfalls pflegte dem Ruf Debussys immer zu folgen, er kam aus Arcueil, immer zu Fuß, und war umso pünktlicher an diesem Tage, da er bis zum Abend frei über den Flügel des Hauses verfügen konnte. Debussy bereitete dann den Tee mit größter Sorgfalt, und, zwischen einem Einfall und dem neuesten Klatsch, ließ er – ohne dabei dogmatisch zu werden, denn das Dozieren lag ihm gänzlich fern – eine kurze und eindringliche Bemerkung über die Kunst, nach der er strebte, fallen: Eine von jeglichem Formalismus und der Künstlichkeit hohler Komplexität befreite Kunst, entstanden aus einem ständigen Opfer, bei dem sich alles dem wahren Ausdruck unterzuordnen hatte. Wenn er besonders glücklich war, zeigte er uns die letzten Seiten, die er geschrieben hatte, wobei er von einem Opernakt zum nächsten sprang – der Sprunghaftigkeit seiner Fantasie, diesem *Pelléas* folgend, der ihn zu dieser Zeit ganz und gar einnahm; denn anfänglich hatte er sich von Maeterlincks Drama bezaubern lassen, ohne die geringste Absicht damit zu verbinden, daraus ein Bühnenwerk zu schaffen. Zweckfrei und nur um des Vergnügens willen hatte er sich zuerst daran versucht, die Brunnenszene in Musik umzusetzen, so verschieden sie in ihrer ersten Version von dem, was sie einmal werden sollte, auch war; eine weitere Szene folgte und dann noch eine – und so war die Partitur komponiert und abgeschlossen, fast ohne daß er dessen gewahr wurde.

Wenn man jetzt nach den Einflüssen fragt, die Debussy zu Beginn seiner Karriere geprägt haben, so muß man sich das Milieu vorstellen, in dem er aufgewachsen war, und daran denken, daß er während seiner ganzen Kindheit kaum eine andere Musik kannte, als diejenige, die er zu hören bekam, wenn seine Eltern ihn mit ins Theater nahmen (er behielt diese Abende in bewegter Erinnerung, und eines Tages erzählte er mir anläßlich des *Falstaff*, den er sehr schätzte, wie er eine Vorstellung des *Troubadour* buchstäblich aufgewühlt verlassen hatte).

Erst in der Klavierklasse, als er die Gelegenheit hatte, ihre Werke zu studieren, kam er wirklich in Kontakt mit den großen Romantikern, die seine Lehrmeister werden sollten: Schumann, Liszt und Chopin – besonders Chopin, durch den er unauslöschlich geprägt wurde. Wie die meisten anderen entging auch Debussy dem Wagner-Fieber nicht, und *Tristan*, dessen Partitur er stets bei sich trug, löste in ihm eine Verwirrung aus, von der ihn erst die Zeit heilte. Vor allem sein Rußland-Aufenthalt erlangte besondere Bedeutung, weil er wohl der Ausgangspunkt für eine Neuorientierung war. Debussy brachte zunächst allerdings nur die Partitur einer älteren Oper von Rimsky-Korsakow und einige Lieder von Borodin mit. Mussorgsky sollte er erst später kennenlernen; es war um 1893 in Luzancy, wohin Ernest Chausson uns freundlicherweise eingeladen hatte, wo uns das Genie Mussorgskys schließlich offenbart wurde. H. de Brayer hatte uns solch vielversprechende Dinge von ihm erzählt, daß wir darauf brannten, ihn kennenzulernen. Leider war es schier unmöglich, Noten zu besorgen. Chausson schaffte es trotzdem, und stunden-, ja abendelang führte Debussy – unermüdlich am Klavier – uns in dieses hervorragende Werk ein, das in der Folgezeit eine große Resonanz erfahren sollte. Daneben waren es die großen Meister des sechzehnten Jahrhunderts wie Rameau und Couperin, an die Debussy doch so direkt anknüpft, und manchmal scheint es, als hätte er deren Anmut und wunderbare Leichtigkeit wiedergefunden.

Souvenirs et impressions d'un compagnon de jeunesse, »Revue Musicale«, 7, 1. Mai 1926, S. 99-104 *

Camille Bellaigue
(1858–1930)

Camille Bellaigue war für die Zeitung »Revue des deux mondes« als Musikkritiker tätig. Er war der Auffassung, daß in Debussys Musik zu dem lyrischen Drama *Pelléas et Mélisande* »der Keim von Dekadenz und Tod« stecke. Antoine François Marmontel (1816-98) hatte den Ruf, einer der besten Klavierlehrer seiner Zeit zu sein. Zu seinen Schülern zählten Bizet, d'Indy, Albéniz und Françis Planté. Debussy wurde von ihm betreut, als er 1877 mit der Vorführung des ersten Satzes der g-Moll Sonate von Schumann den zweiten Preis erhielt.

Die Schüler mit der geringsten Begabung fanden bei Marmontel immer mehr als nur Nachsicht: Ermutigungen – Anlaß genug, um an sich selbst zu glauben und zu hoffen, auch wenn es, bei mangelndem Talent, nur der Glaube an den eigenen guten Willen war. Unter diesen Mittelmäßigen war einer, über den seine Kameraden sich wenig Illusionen machten, und wenn sie im Gegenteil sich solchen hingaben, dann waren dies negative. Die Zeit sollte sie zu seinem Vorteil, zu seinem Ruhm gar, und zu ihrem Nachteil eines Besseren belehren. »Endlich kommst du noch, mein Kind«, sagte Marmontel, und man sah, meist verspätet, einen kleinen, kränklich aussehenden Jungen eintreten. Er trug einen mit einem Gürtel geschnürten Kittel und hielt in der Hand eine Art Baskenmütze, die am Rand von einer Litze gesäumt und in der Mitte, wie die Matrosenmützen, mit einem Wollpompon verziert war. Nichts an ihm, weder sein Aussehen, noch seine Rede verrieten, daß er ein Künstler war oder einmal werden sollte. Sein Gesicht hatte außer seiner Stirn nichts Bemerkenswertes. Von uns Schülern der Klavierklasse war er einer der jüngsten, aber keinesfalls, das muß noch einmal gesagt werden, einer der besten. Vor allem erinnere ich mich an seine Manie, oder besser seinen Tick, die starken Taktschläge mit einer Art Schluckauf oder einem rauhen Stöhnen zu unterstreichen. Diese Übertreibung des Rhythmus war später der geringste Fehler, wenn nicht des Pianisten so doch sicherlich des Komponisten. Sie werden mir zustimmen, wenn ich Ihnen seinen Namen verrate: Er hieß Claude Debussy. Sehr zurückhaltend, um nicht zu sagen menschenscheu, zog er nicht gerade die Sympathie seiner Kameraden auf sich.

Souvenirs de musique et de musiciens, Paris 1921, S. 34f *

Nadeshda von Meck
(1831–94)

Nadeshda von Meck war verheiratet mit einem Bauunternehmer der Russischen Eisenbahn. Nach dem Tode ihres Mannes im Jahre 1876 entdeckte sie ihre leidenschaftliche Liebe für die Musik Tschaikowskys und unterstützte den Komponisten mit einer großzügigen Rente. Von 1880 an engagierte sie Debussy jeweils für die Sommermonate der darauffolgenden drei Jahre als ihren Hauspianisten in Rußland und nahm ihn während dieser Zeit auch auf Reisen mit. Die folgenden Auszüge sind ihren Briefen an Tschaikowsky entnommen.

Interlaken, den 10. Juli 1880
Vorgestern reiste ein junger Pianist aus Paris an, der gerade den ersten Preis in Marmontels Klasse am Conservatoire gewonnen hat. Er soll den Sommer über den Kindern Klavierunterricht geben, Julia beim Gesang auf dem Klavier begleiten und mit mir Klavierduette einüben. Der junge Mann spielt gut, technisch brillant, aber es mangelt ihm an Einfühlungsvermögen. Er ist einfach noch zu jung. Er behauptet, er sei zwanzig, sieht aber aus wie sechzehn.

Arcachon, den 7. August 1880
Gestern brachte ich zum erstenmal den Mut auf, mit meinem kleinen Franzosen *unsere* Symphonie zu spielen. Er spielte sie nicht gut, obwohl er sie wunderbar vom Blatt spielen konnte. Dies ist sein einziger Verdienst, der ja nicht unwichtig ist. Er liest Partituren, sogar die Ihrigen, wie Bücher. Und für ihn spricht auch noch, daß Ihre Musik ihn fasziniert. Er ist Schüler von Massenet, auf den er normalerweise nichts kommen läßt. Aber als wir gestern noch Ihre Suite spielten, war er von der Fuge so begeistert, daß er sagte: »Unter den zeitgenössischen Fugen ist mir keine bekannt, die so gut ist. Selbst Monsieur Massenet brächte so etwas nicht zustande.« Für die Deutschen kann er kein Verständnis aufbringen, weil sie »nicht unser Temperament haben, sie sind so schwer und schwammig«. Im großen und ganzen ist er ein typisches Kind des Pariser Boulevards. Er komponiert auch sehr hübsch, aber auch darin ist er vollkommen Franzose.

Florenz, den 13. Oktober 1880
Mein kleiner Franzose wird uns nächste Woche verlassen. Ich habe ihn vierzehn Tage länger behalten, als anfangs geplant. Ich bedaure, daß er geht, da mir seine Musik viel Freude bereitet hat, und irgendwo hat er ein gutes Herz. Er wurde durch die Freundschaft mit einem russischen Studenten, den ich ebenfalls engagiert

hatte, verdorben. Aus mir unerfindlichen Gründen nahm dieser Student ein arrogantes Gehabe an, und Debussy, der doch noch ein Kind ist, folgte darin seinem Beispiel, was uns allerdings eher amüsierte. Aber seit uns der Student vor einem Monat verlassen hat, ist Debussy wie ausgewechselt.

Florenz, den 31. Oktober 1880
Stellen Sie sich vor, dieser Junge weinte bittere Tränen bei seiner Abreise. Ich war natürlich ganz gerührt über seine große Anhänglichkeit. Er wäre noch geblieben, aber seine Lehrer am Conservatoire genehmigten ihm seinen Antrag auf Verlängerung des Aufenthalts nicht.

Pletschtschewo, den 28. August 1882
Ich habe mich sehr gefreut, als gestern Achille Debussy anreiste. Nun werde ich meine Ohren mit Musik vollstopfen können, und er wird Leben ins Haus bringen. Er ist ganz Pariser, vom Scheitel bis zur Sohle. Ein richtiger »gamin de Paris«, so witzig, und ein brillanter Mime. Wenn er Gounod und Ambroise Thomas nachahmt, lachst du dich tot. Er ist sehr, sehr gutmütig; alles bringt ihm Spaß, und für uns ist er eine Quelle unendlichen Vergnügens. Wirklich, ein charmanter Junge.

Nadeshda von Meck, Briefe an Tschaikowsky, in: Edward Lockspeiser, *Debussy, Tchaikovsky et Mme von Meck* sowie *Claude Debussy dans la correspondance de Tchaikovsky et de Mme von Meck,* «Revue Musicale», November 1935, S. 246, 247, 249f; Oktober 1937, S. 218 *

Nadeshda von Meck

Nikolas von Meck
(Daten unbekannt)

Nikolas von Meck war einer der Söhne der Nadeshda von Meck.

1879 wandte sich meine Mutter, Frau N. F. von Meck, an das Conservatoire in Paris mit der Bitte, ihr einen Schüler der Klavierklasse zu empfehlen, der meinen Schwestern während des Sommers Unterricht erteilen und ihren Gesang am Klavier begleiten könne. Auch sollte er vierhändig mit meiner Mutter Klavier spielen und einen Part in ihren Trios und Quartetts übernehmen.

Das Conservatoire schickte den neunzehnjährigen A. Debussy. Dunkelhaarig, dünn, sarkastisch und jeden mit lustigen Spitznamen belegend – so kam der kleine Franzose bei uns an. Zum Beispiel nannte er unseren beleibten Lehrer »petit hippopotame en vacances« (»kleines Nilpferd auf Urlaub«), und wir nannten ihn unsererseits »le bouillant Achille« (den »aufbrausenden Achille«). Er stieß in der Schweiz zu uns und fuhr von dort weiter nach Italien, wo er in Rom haltmachte. Als wir einmal an der Villa Medici vorbeiwanderten, in der jeweils die besten Studenten des Conservatoire und der L'Ecole des Beaux Arts auf Staatskosten Frankreichs ein Jahr verbringen durften, zeigte einer von uns auf die Villa und meinte zu Debussy: »Schau, dein zukünftiges Zuhause.« Es war doch interessant zu sehen, wie er der Villa Medici wehmütige Blicke zuwarf.

Von Rom fuhren wir weiter nach Florenz. Dort wohnten wir in der Villa Oppenheim. Im Oktober mußte Debussy wieder zurück nach Paris, um dort weiterzustudieren. Er war sehr traurig, als er uns verließ, und meine Mutter tröstete ihn mit dem Versprechen, daß er im Frühjahr 1880 wiederkommen dürfe. Tatsächlich kam er im nächsten Jahr wieder zu uns, und zwar nach Moskau, und verbrachte den ganzen Sommer bei unserer Familie und begleitete uns auf Reisen zu verschiedenen Städten und Plätzen Europas.

Meine Mutter sah in Debussy einen Musiker, der nicht nur die Begabung zum Pianisten, sondern auch zum Komponisten hatte. Er war Schüler von Massenet, und damals übte sein Professor einen starken Einfluß auf ihn aus.

Meine Mutter machte ihn mit der russischen Musik und mit Wagner bekannt. Von den Russen lernte er Tschaikowsky und sämtliche Mitglieder des »mächtigen Häufleins« kennen, also Rimsky-Korsakow, Cui, Mussorgsky und Borodin [dazu gehörte noch Balakirew]. Sowohl Wagner als auch die russischen Komponisten hinterließen bei Debussy einen unguten Eindruck, was eigentlich ganz verständlich war, da die zeitgenössische französische Musik den klassischen Komponisten stark verbunden war, und Debussy ebenfalls dieser Tradition folgte und nicht allen Neuerungen gegenüber aufgeschlossen war.

Als er aber mit der russischen Musik etwas vertrauter wurde, lernte er sie auch zu schätzen, obwohl er, vielleicht bedingt durch sein französisches Naturell, dazu neigte, sie etwas zu oberflächlich und zu elegant zu interpretieren. Es steht außer Zweifel, daß die Bekanntschaft nicht nur mit der russischen Musik und mit Wagner, sondern auch mit den zeitgenössischen Komponisten anderer Länder seinen Horizont weitete und ihn in seiner Entwicklung förderte. Besonders oft wurde in unserem Haus sein Lied *Ici-bas tous les lilas meurent* gespielt und gesungen, und zwar von meiner Schwester Julia Pachulska (geborene von Meck).

Im übrigen möchte ich hinzufügen, daß Debussy ein sehr angenehmer, lebhafter und ausgeglichener Gefährte war. Wir waren immer traurig, wenn er uns wieder verlassen mußte.

Nikolas von Meck, *Achille-Claude Debussy*, Manuskript, veröffentlicht in: E. Lockspeiser, *Debussy*, (London, 5/1980), S. 290ff

Marguerite Vasnier
(1869–1935)

Marguerite Vasnier war die Tochter von Debussys Förderer Pierre Vasnier und seiner Frau Marie-Blanche (Madame Vasnier), in die sich Debussy in den achtziger Jahren heftig verliebt hatte und der er viele seiner frühen Lieder widmete.

Mit achtzehn war Debussy ein großer milchbärtiger Junge mit ausgeprägten Zügen und dickem, lockigem schwarzem Haar, welches er glatt in die Stirn gekämmt trug, das aber gegen Ende des Tages zerzaust war (was ihm sehr viel besser stand). Er war, wie meine Eltern sagten, das originale Abbild eines Florentiners aus dem Mittelalter; er hatte ein sehr interessantes Aussehen, seine Augen vor allem zogen alle Blicke auf sich, man spürte seine Persönlichkeit. Seine Hände waren stark, knochig, mit kantigen Fingern; sein Klavierspiel war klangvoll, bisweilen fast hämmernd und manchmal sehr zart und singend.

Da er aus einer sehr einfachen Familie ohne Vermögen stammte, war er gezwungen, seinen Lebensunterhalt selbst zu verdienen. Er arbeitete als Klavierbegleiter im Gesangskurs von Madame Moreau-Sainti. Dort lernte er meine Mutter kennen, die eine herrliche Stimme hatte und wunderbar singen konnte. Für sie komponierte er seine ersten Lieder, übrigens auch diejenigen, die er vor seiner Abreise nach Rom schrieb und die ihr gewidmet sind.

Sie besaß die Orginale, und er veröffentlichte sie erst, nachdem er sie um ihre Erlaubnis gebeten hatte. Er begleitete sie am Klavier, wenn sie bei gesellschaftlich wichtigen Konzerten sang, und einmal ließ er sie das *Rondel chinois* singen, das bis dahin noch unveröffentlicht war; ich habe zwei dieser Programme aufbewahrt, und man kann dort lesen, daß er eine Zeitlang die Idee hatte, sich »Ach. de Bussy« zu nennen. Aber diese kleine Eitelkeit konnte bei einem Geist von solcher Größe nicht von Dauer sein.

Er war nicht glücklich in seiner Familie, zwischen seinem anmaßenden, wenig intelligenten Vater und seiner engstirnigen und kleinlichen Mutter. Wenig ermuntert, schlecht unterstützt und unverstanden, bat er meine Eltern um die Erlaubnis, bei ihnen arbeiten zu dürfen, und von diesem Tag an stand ihm die Tür wie einem Kind des Hauses offen. In einem fernen und ein wenig verschwommenen Bild sehe ich ihn wieder in diesem kleinen Salon der fünften Etage der Rue de Constantinople, wo er den größten Teil dessen komponierte, was er während dieser fünf Jahre schuf. Er kam fast jeden Abend, häufig auch nachmittags; die begonnenen Seiten ließ er stets auf einem kleinen Tisch liegen, um später daran weiterzuarbeiten.

Er komponierte am Flügel, einem alten Blondel-Flügel von eigenartiger Form, den ich noch heute besitze. Manchmal ging er beim Komponieren auf und ab. Er improvisierte sehr lange und ging dann im Zimmer hin und her, immer mit einer Zigarette im Mund, oder sich gerade eine Zigarette drehend. Und dann, wenn ihm etwas eingefallen war, schrieb er es nieder. Er strich nur sehr wenig wieder weg, aber er suchte lange in seinem Kopf und am Flügel, bevor er etwas niederschrieb; übrigens war er meist nicht zufrieden mit seinem Werk.

Im Sommer mieteten meine Eltern eine kleine Villa in Ville-d'Avray. Debussy kam jeden Vormittag dorthin und fuhr abends nach Beendigung der Gesangsstunden mit dem letzten Zug wieder fort. Er arbeitete sehr viel, aber manchmal unternahmen wir im Park von Saint-Cloud lange Spaziergänge oder nicht endenwollende Krocketpartien. Er war sehr geschickt darin, aber ein schlechter Verlierer.

Auf dem Lande wurde er manchmal wieder unbekümmert und fröhlich wie ein Kind; wenn er im Wald spazierenging, verschmähte er den Strohhut und setzte stattdessen einen großen Filzhut auf, dessen Rand er nach oben bog. Eines Tages, nachdem die unvermeidliche Zigarette den Hutrand etwas angebrannt hatte, war das Loch mit einem Stück blauem Samt gestopft worden, was ihn entzückte. Auf unseren Spaziergängen kam es vor, daß er plötzlich seinen Spazierstock zur Gitarre machte, die Pose eines Florentiner Sängers einnahm und Liedchen und Serenaden improvisierte oder die italienische Musik parodierte, die er nicht mochte.

Eines Tages hatten Straßenmusikanten vor unserem Haus haltgemacht, und er begann, sie am Klavier zu begleiten und mitzusingen, schließlich bat er sie herein und ließ sie spielen, wobei er seine Späßchen machte und wir uns vor Lachen bogen. Es gab bei ihm solche Momente von großer Fröhlichkeit, aber dann folgten wieder Stunden von Traurigkeit und Mutlosigkeit.

Abends sang meine Mutter, von ihm am Klavier begleitet; meistens begnügten sie sich mit seiner Musik, die sie gemeinsam einstudierten. Da ich oft meine Spielsachen liegen ließ, um mich mit den Ellbogen auf den Flügel zu stützen, sagte er: »Diese Kleine wird die Musik lieben, und ich werde sie später unterrichten«, doch das Resultat war erbärmlich. Manchmal, an Regentagen, spielten wir Karten, aber da er noch immer ein schlechter Kartenspieler war, hatte er sehr üble Laune, wenn er verlor, insbesondere da der Gewinn herbeigesehnt wurde, um den Zug zu bezahlen, der ihn täglich zu uns brachte. Dann schoben wir, um seine gute Laune wiederherzustellen, ein Päckchen Tabak unter seine Serviette, wenn wir uns zu Tisch setzten, und er freute sich so sehr! Dazu muß ich anmerken, daß er zwischen achtzehn und zwanzig Jahre alt war.

Er hatte in allem einen ganz besonderen Geschmack; er mochte Blau besonders gern und wählte sehr sorgfältig die Farben, die er trug, freute sich, wenn man ihn um seinen Rat bat, und wenn er einen Gedichtband las, gab die Wahl eines zu vertonenden Gedichts Anlaß zu langen Debatten; es war jene schöne Zeit, als wir ihn »Achille« riefen, ein Name, den er fürchterlich lächerlich fand.

Er war sehr launisch, sehr empfindlich und in höchstem Grad reizbar; eine Kleinigkeit versetzte ihn in gute Laune, aber ebenso wenig brachte ihn zum Schmollen oder in Rage. Sehr menschenscheu, verbarg er meinen Eltern nicht seine Unzufriedenheit, wenn diese Gäste empfingen, weil ihn dies am Kommen hinderte, denn er weigerte sich meist, Fremde kennenzulernen. Wenn dies zufällig doch einmal geschah und diese Privilegierten die Ehre hatten, ihm zu gefallen, konnte er sehr reizend sein, er spielte und sang Wagner, imitierte und karikierte irgendeinen modernen Komponisten. Wenn man ihm jedoch nicht gefiel, konnte er dies ebenfalls zeigen. Im übrigen war er ein origineller Mensch, ein wenig ungeschliffen, aber ganz und gar charmant zu den Menschen, denen er gewogen war.

Sehr unwissend und zu intelligent, um es nicht zu merken, las er viel während der langen Sommertage, an denen er nicht immerfort komponieren und spazierengehen konnte, und ich habe ihn sehr oft zwischen meinen Schulbüchern das Lexikon suchen sehen, das er gewissenhaft studierte: »Ich lese sehr gern im Lexikon«, sagte er, »man lernt dort eine Menge interessanter Dinge.« Er besaß ein angeborenes sicheres Urteil für alles, was Kunst anbelangt, selbst für Gemälde und Stiche, die ihn – wenigstens zu dieser Zeit – kaum interessierten. Mein Vater, ein großer Kunstliebhaber, sprach oft mit ihm über Kunst und fand, daß seine Aussagen von einem sicheren Geschmack zeugten und sehr persönliche und bemerkenswerte Bewertungen enthielten.

Debussy bereitete sich auf den Wettbewerb für den Prix de Rome vor, was er nicht im geringsten verlockend fand. Ich weiß nicht, ob er ohne meinen Vater nicht darauf verzichtet hätte. Ich bin mir sicher, daß er aufgegeben hätte, und daß allein die Furcht, sich vor meinem Vater zu blamieren, ihn davon abgehalten hat. Auch wenn der Einfluß meiner Eltern zu dieser Zeit unleugbar war, so ist es doch wahrscheinlich, daß er keinerlei Wirkung auf seine Zukunft hatte, denn ein begabter Mensch wie er erreicht immer sein Ziel, wie groß seine Unschlüssigkeit und sein Zögern zu Anfang auch sein mögen. Er hatte sich also zweimal am Wettbewerb für den Prix de Rome beteiligt, das erste Mal mit *Le Gladiateur*: Er erhielt nur den zweiten Preis, und sicherlich wog die Genugtuung, in Paris bleiben zu können, die Enttäuschung, die er vielleicht empfand, mehr als auf. Allein die Idee, wochenlang eingesperrt zu sein, machte ihn verrückt. Während er im Conservatoire in Klausur war, gingen wir ihn abends besuchen. Die Wettbewerbsteilnehmer empfingen ihre Verwandten und Freunde in einem Hofgarten, wo wir so lange wie möglich blieben, um ihn zu trösten. Er hatte uns das Fenster seines Zimmers gezeigt, und als ich ihn fragte, warum es vergittert sei, erwiderte er: »Weil man uns zweifellos für wilde Tiere hält.«

Schließlich erlangte er beim zweiten Mal den Preis, aber als er nach einigen Monaten nach Rom abreisen mußte, war er voller Hoffnungslosigkeit und schrieb traurige und tiefbetrübte Briefe. Er hatte große Mühe, seine Zeit dort durchzustehen und riß sogar einmal kurz nach Paris aus. Als er endgültig hierher zurückkam, war die Vertrautheit von einst dahin. Er hatte sich weiterentwikkelt und wir uns ebenfalls. Wir waren umgezogen und hatten neue Bekanntschaften geschlossen. Mit seinem menschenscheuen und mißtrauischen Charakter hielt er an seinen Gewohnheiten fest und fand sich nicht mehr bei uns zurecht.

Trotzdem kam er abends noch oft und spielte uns vor, was er während seiner Abwesenheit komponiert hatte. Er hatte uns, als er nach Rom abreiste, einen Großteil seiner Manuskripte überlassen, aber er nahm viele wieder an sich, die er noch verwenden wollte. Er kam also noch immer, um unsere Meinung, unseren

Rat und sogar materielle Hilfe zu erbitten, denn er wohnte nicht mehr bei seiner Familie und war noch unbekannt – und mußte doch leben. Zu dieser Zeit setzte er das bisher vage Projekt, mir Klavier- und Harmonielehrestunden zu geben, in die Tat um, auch um meinen Eltern einen Gefallen zu tun. Aber welch ein schlechter Lehrer! Nicht die Spur von Geduld, unfähig, etwas zu erklären und sich auf das Niveau des sehr jungen Verstandes hinabzubegeben; man sollte schon verstanden haben, bevor er etwas ausgesprochen hatte; wir mußten es bald wieder aufgeben... Dann, nach und nach, nachdem auch er neue Bekanntschaften geschlossen hatte, kam er nicht mehr zu uns, und wir haben uns nie wieder gesehen.

Debussy à dix-huit ans, »Revue Musicale«, 7, 1. Mai 1926, S. 17-22 *

Maurice Emmanuel
(1862–1938)

Maurice Emmanuel besuchte ab 1880 das Pariser Conservatoire. Als Léo Delibes ihn wegen modaler Tendenzen vom Wettbewerb um den Prix de Rome ausschloß, kam er in die Klasse von Ernest Guiraud und lernte dort Debussy kennen. Von 1909 bis 1936 unterrichtete er am Conservatoire Musikgeschichte.

Léo Delibes überließ es gern einem unserer Ältesten in der Klasse, einem ausgewiesenen Kontrapunktspezialisten, unsere Fugen zu korrigieren: Charles René, der – wenn ich das sagen darf – dieser Pflicht besser nachkam als unser Lehrer, welcher ein ausgezeichneter Musiker, aber nicht sehr gebildet war. An einem Morgen im Frühjahr 1884, einige Tage vor dem Beginn des Wettbewerbs um den Prix de Rome, hatte Delibes seinen Stellvertreter gebeten, für ihn einzuspringen. Ein Mißverständnis führte zum Fernbleiben beider Lehrer. Nachdem wir vergeblich eine Weile gewartet hatten, wollten wir das dunkle Klassenzimmer, dessen einziges Fenster neben der verdreckten Fahne auf den lauten Faubourg Poissonnière führte, verlassen, als sich die Tür halb öffnete und die Sicht auf einen zerzausten Kopf freigab, der die Räumlichkeiten inspizierte . . . Der Besucher zeigte sich nun ganz: »Liebe Waisenkinder«, rief er aus, »in Abwesenheit eurer Eltern werde ich euch versorgen!« Und er setzte sich an den Flügel.

Ich kann dem Leser versichern, daß es nicht mehr Claude-Achille war, der uns an jenem Tag verulkte, sondern Debussy, von Kopf bis Fuß, der ganze Debussy. Er gab sich einer Überfülle von Akkorden hin, die wir trotz ihrer Regelwidrigkeit im stillen nur bewundern konnten. Und es war ein Rauschen von extravaganten Arpeggien, ein Sprudeln von Trillern aus drei gleichzeitig und beidhändig gespielten Noten, Serien von Harmonieverknüpfungen, die man nicht beschreiben konnte, wenn man sich an das sakrosankte Lehrbuch hielt, und die uns aufrüttelten.

Mehr als eine Stunde lang bildeten wir atemlos einen Kreis um den Flügel, vor dem der wilde, gelockte Haarschopf des »Wüterichs«, wie die Aufsicht Monsieur Ternasse ihn nannte, auf- und abwogte. Durch den ungewöhnlichen Lärm angezogen, vermutete dieser schreckliche Mann einen Streich. Sein plötzliches Erscheinen setzte der »Unterrichtsstunde« ein jähes Ende, und wir mußten uns aus dem Staube machen. Wir versammelten uns aber unten auf der Straße an der Ecke des Boulevards, und noch ganz erhitzt von der Sache, machten wir unserem Herzen Luft: »Wenn er in diesem Ton seine Kantate vorträgt«, sagte der Bravste von uns, »muß er sich auf Scherereien gefaßt machen!« Unsere Neugierde war so sehr angestachelt, daß wir beschlossen, am Tag der Prüfung um jeden Preis Zutritt in das Institut zu erlangen – eine große Gunst, die Schülern des Conservatoire nur selten gewährt wurde. Aber schließlich waren wir von der Wichtigkeit dieser Entscheidung zutiefst überzeugt.

Der Tag der Prüfung kam. Fast alle von uns waren bis in das Heiligtum vorgedrungen. Als die Reihe an Claude-Achille kam, als dann die ersten Akkorde des *Enfant prodigue* erklangen, tauschten wir Blicke aus, und unsere Augen funkelten vor Vergnügen. Aber schon bald wurden diese glanzlos. Statt des Skandals, den wir erwartet hatten – in der Tat waren einige ehrwürdige Musiklehrer an manchen Stellen unruhig geworden, als wären sie verschreckt und wollten protestieren –, erschien uns die Kantate des Claude-Achille, verglichen mit den temperamentvollen Harmonien, die er uns zuvor serviert hatte, als zu sanftmütig. Die Kantate obsiegte trotz einigen Widerstands. Wir bedauerten zwar nicht seinen Sieg, aber der Umstand, daß der vorhergesehene Krawall ausgeblieben war, erregte unseren Unwillen. Wir hatten barocke Akkorde und zornige Proteste erwartet und bekamen nur Akkorde aus dem Lehrbuch zu hören!

Aber interessant war die Tatsache, daß unser Primus, als er dem Sieger gratulierte, es sich nicht nehmen ließ, hinzuzufügen: »Trotzdem ‚Patron', du hast deinerseits gar nicht von der schönen Lektion profitiert, die du uns neulich erteilt hast.« Claude-Achille riß ehrlich überrascht die Augen auf. Es war ihm nicht in den Sinn gekommen, die geschriebene Musik derjenigen anzugleichen, die seine Finger, von einer bereits reifen Intuition geleitet, auf den Erard-Flügeln des Conservatoire ausführten.

Sein ganzes Leben lang hat dieser Musiker, der die Musikwelt erschütterte, sich niemals erlaubt, diese zu belehren. Als seine Schulmeister am Conservatoire ihn dabei überraschten, wie er die vorgegebenen Melodien auf seine Art harmonisierte oder aus dem Klavier Kaskaden ungewöhnlicher Akkorde herabregnen ließ, riefen sie mehr oder weniger konsterniert aus: »Also... was beabsichtigen Sie damit?« – »Ich beabsichtige gar nichts«, antwortete der aufbrausende Achille, »hören Sie nur zu!« Und er destillierte für den mehr oder minder verschreckten Lehrer eine Quintessenz von Harmonien, die völlig neu war . . .

«Welchen Regeln folgen Sie also?» fragte Guiraud ihn eines Tages. «Meinem Vergnügen!» bekam er zur Antwort. «Wenn Sie ein Genie sind, dann geht das», murmelte der gute Maître. Ich weiß nicht, ob er überzeugt war, sein Schüler wäre ein Genie, denn er starb schon 1892, und Claude-Achille hatte noch nicht einmal sein Streichquartett geschrieben. Aber Guiraud hatte *La Damoiselle Elue* geliebt und verteidigt, und er fand großes Gefallen an den *Ariettes oubliés* und den *Poèmes de Baudelaire*. Er sprach mit der liebevollsten Bewunderung von seinem Schüler.

Es ist vielleicht nicht ganz ohne Interesse, einige der zwischen Lehrer und Schüler ausgetauschten Meinungen über die übrigen Künste – abgesehen von der Musik – wiederzugeben. Nach Debussys Rückkehr aus Rom erkundigte sich Guiraud bei seinem Schüler, welche Eindrücke er aus Rom heimgebracht habe. Nun prallten also die verschiedenen Meinungen beider Gesprächspartner auf das lebendigste aufeinander. Nicht daß Guirauds Begeisterung vorgetäuscht gewesen wäre und er nur einer feststehenden Ansicht nachgegeben hätte – er mochte tatsächlich keine Museen und stimmte darin mit seinem Preisträger überein. Hingegen waren ihm die großen Bildkompositionen, die in diversen Bauwerken erhalten geblieben waren, lieb und teuer: Die Fresken der Sixtinischen Kapelle, die Stanzen des Vatikans. Debussy zog Raffaels Loggien vor, er fand in den Details, in der Vielfalt der Dekoration, in der Einfachheit des Sujets, in den Wölbungen der Bögen mehr Vergnügen, als bei der Betrachtung der Schule von Athen oder der Sybillen. Guiraud erinnerte ihn an den Pakt Gottes mit dem Menschen an der Decke der Sixtinischen Kapelle. Debussy antwortete mit der Madonna von Sassoferrato in der Kirche Santa Sabina. Er mochte das Jüngste Gericht von Michelangelo nicht. Hingegen hatte ihn die *Auferstehung von den Toten* von Luca Signorelli im Dom von Orvieto, ein grandioses Meisterwerk, schier »umgeworfen«. »Und das nicht nur«, fügte er hinzu, »weil die Engel dort Trompete spielen.«

Die römischen Bauwerke hatten ihn nur wenig berührt; die monumentalen Konstruktionen der Renaissance ließen ihn kalt.

»Der Petersdom ist eine Halle für wahre Riesen, aber ohne Geschmack.« Er kam zu dem Schluß: »Ich mag Saint-Séverin lieber.«

»Trotzdem, Sie werden in Rom doch ein Gebäude finden, das ihren Wünschen entspricht . . .!« sagte Guiraud. »Lassen Sie uns von der Villa Pia sprechen«, antwortete der Verfasser der *Damoiselle Elue*, »sie ist unbewohnbar, unnütz, ein Dekor aus Säulenhallen, Balustraden, Halbreliefs und Springbrunnen, aber sie ist vom Grün des Paradieses eingerahmt!«

Les ambitions de Claude-Achille, »Revue Musicale«, 1. Mai 1926, S. 44-50 *

Paul Vidal
(siehe Seite 11)

Brief an Henriette Fuchs:

Liebe Madame,

. . . nun hat unser Freund Achille den Prix de Rome gegen seinen Willen erhalten! Und die sinistre Komödie eines Ehebruchs geht nun schon ziemlich lange. Bereits im vergangenen Jahr mußte ich ihn zur Teilnahme am Wettbewerb überreden. Aber er wollte nicht. Diesen Winter sagte er mir, daß er selbst dann nicht nach Rom führe, wenn er den Preis gewänne, denn dies sei ihm schlechterdings unmöglich. Auch wenn mich das nicht mehr überraschte, so packte mich doch einen Augenblick lang der Zorn, und ich bereute, ihm geholfen zu haben, Klavierbegleiter der Concordia zu werden. Einst sah ich mich von seiner Mutter in dieser Geschichte als Komplize verdächtigt, denn ich diente ihm als Vorwand für seine zahlreichen Eskapaden, und es war schwer für mich, Madame Debussys Vertrauen wiederzugewinnen. Die Tränen, die ich sie über das schlechte Betragen ihres Sohnes vergießen sah, machen mich wenig gewogen, ihn jetzt sympathisch zu finden. Alles, was Sie mich für ihn tun sahen, tat ich für seine Mutter, die eine tapfere Frau ist und mich wie einen Sohn behandelt. Ich weiß nicht, ob man seinen Egoismus bezwingen wird, er ist jeglichen Verzichts unfähig. Nichts kann ihm etwas anhaben. Seine Eltern sind nicht reich, und anstatt mit dem Geld, das er mit Klavierstunden verdient, ihnen das Leben zu erleichtern, kauft er sich neue Bücher, Nippsachen, Radierungen etc. Seine Mutter hat mir die vollen Schubladen gezeigt. Ihm ist eine schlechte Erziehung zuteil geworden. Sein Vater, der ihn ausnutzen wollte, hatte vor, aus ihm ein Wunderkind zu machen, und eine Zeitlang ist es ihm auch gelungen, aber als der Komponist in Achille erwachte, schickte er Klavier und Harmonielehre zum Teufel und lebte nur noch nach seinem Kopf, wobei er gegen den Vater einen kaum verheimlichten Groll hegt. Es fiel dem Vater unglaublich schwer, seinem Sohn die Aufgabe der lukrativen Virtuosenkarriere, die er für ihn erträumt hatte, zu verzeihen, und er hat ihn erst vor kurzem als Komponisten anerkannt, erst von dem Tag an, da sein Sohn mit Auszeichnungen bedacht wurde. Seine Mutter liebt ihn zu sehr, sie möchte ihn immer um sich haben und unablässig arbeiten sehen etc., was ihn wahnsinnig macht. So haben seine Eltern keinen Einfluß auf ihn. Bleibt Guiraud; er hat ihn immer als Günstling behandelt, was Debussy mit Unpünktlichkeit quittierte – ich weiß davon, denn er kam manchmal während der Schulstunden zu mir! Aber wenn jemand Einfluß auf ihn hat, dann ist es Guiraud.

Sein Sukkubus hat ihn gut im Griff, indem sie alle seine Schwächen ausnutzt. Als schöne Frau wird sie allerorts bewundert, was seiner Eitelkeit schmeichelt; als talentierte Sängerin (so sagt man, ich selbst habe sie nie singen hören) interpretiert sie seine Werke hervorragend, und alles, was er schreibt, schreibt er für sie und durch sie. Wie wollen Sie da verlangen, daß er sich für zwei Jahre nach Rom zurückzieht, das er schon kennt und verabscheut?

Ich fühle mich für meinen Teil nicht in der Lage, ihn zur Vernunft zu bringen. Er empfindet für mich einen mit Geringschätzung gepaarten Respekt, den pflichtbewußte Menschen unvermeidlich hervorrufen, doch habe ich ihn stets freundlich behandelt, und nie habe ich ihn mit seiner zügellosen Leidenschaft vor den Kopf gestoßen; letztes Jahr glaubte ich für einen Augenblick, daß die Kunst wieder Besitz von ihm ergriffen hätte, und so wollte ich ihm diesen Sieg erleichtern und habe ihn Ihnen vorgestellt und ihn so der Concordia wärmstens empfohlen. Sein momentanes Verhalten erweckt in mir Gewissensbisse. Massenet wird mir schwerlich die Unterstützung verzeihen, die ich Debussy zuteil werden ließ, wenn er mir überhaupt verzeiht! Ich habe die Interessen der Fahne unnütz verraten, wirklich, ich bereue, daß ich mich eingemischt habe und die Dinge nicht ihren Lauf habe nehmen lassen. Sein Sinn für Moral ist nicht entwickelt, er ist nur ein Genußmensch. Ich bin zornig. Ich habe mich wie ein Dummkopf benommen. Und trotzdem, er hat soviel Talent und Begabung!

Was soll ich ihm schreiben? Rom ist unerträglich, der Aufenthalt in der Villa verabscheuungswürdig, nichts erzeugt das Bedürfnis, produktiv zu sein . . . Er ist von Natur aus ungesellig, er wird nicht von den paar guten Jungen, die dort sind, profitieren können, wirklich, ich fühle mich machtlos... Einen Tor zu mögen, der nicht einmal seine eigene Mutter liebt!

Paul Vidal, Brief aus Rom an Henriette Fuchs vom 12. Juli 1884, »Revue de musicologie«, Sondernummer Debussy, 1962, S. 99f *

II
Der Bohemien

Als Debussy im Februar 1887 aus Rom nach Paris zurückkehrte, sah er sich mit der Notwendigkeit konfrontiert, seinen Lebensunterhalt fortan selbst zu bestreiten. Das geringe Einkommen, das er sich verschaffte, bezog er vermutlich aus privatem Klavierunterricht. Dennoch konnte er 1888 und im Jahr darauf Bayreuth einen Besuch abstatten. 1892 las er Maeterlincks Drama *Pelléas et Mélisande*, das ihn in den nächsten zehn Jahren immer wieder beschäftigen sollte. Im Dezember 1894 wurde das *Prélude à l'après-midi d'un faune* uraufgeführt, das in der fachkundigen Welt der Musikliebhaber Aufsehen erregte. Von 1888 bis 1898 lebte Debussy mit Gabrielle Dupont (der »grünäugigen Gaby«) in einer – zumindest von seiner Seite aus – ziemlich »offenen« Zweierbeziehung. Im Oktober 1899 heiratete er seine erste Frau, das Mannequin Rosalie (Lily) Texier.

Jacques Durand
(1865–1928)

Als 1909 sein Vater starb, übernahm Jacques Durand die Leitung des von seinem Vater gegründeten Verlags. Er selbst war eigentlich Komponist, wenn sich Erfolg und Ruhm ihm auch versagten. 1927 gab er einen Band mit Briefen heraus, die Debussy ihm geschrieben hatte; Debussys Werke wurden seit 1905 von den Durands verlegt.

Um die Musikliebhaber vom Charme der *Petite Suite* zu überzeugen, beschlossen Debussy und ich, eine Aufführung der Suite in einem jener Pariser Salons zu veranstalten, in denen die Meinungsführer in Sachen Ästhetik verkehrten. Diese Aufführung fand statt, und der Empfang war freundlich, mehr jedoch nicht, und ich merkte, daß die Partie noch nicht gewonnen war.

Debussy, der sehr nervös war, bevor er sich an den Flügel setzte, hatte mich gebeten, das Tempo nicht zu forcieren. Ich versprach es ihm. Aber wir hatten kaum begonnen, da war es Debussy, der das Tempo beschleunigte, und trotz aller Anstrengungen konnte ich ihn nicht bremsen. Er hatte es eilig, diese öffentliche Prüfung hinter sich zu bringen. Ich folgte ihm, so gut als möglich, ein wenig überstürzt im Tempo. Das Stück endete in einem Brio, das wahrscheinlich mit ein Grund für die trotz allem freundliche Aufnahme der *Petite Suite* war.

Quelques souvenirs d'un éditeur de musique, 2 Bde., Paris 1924/25, Bd. 1, S. 59 *

Gabriel Mourey
(Daten unbekannt)

Gabriel Mourey war Kunstkritiker und Übersetzer der Gedichte von Swinburne und Poe.

Claude Debussy – damals signierte er seine Werke noch mit »Claude Achille Debussy« – kannte ich seit etwa 1889.

Wo wir uns kennenlernten? Daran erinnere ich mich nicht mehr. Debussy wohnte damals bei seiner Familie in der Rue de Berlin – heute Rue de Liège – in einer ziemlich kleinen Wohnung; aber dort war es nicht, daß ich zum erstenmal die Gesellschaft des zukünftigen Komponisten von *Pelléas et Mélisande* teilte. Aber wo dann? Vielleicht war es in einem Café. Vielleicht in der Brasserie, Ecke Chateaudun, die damals bei den Künstlern und Literaten der Zeit ein beliebter Treffpunkt war. Die Brasserie hieß Le Petit Pousset, und Leute wie Villiers de l'Isle-Adam, Leon Dierx, Catulle Mendès, Emile Goudeau, Forain und viele andere pflegten sich dort zu treffen. Und wenn nicht dies der Ort war, wo ich Debussy zum erstenmal getroffen habe, so haben wir auf jeden Fall später dort viele vergnügliche Stunden verbracht. Mit Sicherheit weiß ich, daß wir bald nach dem Austausch der ersten Höflichkeiten miteinander ins Gespräch kamen und uns über Jules Laforgue, Verlaine, Mallarmé und Rossetti unterhalten haben; denn damals hatte ich diese Dichter gerade für mich entdeckt. Und so empfanden Debussy und ich schnell herzliche Sympathie für einander. Ich arbeitete damals gerade an einer Sammlung von Prosagedichten, die zum Teil in Dialogform gehalten waren, und der ich den Titel *L'Embarquement pour Ailleurs* gab – den sie übrigens noch heute trägt. Nachdem ich Debussy das Manuskript gezeigt hatte, kamen wir darin überein, daß er ein Tongedicht für das Titelblatt schreiben sollte, das wir »glose symphonique« (»sinfonische Erzählung«) nannten – andere Titel erschienen uns nicht angemessen.

Debussys ungewöhnlichem Charme von damals, der mir noch gut im Gedächtnis ist und sich aus tausend Dingen speiste und schwierig zu analysieren war, konnten nur wenige Menschen widerstehen. Man muß betonen, daß Debussy, der einerseits unangenehm und unfreundlich solchen Leuten gegenüber sein konnte, die wir damals als »Stümper« bezeichneten (worunter wir diejenigen verstanden, die nicht unseren Geschmack in literarischen und künstlerischen Dingen teilten), andererseits aber seinen Freunden gegenüber eine außerordentlich feinfühlige und herzliche Art zeigen konnte. Sicher, er war nicht gerade gesprächig, immer zurückhaltend, schweigsam und etwas rätselhaft.

Wenn ihn das Gespräch nicht sonderlich interessierte, konnte er eine ganze Zeit danebensitzen, ohne auch nur ein Wort zu sagen, um dann plötzlich mit einer kurzen, treffenden Bemerkung oder aber mit dem entscheidenden Wort dazwischenzufahren und einen bemerkenswerten Gedanken zu offenbaren.

Weder in seinen Worten, noch in seinen Taten oder in seiner Musik rückte Debussy je von seiner Vorliebe für Genauigkeit ab. Er haßte in jeder Hinsicht Überflüssiges oder sinnlose Ornamente. Niemand beherrschte die Kunst, immer die passende Phrase, das richtig plazierte Wort oder die ausdrucksvolle Geste zu finden, besser als er. Debussy war die Konzentration selbst und lebte ein angespanntes inneres Leben. Er gehörte nicht zu denjenigen, die viel reden, ohne eigentlich etwas zu sagen.

Memories of Claude Debussy, »Musical News and Herald«, 11. Juni 1921, S. 747f

Catherine Stevens
(1865–1942)

Catherine Stevens war die Tochter des anglo-belgischen Malers Alfred Stevens. Debussy machte ihr Anfang der neunziger Jahre einen Heiratsantrag. Wahrscheinlich im Jahre 1892, da die erste, auf den Mai 1892 datierte Folge von *Fêtes galantes* ihr gewidmet ist.

Er mochte (wie ich) die javanische Musik; dann die russische Musik, am nächsten Tag wieder nicht. Dies war Teil seines paradoxen Wesens.

Als ich eines Abends nach Hause kam, fand ich Debussy bei meiner Mutter. Er war zum Abendessen gekommen. Ich brachte stolz ein Buch von Maurice de Fleury mit, in dem eine liebe Widmung stand. Debussy nahm es und sagte zu Mama: »Madame Stevens, wollen Sie mir erlauben, diese Widmung zu zerreißen und ins Feuer zu werfen? Ich verstehe nicht, wie man es wagen kann, einem jungen Mädchen ein solch inzestuöses Buch mit einer Widmung zu schenken.« Und er zerriß die Widmung wutschnaubend.

Aufzeichnungen von Catherine Stevens, zitiert nach: Marcel Dietschy, *La passion de Claude Debussy*, Neuchâtel 1962, S. 77, 87 *

René Peter
(1872–1947)

René Peter war der Sohn von Dr. Michael Peter, einem Widersacher und Cousin von Pasteur. Debussy lernte ihn Mitte der achtziger Jahre kennen und war René Peters Ratgeber, als dieser die Laufbahn eines Theaterschriftstellers einschlagen wollte. Die beiden Freunde unternahmen mindestens dreimal den Versuch, gemeinsam ein Stück zu schreiben: *L'herbe tendre, L'utile aventure* und *F. E. A.* (*Les Frères en Art*); letzteres wird unten im zweiten Auszug erwähnt. Tatsächlich wurde dieses letzte Stück beinahe fertiggestellt. Das Manuskript von drei Akten (in Debussys Handschrift) fand man nach seinem Tod.

Mehr als jeder andere Mensch, den ich kannte, vereinte Debussy zwei völlig verschiedene Persönlichkeiten in sich, und ich bin überzeugt, daß es dieser Gegensatz war, der seinem Genie die außergewöhnliche Größe gab.

Oft dachte ich, daß ein wenig jenes sonderbaren Doktor Jekyll in ihm war, dessen verwirrende, gespaltene Persönlichkeit uns Stevenson vor Augen geführt hat. Eine Dualität, die einer ständigen psychologischen Verdoppelung zuzuschreiben ist, dem Kontrast zwischen Mensch und Künstler. Man hat sehr oft, mit einer vielleicht allzu großen Strenge, den Menschen Debussy kritisiert, der sein Leben lebte, ohne sich allzusehr um die Konventionen der herrschenden Moral zu scheren, aber nie ist es jemandem in den Sinn gekommen zu leugnen, daß der Künstler Debussy immer stolz war und frei von allen profitablen Zugeständnissen und Anpassungen an den vorherrschenden Geschmack.

Von daher ist es nur natürlich, das Werk dieses großen Komponisten als eine Art höherer Form von Flucht in Richtung auf ein Ideal anzusehen, das umso sehnlicher erwünscht wurde, je weiter er sich im täglichen Leben davon entfernte.

So erklärt sich auch die wichtige und gleichzeitig nichtige Rolle, die Frauen in seinem Leben spielten. Als ich nach einer recht langen Unterbrechung unserer freundschaftlichen Beziehung – einer Unterbrechung, die wir beide nicht gewollt hatten – das Glück hatte, Debussy wiederzutreffen, hatte er gerade *Pelléas* beendet. Er hatte seinen wirklichen Vornamen »Achille« gegen den moderneren »Claude« eingetauscht, und er lebte unter der Herrschaft von Gaby.

Gaby war eine Blondine mit Katzenaugen und einem starken Kinn, und sie war sehr anhänglich. Woher sie kam? Böse Zungen behaupteten, sie wäre für einige Zeit – aber nicht zu lange! – vom Pfad der Tugend abgekommen, ein Weg, der für die schönen Mädchen aus ärmlichen Verhältnissen meist nur eine Sackgasse ist. Als Gaby auf ihrem Weg von einem Liebesabenteuer zum nächsten schließlich bei Debussy angelangt war, fühlte ihr frivoles Herz plötzlich, daß etwas Seltsames vor sich ging und es für immer gebunden war.

Von da an lernte sie durch die Liebe – diesen seltsamen Lehrmeister – viele schöne Dinge. Die Kunst war für sie ein unbekanntes und unerreichbares Land. Aber als sie sah, wie Claude sich ihr ganz und gar widmete, verstand sie es, ihn geduldig an der Schwelle dieser rätselhaften Welt zu erwarten. Sie kümmerte sich – an ihr war sicherlich wenig von Mélisande – um den häuslichen Bereich. Und das war gewiß nicht wenig, denn erstens hatten sie nicht viel Geld, und zweitens gestattete Claude, dieses große verwöhnte Kind, der es nicht ertrug, vom Leben schlecht behandelt zu werden, sich alle Grillen und war überhaupt ohne die geringste Spur von Vernunft.

Hatte er plötzlich Lust auf jenen braunen japanischen Druck, den er mir später zum Geburtstag schenkte und der jetzt mein Büro, in dem ich diese Erinnerungen niederschreibe, ziert, leerte er sein Portemonnaie, ohne sich zu fragen, wovon das Essen am nächsten Tag bezahlt werden sollte. Und während er in geistigen Höhen wandelte, mußte Gaby mit einigen Nippsachen in einem heruntergekommenen Pfandhaus Geld auftreiben. Wie lang ist das jetzt her!

Jahre später waren wir eines Abends im Grand Théâtre von Rouen. Cortot erkannte Gaby trotz ihrer Mütze und der Schürze einer einfachen Logenschließerin. Sie besaß Briefe und ganze Manuskripte des Mannes, der der größte Musiker seiner Zeit geworden war, wertvolle Erinnerungen, für die man ihr beträchtliche Summen bot, aber nichts, gar nichts in der Welt, konnte sie dazu bringen, sich davon zu trennen. Sie blieb der Liebe – diesem harten Lehrmeister, der nie hält, was er verspricht – treu.

Eine der strahlendsten Gestalten, die vor Debussys kritischem Blick Gefallen fanden, war wohl die Tochter eines anderen berühmten Künstlers, jenes Malers flämischer Abstammung, dessen Bilder uns alle weiblichen Grazien des Zweiten Kaiserreichs in Erinnerung riefen. Ich habe durch Erinnerungen Claudes, die er mir im Vertrauen mitteilte, etwas mehr darüber erfahren. Sehr viel später sollte ich die Heldin dieser sentimentalen Episode wiedertreffen. Sie kannte mich schon als ganz kleines Kind – wir sprachen von längst vergangenen Zeiten. Diese Erinnerungen, so lange als Geheimnis bewahrt, vereinten sich, mit leichten Nuancen, mit jenen, die Debussy mir anvertraut hatte. Es war sicher schon bald ein gegenseitiges Gefühl zwischen dem Komponisten und dem jungen Mädchen entstanden. Unter anderen Umständen hätte Debussy sicherlich versucht, die hübsche Romanze in weniger idyllische Bahnen zu lenken, aber es

René Peter

handelte sich hier um eine anständige Person, bei der ohne Heirat nicht an Liebe zu denken war. Warum eigentlich nicht?

Aus einem Brief, den sie mir später schrieb, nachdem die Jahre uns nähergebracht hatten, gebe ich die folgenden, bewegenden Worte als Ausschnitt wieder: »In den größten Krisenmomenten, die wir in meiner Familie durchlebten, brachte er mir den Beweis einer so ‹distanzierten› Liebe entgegen, er, dem man Gefühle starker Begierde unterstellte, und er war von so großer Intelligenz, und spielte mir seinen *Pelléas* vor, an dem er gerade arbeitete ...« An anderer Stelle erklärte sie offen: »Ich hätte ihn geheiratet, trotz aller Vorbehalte, die man zu dieser Zeit gegen ihn hegte, wenn ich nicht Henry kennengelernt hätte.« Ist es nötig, das Ende der Geschichte zu erzählen? Henry, ein junger und begabter Arzt mit ehrlichem Herzen und einer unendlich großen Verführungskraft ... Das Glück der hübschen Catherine (Oh! Nun habe ich, ohne es zu wollen, ihren Namen verraten), ihr Glück lag in Henrys Händen. Claude, der sanft abgewiesen wurde, um seine Enttäuschung nicht zu groß werden zu lassen, blieb einige Tage lang untröstlich. Doch dann kehrte er zu *Pelléas* zurück – und zu Gaby, deren Triumph, wie immer, nur von kurzer Dauer sein sollte.

Dann lernte er die zierliche, blasse Lily Texier kennen, die einige Jahre zuvor als Begleiterin eines reizenden Börsenspekulanten in Erscheinung getreten war, der ihr jedoch körperlich Angst eingeflößt hatte. Sie wollte von Debussy deshalb wenigstens eine Heiratsgarantie. Der stand der Idee, ihre Beziehung zu legalisieren, trotz der wenig »bürgerlichen« Vergangenheit des Mädchens keineswegs unaufgeschlossen gegenüber.

Es folgte die vielleicht glücklichste Zeit seines Lebens – »eine Frühlingszeit«, wie er sagte – und das Erblühen einzelner, aber um so wertvollerer Werke: *Sarabande*, *Toccata*, *Estampes* ... Aber dann kam der Ruhm!

Debussy et l'amour, »Comoedia«, 4. Juli 1942, S. 1, 4 *

Robert Godet
(1866–1950)

Der Schweizer Robert Godet war Journalist, Literat und Komponist. Er übersetzte *Boris Godunow* ins Französische. Mit Debussy war er die letzten dreißig Jahre, die Debussy lebte, befreundet. Jean Moréas (1856–1910), mit richtigem Namen Papadiamantopoulos, war ein in Griechenland geborener französischer Dichter.

Der Name Moréas bringt mir eine Seite Debussys in Erinnerung, die er selten zeigte, die aber umso bemerkenswerter war. Man sah ihn fast nie im Quartier Latin, aber wenn er sich dort blicken ließ, wie anläßlich eines Besuchs bei Moréas, der die Werke von Keats übersetzte, dann muß man dem Zufall danken, daß dieser die Wege des Dichters der »blassen Mädchen aus Ton« sich mit denen Debussys kreuzen ließ, denn die Redseligkeit des einen kontrastierte auf komischste Weise mit der Reserviertheit des anderen. Sie forderten sich gegenseitig so lange heraus, bis sie selbst darüber lachen mußten, und wenn man ihren gegenseitigen Irreführungen folgte, wußte man bald nicht mehr, wer von ihnen dogmatisch und wer ironisch war. Indessen lachte nur einer an jenem Abend, an dem Debussy – über die Schwärmerei Moréas' für den zweiten Teil des *Faust* unterrichtet – Maßnahmen zu seiner Verteidigung ergriff. Debussy ließ Moréas seinen ganzen Vorrat an Zitaten vorbringen, ohne darauf zu reagieren, und sagte schließlich: »Das ist sehr gut, aber es gibt noch etwas Besseres.« – »Besser? Wie – etwas Besseres? Besser als die Mütter, besser als Helena, besser als Euphorion, besser als . . .« – »Es gibt noch den Turmwärter«, sagte Debussy, jedes Wort kühl hervorbringend. »Den . . .?« – »Ich sagte, den Turmwärter, diesen Wächter, der bei Sonnenaufgang Signal geben muß, und der, als Helena erscheint, glaubt, die Sonne ginge im Süden auf, und vor Aufregung sein Horn fallen läßt. Das ist ein Bild, Monsieur Jean Moréas, das ihrer berühmtesten Ahnen würdig ist, und es erstaunt mich, daß es Ihnen entgehen konnte . . .« Große Bestürzung seitens des verblüfften Griechen! Aber er erholte sich schnell von diesem Schreck, und wie erleuchtet rief er mit einer Stimme, die Berge erzittern ließ: »Bluffer! Bevorr err zu mirr kommt, hat err sich informmierrt!« – »Ist es nicht das, was einer ihrer schönsten Verse illustriert, und der, von seiner Syntax her, eines solch erfahrenen Dichters würdig ist: Et toi, son cou, qui pour la fête tu te pares?« (Und du, ihr Hals, schmückst du dich für das Fest?) Worauf Debussy auf die Idee verfiel, die kakophonische Alliteration dieses Alexandriners einzeln zu zerlegen, gefolgt von einer Serie von da capos, woran er ein unbeschreibliches Vergnügen zu

Robert Godet

finden schien: »Ku-ki ... te-tü-te ...« Worauf Moréas, tödlich beleidigt und Debussys boshafte Absicht schlicht ignorierend, ihm das grausame Wort »Muusiker!« an den Kopf warf. »Nun, Sie selbst spielen ja auch Flöte«, entgegnete Debussy. Und so ging es weiter, während Alphonse Allais murmelte: »Arcades ambo ...« und für die blassen Mädchen aus Ton übersetzte: »Laßt uns die Griechen in Schönheit sehen ...«

Netterweise wählten wir, als wir Moréas einige Zeit später in einem Zustand größter Aufregung fanden (Moréas hatte mehrere Duelle nacheinander zu bestehen gehabt, und dieser tapfere, brave Mann, sah sich durch eine unbeabsichtigte Geste von einer Disqualifizierung bedroht), zunächst einen Gesprächsstoff, der geeignet erschien, seine Nerven etwas zu beruhigen: seinen geliebten *Faust*, zweiter Teil. Er biß an und sagte noch einmal seinen ganzen Zitatenschatz auf; und bei dem Zitat, das sonst an letzter Stelle gestanden hatte, fügte er nun noch etwas hinzu: »Aber es gibt noch etwas, das alles in den Schatten stellt: Erinnern Sie sich an den Turmwärter?«

Es war am Tage der Beerdigung von Ernest Guiraud, Debussys früherem Lehrer, dem er dankbar war, daß er ihn nie in seiner künstlerischen Entwicklung behindert hatte. Debussy hatte die Grippe und Fieber, und während er sich anzog, hielt er ein kleines, zusammenhangloses Selbstgespräch, murmelnd, aufschreiend und brummend. Dieses kaum vernehmbare Gespräch hatte folgenden Inhalt: »Nun gut, mein alter Guiraud ... nanu, wo ist der andere Stiefel? ... Weil du es bist, muß es wohl sein ... Gibt es etwas Unsinnigeres als einen einsteckbaren Kragen? ... Mein alter Guiraud, einen wie dich wird es nicht mehr geben ... Burrrh, welch eine Kälte! Und die Krawatte ? Keine Möglichkeit, zu Haus' zu bleiben ... Wollen mal sehen, ob wir alles haben ... Natürlich mein alter Guiraud, natürlich... aber welch' ein Mistwetter! ... Kein Weg, um deine Beerdigung herumzukommen ...« Warum mußte dann eine unvorsichtige Stimme, mit all dem Gewicht mütterlicher Argumentation einwerfen: »Und dann ist es wichtig, daß du dort gesehen wirst!« »Daß man mich dort sieht?!!!«, rief der unerziehbare Sohn, vor Empörung auffahrend. Dann nahm er sich, sehr bleich, in seinem Ärger zusammen, und mit eisiger Ruhe verkündete er leise: »Ein gutes Argument, das man einem Kind gibt. Nun gut, mein alter Guiraud, ein anderes Mal ...« Sein Mantel, dessen einen Ärmel er bereits übergestreift hatte, landete mit einem Schwung wieder auf dem Garderobenhaken, und Debussy, weiß wie die Wand, machte auf dem Absatz kehrt und lief in sein Zimmer, wo er sich einschloß.

Ob er mit den Symbolisten verkehrte? Ob er sich für die Impressionisten begeisterte? Der Debussy, den wir kannten, verlor darüber nie ein Sterbenswörtchen, auch nicht über seine Besuche bei Mallarmé, die wohl weniger häufig und fruchtbar waren, als dies allgemein angenommen wird. In Erinnerung geblieben ist nur Debussys respektvoller, aber amüsierter Blick für den Dichter, wenn dieser das Orchester Lamoureux beobachtete, beziehungsweise sich daran machte, dessen Spiel sofort in ein kleines Heft zu transkribieren, dessen Seiten er ohne Unterlaß vollschrieb. Der einzige Künstler, von dem Debussy zu dieser Zeit ständig sprach, war einer mit dem er – dies scheint gesichert – niemals zusammentraf: Degas, und zwar der Landschaftsmaler Degas, der viel zu wenige dieser Pastellandschaften malte. Debussy war von ihm fasziniert, und Degas war ihm zugleich ein Vorbild an Disziplin. Wenn wir gerade darüber sprechen, so sei noch angemerkt, daß Debussy – ich zitiere – »der Romantik« Rodins mißtrauisch gegenüberstand. Hingegen war er einer der ersten (und wenigen), der deutlich erkannte, daß Camille Claudel »das Genie besitzt, einen Stil zu kreieren, der nichts der Akademie zu verdanken hat«, und der die Werke dieser hervorragenden Künstlerin als »den perfektesten Ausdruck einer inneren dichterischen Sprache« ansah, den die Bildhauerei hervorgebracht hat. Ihre Skulptur »Valse« zierte seinen Kamin und die »Petite Princesse« lachte ihm machmal in seinen Träumen zu.

En marge de la marge, »Revue Musicale«, 1. Mai 1926, S. 63f *

Debussy hatte einen Malerfreund, der während der Zeit der Freiluftmalerei darauf bestand, im künstlichen Licht seines Ateliers zu malen, und der dies folgendermaßen begründete: »Die Natur ist wie ein Gerücht, das man in die Welt gesetzt hat!«

Hingegen setzte Claude Debussy seine Anstrengungen als Poet der Musik fort und trug mehr als jeder andere Künstler dazu bei, daß sich doch etwas Reales hinter diesem großen Wort verbirgt. Dieses Reale, dessen verstreute Spuren er zusammensuchte und das so die Züge einer geordneten Welt annahm, war wie ein Tempel, in dem »lebende Säulen sich Antwort geben« und der einen versteckten Gott beherbergt.

Eines Tages kam sein Malerfreund mit einer Neuigkeit (die übrigens der Wahrheit entspricht), von der er glaubte, sie würde uns überwältigen: Er teilte uns mit, daß die Japaner kein Wort für »Natur« hätten. »Das bewahrt sie sicherlich davor, eine Menge Unsinn zu erzählen, aber läßt sie auch einige wichtige Unterscheidungen nicht machen«, bemerkte Debussy, »und außerdem haben sie auch kein Wort für ‹Kunst›.« Während dieser Zeit schätzten wir einen anderen Freund sehr wegen eines kurzen, unveröffentlichten Werkes mit dem Titel *Der Dichter und der Vogel.* Ein Lehrer hatte ihm aufgetragen, dieses Thema in französische Verse zu fassen. Er war nicht geneigt, große Anstrengungen zu unternehmen, und so hatte er ohne Mühe die Bewegungen seiner lukrezianischen Muse eingefangen und sich auf zwei, allerdings endgültige Hexameter beschränkt:

Pour chanter, cher oiseau, dis-moi, comment fais-tu?
Eh bien, j'ouvre le bec et je fais tu tu tu.
(Singen, lieber Vogel, sag'mir, wie machst du das?
Nun ja, ich öffne den Schnabel und mach tü tü tü.)

Debussy war von diesem »tü tü tü« ganz hingerissen. Er hätte es gern dem gelehrten Benediktiner Dom Caffiaux unterbreitet, nach dessen Überlieferung Adam, unser aller Urahne, seine Gesangslektionen bei den Vögeln nahm. Und Caffiaux mußte es wissen, denn er hinterließ uns eine Musikgeschichte, die von der Schöpfung bis zur Einnahme Trojas reicht. Debussy hätte das Gedicht auch gern dem Dichter Gresset gezeigt, der sich dafür verbürgt, daß unsere Ahnin Eva, sobald sie den anmutigen Gesang der Vögel hörte, ihren Mund öffnete, um mit ihnen in Wettstreit zu treten . . . Tü tü tü, wie einfach das scheint! »Ja«, sagte Debussy, »und wenn es zudem auch noch wahr wäre, wüßten Sie sofort, warum Ihre Tochter krank ist: völlige Heiserkeit! Aber es ist nicht wahr. Das Böse, das die jungen Damen zum Singen treibt, wenn es sie packt – und genauso ihre Väter –, ist nicht der Wunsch das ,‹tü, tü, tü› zu imitieren, das man im übrigen auch gar nicht nachahmen kann. Und die Lektion der Vögel, würden sie uns eine solche erteilen, würde nicht weitergehen als: den Schnabel öffnen und tü, tü, tü hervorbringen, etwas, was wir gar nicht können, während wir ungeduldig sind, unsere eigene Musik zu verstehen und kennenzulernen . . .« Indem er diese Worte sagte, war Debussy auf dem besten Wege, die Schlußfolgerung eines weisen Chinesen, den man ihm später vorstellen sollte, zu ziehen: »Die menschliche Musik kommt aus dem Inneren.«

Le lyrisme intime de Claude Debussy, »Revue Musicale«, Dezember 1920, S. 188f *

Prinz André Poniatowski
(1864–1955)

Prinz Poniatowski war in seinem Leben zeitweilig Industrieller, Bankier und Pflanzer. Er liebte es, in literarischen Kreisen zu verkehren.

An dem ersten Dienstagabend, an dem Claude Debussy mich zu Mallarmé mitnahm, sah ich dort Pierre Louÿs und Marcel Schwob, die ich bereits kannte, Henri de Régnier, Georges Rodenbach, den Autor von *Bruges la Morte*, sowie einige andere, die ich nicht kannte. Unser Eintreffen verursachte ein Schweigen, das nicht ohne eine leichte Mißstimmung war, zum einen weil ein jedes Eintreffen eine Unterbrechung darstellt; aber es schien noch einen anderen Grund zu geben. Woher kannte Debussy diesen »clubman«? Und wenn er ihn kannte, warum brachte er ihn dann in diesen geschlossenen Zirkel mit?

Der weltmännische Mallarmé rettete die Situation mit zwei Worten. Den Kopf leicht zurückgeneigt, maß er mich von Kopf bis Fuß, dann sagte er, mit halbgeschlossenen Augen, als suche er in seiner Erinnerung: »Ja, das ist es! Schon als ich Sie auf dem Treppenabsatz sah, glaubte ich, Ihr Antlitz aus den Pastellbildern unseres Freundes wiederzuerkennen.« Und während er mir die Hand reichte, fragte er mich, ob ich Degas kürzlich wiedergesehen hätte.

Ich ging nur selten zu den Dienstagabenden. Ich fühlte mich dort leicht befangen, weil ich fürchtete, unter diesen jungen Leuten, für die es sich hier wirklich um apostolische Zusammenkünfte handelte, nur als Schaulustiger zu gelten. Außerhalb dieser Dienstagabende traf ich Mallarmé aber weiterhin, bei mir zu Hause in der Rue Balzac. Hierher hatte ich ihn das erste Mal an einem Sonntagmorgen eingeladen, nachdem wir gemeinsam eine Messe in St. Gervais besucht hatten, wohin Debussy uns geführt hatte, um gregorianische Gesänge zu hören.

Sehr bald schon fanden die sonntäglichen Zusammenkünfte in St. Gervais großen Anklang, und der Kreis der angestammten Zuhörer erweiterte sich dermaßen, daß die Gemeindemitglieder sich schließlich bei ihrem Priester beschwerten, daß ihre Stühle jeden Sonntag von einer beständig wachsenden Zuhörerschaft belegt wären, die, um die Wahrheit zu sagen, zwar den heiligen Gesängen in vorbildlicher Stille lauschten, aber gewöhnlich dem Hauptaltar den Rücken zukehrten.

Seit dem Sommer 1892 stand ich in Kontakt mit Anton Seidl und auch mit Walter Damrosch, dessen Orchester finanzielle Unterstützung durch Andrew Carnegie genoß. Ich hatte sowohl dem einen als auch dem anderen von Claude Debussys Talent erzählt, und Seidl schien mir geneigt zu sein, eine Fantasie für Orchester und Piano, die Debussy abgeschlossen hatte, aufzuführen.

Meine Idee war – vorausgesetzt dieses Werk würde mit Erfolg in New York aufgeführt –, einen Mann wie Carnegie zu veranlassen, sich für die Karriere Debussys einzusetzen, und so zwei oder drei Jahre lang für die materielle und geistige Unabhängigkeit zu sorgen, die Debussy in Paris völlig fehlte.

Keines seiner Werke hatte die breite Öffentlichkeit erreicht, und der Klavierunterricht zu fünf Francs die Stunde, mit dem er sich seinen Lebensunterhalt sicherte, enervierte ihn derart, daß er noch vor meiner Abreise aus Paris einem Nervenzusammenbruch nahe war, wovon seine Briefe an mich ein beredtes Zeugnis ablegen.

Schon im Juli hatte ich ihn von Seidls guten Absichten informiert, aber letzterer benötigte das Manuskript, bevor das Herbstprogramm endgültig festgelegt wurde. Ich hatte meine Briefe an Bailly geschickt, dessen winzige Buchhandlung Debussy als Hauptquartier diente. Ich begann schon die Hoffnung auf eine Antwort aufzugeben, als er mir, leider zu spät, den Schlüssel zu diesem Geheimnis lieferte. (Debussys Antwortbrief ging verloren.)

D'un siècle à l'autre, Paris 1948, S. 241, 243, 304 *

Narcisse Lebeau
(1865–1931)

Narcisse Lebeau, der eigentlich Vital Hocquet hieß, lieferte literarische Beiträge für das Kabarett »Le chat noir«. Debussy pflegte von ihm zu sagen, er habe »die Augen eines Malers«. Man vermutet, daß er es war, der Debussy mit Satie bekannt gemacht hat. Die hier von Marius Richard wiedergegebenen Erinnerungen stammen aus den frühen neunziger Jahren.

Eine Zeit der Entbehrungen, aber voll jugendlicher Begeisterung ... Debussy lebte damals in der Rue de Londres 42 und hatte kein Geld, um sich ausreichend ernähren und kleiden zu können. Das Mittagessen bestand meistens aus einem kleinen Riegel Schokolade, wie ihn Schuljungen zu essen pflegen, und dem klassischen »petit pain«, das man für ein paar Pfennige bekam. Zu Abend wurde gelegentlich etwas herzhafter gespeist; denn dann kam Lebeau, der als Klempner monatlich 500 Francs verdiente, und holte seinen Freund und dessen junge Freundin, die damals mit ihm zusammenlebte, ab und führte die beiden in irgendein bescheidenes Kellerlokal in der Nachbarschaft: in das Boilesve in der Rue Monthyon, in der Nähe der Folies-Bergère, oder, wenn sie völlig abgebrannt waren, in das Cabaret du Clou in der Rue Trudaine.

Im Clou war das Essen nicht im Entferntesten so appetitlich und reichlich wie im Boilesve. Die »ratatouilles« – eine bessere Umschreibung für die Eintöpfe, die sie einem dort vorsetzten, gibt es nicht – waren manchmal so wenig einladend, daß Debussy es vorzog, das Tagesgericht gegen Omelettes mit Zucker und Marmelade einzutauschen; denn er war scharf aufs Essen und unglaublich gierig auf jede Art von Süßigkeiten. Oftmals brachte Claude Achilles entzückende Begleitung einige Süßigkeiten mit, und die wurden dann unter den Dreien möglichst ungleich verteilt.

Debussy liebte es, dem Billardspiel zuzuschauen und in den Zirkus zu gehen; besonders gern mochte er das Guignol. Wir konnten uns stundenlang im Guignol an den Champs-Elysées aufhalten oder auch in den Folies-Bergère, wo oft Billard-Wettkämpfe stattfanden.

Sein Zimmer in der Rue de Londres war eine Art getäfelte Dachstube, unordentlich ausgestattet mit einem wackligen Tisch, drei Korbstühlen, einer Art Bett und einem hervorragenden Pleyel, natürlich geliehen ...

In diesem Zimmer, in dem sich alles abspielen mußte, komponierte Achille seine Meisterwerke. Er arbeitete damals zusammen mit dem Dichter Catulle Mendès, gegen den er eine tiefe Abneigung hegte, an einer 0815-Bearbeitung von *Cid*, die in einem ganz anderen Stil als *Pelléas* gehalten war: ein romantisches Werk, voll von schlechten Kompromissen. Am Ende des ersten Aktes bricht, von schwindelerregenden Arpeggios begleitet, eine Reihe von Lagerhäusern zusammen, und Debussy schreit die letzte Strophenzeile mit einer Stimme, die jeglicher Beschreibung spottet, heraus: »Et la croix de Jésus luira sur les mosqué...e...es!« (»Und das Kreuz Jesu wird über den Moscheen leuchten.«)

Auch wenn Debussy unter schwierigen materiellen Bedingungen arbeitete, so hatten diese doch keinen Einfluß auf seine künstlerische Kompromißlosigkeit. Unter dem Vorwand, die Schüler seien nicht begabt, weigerte er sich, Klavierstunden zu zwanzig Francs die Stunde zu geben. Ich muß schon sagen – zwanzig Francs!

Lebeau nimmt sich die Freiheit heraus, aus Debussys Zimmer ein Stück japanischer Seide mitgehen zu lassen, auf dem ein Wasserlauf mit Baumstümpfen und Karpfen abgebildet ist. Lebeau gibt den Diebstahl zu, und man kommt in einer Diskussion überein, daß er ihm als Ersatz für die japanische Seide einen Regenschirm geben soll. Vergnügt darüber, einen Regenschirm zu besitzen, schenkt Debussy ihm obendrein noch eine Kopie der

Cinq poèmes de Baudelaire auf Holland-Papier mit der Widmung: »Für Vital Hocquet, der zwar meinen Fisch stahl, für den ich aber trotzdem eine besondere Zuneigung hege.«

Auch wenn er sich weigerte, untalentierten Schülern für zwanzig Francs Stunden zu geben, so verkaufte er für den gleichen Betrag die Musik, die er zu einem Gedicht von Verlaine geschrieben hatte, an einen feinen Herren, der es dann als sein eigenes Erzeugnis ausgab:

Mais je trouve encore meilleur
Le baiser de sa bouche en fleur
Depuis qu'elle est morte à mon coeur.
Dansons la gigue . . .
(Aber ich empfinde noch lieblicher
den Kuß ihres jungen Mundes,
seit sie meinem Herzen verloren gegangen ist.
Laßt tanzen uns die Gigue . . .)

In der Rue Vivienne hatte ein Schneider namens Hugo, wie Victor, sein Geschäft. Er hatte Debussy schon neu ausgestattet, als dieser aus Rom zurückgekommen war. Es blieb aber noch die Rechnung zu begleichen. Als er erfuhr, daß sein »Kunde« nichts zum Anziehen hatte, stattete er ihm auf seinem Zimmer einen Besuch ab, bedeutete ihm, daß ein Künstler wie er nicht wie ein Landstreicher herumlaufen könne, und nahm Maß für eine Garderobe, die sich sehen lassen konnte: Abendanzug, Smoking, Gehrock, Straßenanzug, Mantel . . . »Sie können mich bezahlen, wenn Sie berühmt sind.«

Der Ehrlichkeit halber muß man hinzufügen, daß Debussy den Schneider nie bezahlt hat, auch als er zu Ruhm gelangt war: Das Genie hat seine blinden Flecken und sogar eine undankbare Seite.

In seiner neuen Garderobe war Debussy in der Lage, zusammen mit den Kollegen Charles Levadé und Alphonse Allais die Rolle des Brautführers auf der Hochzeit seines Freundes Narcisse Lebeau zu übernehmen. Jacques Hébert, ein Pariser Rechtsanwalt und guter Musiker – er war Schüler von César Franck –, bat Lebeau, ihn mit Debussy bekanntzumachen. Lebeau lud ihn ein, mit ins La Cigale zu kommen, wohin Achille gern ging, um die Sängerin Jeanne Bloch zu hören. Der Rechtsanwalt erschien pünktlich zur Verabredung, doch Debussy war schlechter Laune und würdigte ihn keines Blickes, geschweige denn eines Wortes.

Narcisse Lebeau, *Souvenirs sur Debussy confiés à Marius Richard*, »La Liberté«, 11. und 13. Dezember 1931 *

Paul Dukas
(1865–1935)

Paul Dukas begann im Jahr 1881 am Conservatoire zu studieren und schloß sich vier Jahre später der Kompositionsklasse von Guiraud an, in der auch die lange Freundschaft mit Debussy ihren Anfang nahm. Neben seiner Arbeit als Komponist machte er sich als einflußreicher Kritiker einen Namen. Von Debussys *Nocturnes* zog er die *Nuages* den *Fêtes* vor, weil es für den Komponisten charakteristischer sei; er begrüßte *Pelléas* als ein Meisterwerk und verteidigte *La mer*, indem er die Meinung vertrat, es handele sich dabei um eine persönliche Auffassung Debussys vom Meer, so daß die Frage, ob das Werk auch bei anderen eine Vorstellung vom Meer heraufbeschwöre oder nicht, völlig belanglos sei.

Der Name Wagner erinnert mich an die Freunde, von denen Sie Neuigkeiten erfahren möchten: Debussy hat tatsächlich in »L'idée libre« einen Artikel mit dem Titel *Von der Nutzlosigkeit des Wagnerismus* angekündigt. Ich habe keine Ahnung, was das sein kann, aber wenn der Artikel erscheint, werde ich ihn mir besorgen, denn er könnte sehr tiefsinnig sein, man sagt doch, »Kinder

Paul Dukas, Lily und Claude Debussy

und Narren sagen die Wahrheit«. Der Titel ist sehr schön, nicht wahr? Und auf hundert Meilen erkennt man schon Debussy darin.

Eben dieser Debussy hat mir diesen Sommer die drei ersten Teile eines Streichquartetts vorgespielt, das mittlerweile abgeschlossen sein sollte. Von Anfang bis Ende bezaubernd. Das ist mal ein musikbegabter Bursche! Und eine himmlische Leichtigkeit, auch wenn er diese aus falsch verstandenem Baudelairianismus und mit der Lasterhaftigkeit des Künstlers abstreitet. Er hat mir auch seine Oper vorgespielt, die ebenfalls bald beendet sein muß. Sie werden von der dramatischen Größe einiger Szenen sehr überrascht sein, auch ich hatte das nicht erwartet. Und außerdem ist die Oper ganz und gar natürlich. Hinzu kommt, daß alle Nebenhandlungen ausgezeichnet und von einer harmonischen Finesse sind, die an seine ersten Lieder erinnert. Das Werk hat damit alles, um durchzufallen! Wünschen wir ihm, daß es Erfolg haben wird! Das Libretto ist übrigens völlig uninteressant. Ein Mischmasch aus Parnasse-Trödelkram und spanischer Barbarei. Ich weiß nicht, ob Sie wissen, daß es sich um einen *Cid* von Mendès handelt?

Brief vom 1. Oktober 1893 an Vincent d'Indy; veröffentlicht in: Georges Favre, *Écrits sur la musique et l'éducation musicale*, Paris 1966, S. 97 *

Ernest Chausson / Henri Lerolle
(1855–99 / 1848–1929)

Ernest Chausson lernte Debussy in den frühen neunziger Jahren kennen und wurde bald, in Debussys Worten, »sein großer älterer Bruder«, der ihn mit Rat und, was nicht weniger wichtig war, mit Geld unterstützte. Henri Lerolle war ein bekannter Maler und Chaussons Schwager.

Anfang 1894 verlobte sich Debussy mit der Sängerin Thérèse Roger. Allerdings wurde die Verlobung Mitte März aufgrund von Zweifeln an der Vergangenheit des Komponisten gelöst, vor allem wegen dessen Liaison mit Gaby Dupont. Die folgenden Auszüge sind dem Briefwechsel zwischen Chausson und Lerolle entnommen.

Lerolle an Chausson, 25. Februar 1894

Du weißt, daß Debussy heiratet. Er hat es Dir am gleichen Tag gesagt wie mir, und seitdem habe ich Dich nicht mehr gesehen. Er ist im siebten Himmel. Thérèse ist hinreißend, jung und so fort. Ich habe gestern nach dem ersten Akt von *Tristan* (den er in der Klavierfassung gespielt hat) mit ihm diniert. Und ich habe ihn begleitet, um einen Vertrag über das ganze Werk abzuschließen

– für 250 Francs im Monat. Er ist sehr glücklich, denn es ist nötig, daß er Geld verdient, damit er nicht von Thérèses Geld leben muß. Noch bevor er es mir gesagt hatte, kam Madame Roger, um mir von Debussys und Thérèses gegenseitiger Liebe zu erzählen und um mich um meine Meinung zu fragen. Aber ich wußte nicht, daß es schon beschlossene Sache war. Ich sagte ihr also, was ich von ihm als Musiker halte, und daß ich ihn als Mensch nur sehr wenig kenne, ihn aber sehr mag. Eine Wohnung war ab 16. April in der Rue Vaneau angemietet. Er geht jeden Tag zu Thérèse und arbeitet nicht mehr viel.

Gestern gab Debussy wieder eine *Tristan*-Vorstellung. Zu Madame Escudier (bei der die Wagner-Konzerte stattfinden) kommen jetzt auch einige Juden, unter anderem M. Pereire, der furchtbar häßlich und unangenehm ist. Ansonsten sind alle begeistert. Debussy findet das alles sehr anstrengend. Er entspannt sich, indem er seine eigene Musik mit leiser Stimme singt, während einige geneigte Freunde ihm zuhören.

Chausson an Lerolle, 28. Februar 1894
Sprechen wir lieber von Debussy. Das ist interessanter. Die Ankündigung seiner Hochzeit hat mich wirklich sprachlos gemacht. Ich konnte nicht lange mit ihm darüber reden, denn er ging gleich nach dem Essen, und bei Tisch konnten wir vor Abel Desjardins und der Krankenschwester [die Chaussons Vater versorgte] nicht ungestört sprechen. Er ist sehr verliebt, und ich freue mich, denn verliebt zu sein ist so schön. Und außerdem gibt es viel zu selten Verliebte in unserem Kreis von Intellektuellen, Kennern und Auserlesenen. Die Bekanntgabe der Hochzeit wird sicherlich nichtendenwollende Diskussionen auslösen. Ich höre sie schon von hier und bin sehr glücklich, sie nur aus der Ferne zu hören. Ich bin durchaus zuversichtlich; ich glaube, daß es eine glückliche Ehe wird, gerade weil sie nicht aus ängstlicher Vorsicht geboren ist. Und die Vorsicht hintergeht einen immer. Sie lieben sich, also ist es gut so.

Lerolle an Chausson, 13. März 1894
Ich sehe nur noch Debussy und manchmal Bonheur. Und auch wenn ich die künstlerischen Ideen der Musiker am meisten schätze, so scheinen sie mir oft nicht genug »Malerei« zu enthalten, um ihnen ganz und gar trauen zu können. Was die anderen angeht, so ist kaum noch die Rede von ihnen. Seit einer Ewigkeit habe ich Benoit nicht mehr gesehen – aber auch Poujaud und all die anderen nicht. Ich habe Gaston Redon in der Société Nationale getroffen (und was das für ein Konzert war, bei Gott!), der uns alles über Debussy erzählt hat. Ich hätte Lust, sie alle

einzuladen. Aber ohne Sie wäre es nur halb so schön – und außerdem habe ich Angst, daß der Abend sich gegen Debussy richten könnte, den ich alles in allem doch gern mag. Wenn er den Ruf verdient, den seine Freunde ihm vorausschicken, so scheint er mir sehr verändert. Wie dem auch sei, er ist sehr nett zu uns, und er liebt Thérèse und ihre Mutter.

Mademoiselle Taravant, die ich bei Lenoir getroffen habe, hat mir ebenfalls alles mitgeteilt, was man sich über ihn erzählt. Und da ich weiß, wie redselig sie ist, habe ich ihr berichtet, wie Madame Roger mich um meine Meinung gebeten und wie sie sie aufgenommen hat, indem sie mir sagte, daß Debussy und Thérèse eine gemeinsame Wohnung mieten werden – und daß ich ihr entgegnet habe, was ich von Debussy denke, das Gute und das Schlechte. Mehr zu sagen traute ich mich nicht, da Madame Roger einen so entschlossenen Eindruck machte. Ich bin sicher, daß Mademoiselle Taravant sorgsam die Nachricht verbreiten wird, daß nicht ich der Stifter dieser Hochzeit bin.

Nun also genug über dieses Thema. In Paris wird nur noch darüber gesprochen. Debussy hat mir gesagt, es gebe nur einen Maler, der etwas von Musik verstünde, und das sei ich. Vielleicht hat er Gründe dafür, der alte Fuchs . . .

Debussy am Klavier im Salon der Familie Chausson

Chausson an Lerolle, 19. März 1894
Lieber Freund, ich habe gerade einen langen Brief an Madame Escudier geschrieben bezüglich der Wagner-Darbietungen Debussys, deren Weiterführung ich für problematisch halte. Wahrscheinlich haben Sie diese Frage bereits angeschnitten, aber ich teile Ihnen trotzdem mit, wie ich darüber denke: Das einzige Mittel, das ich gefunden habe, um diese leidliche Affäre zu beenden, wäre eine Rückzahlung der Hälfte der Umlage, denn es hat nur fünf statt der vorgesehenen zehn Konzerte gegeben.

Seit heute morgen kann ich an nichts anderes mehr denken als an diese abscheuliche Geschichte, die mich immer mehr anekelt. Halten Sie mich auf dem laufenden, falls sich etwas Neues ergibt. Mein erster Gedanke war, Debussy zu schreiben. Jeanne hat mich davon abgehalten, und sie hatte recht.

Chausson an Lerolle, 6. April 1894
Arcachon, Donnerstagabend
Lieber Freund, nun ist wieder Ruhe eingekehrt. Madame Roger und ihre Tochter sind gestern abend abgereist. Du siehst, ich säume nicht, die wiedergewonnene Ruhe zu nutzen, um Dir zu schreiben.

Natürlich hat Madame Roger mir in allen Einzelheiten von Debussy erzählt. Sie legte vor allem großen Wert darauf, mir zu beweisen, daß sie nicht so unvorsichtig war, wie man allgemeinhin fand. Und in der Tat, wenn der unglückliche Debussy alle Fragen, die sie ihm gestellt hat, aufrichtig beantwortet hätte, wäre dieser höchst bedauerliche Zank und Streit vermieden worden. Wirklich, je mehr ich darüber erfahre, desto weniger begreife ich. Ich kann mir zur Not noch dumme und unnütze Schwindeleien, Vertuschungen und Ausflüchte erklären, aber ins Gesicht lügen, unter Empörung und Protesten, und das über Dinge solcher Wichtigkeit, das geht über meine Begriffe.

Lerolle an Chausson, Oktober 1894
Ich habe an Bonheur geschrieben, um Neues von ihm zu erfahren und ihn nach Paris einzuladen, um mit Debussy und mir eine kleine Feier zu veranstalten. Ich habe noch keine Antwort erhalten. Ich habe Debussy besucht, dem es erst langsam besser geht. Er hat mir wieder Passagen aus *Pelléas et Mélisande* vorgespielt, die ich auswendig kenne und so sehr liebe. Schade, daß er so ist, wie er ist, denn ich verbringe angenehme Momente bei ihm. Du bist nicht hier, und wenn ich ihn auch nicht mehr sehen würde, wäre ich ziemlich unglücklich.

Zitiert nach: François Lesure, »Claude Debussy, Ernest Chausson et Henri Lerolle«, *Humanisme actif. Mélanges d'art et de littérature offerts à Julien Cain*, Paris 1968, S. 341ff *

Pierre Louÿs

Pierre Louÿs
(1870–1925)

Der Lyriker und Romancier Pierre Louÿs gehörte seit ihrer ersten Begegnung im Jahre 1893 zu den engsten Freunden Debussys. Paul Valéry zufolge war Louÿs in jeder Hinsicht und zu allen Zeiten die größte Hilfe für Debussys Karriere. Louÿs wurde mit der Gedichtsammlung *Les chansons de Bilitis* und freizügigen Romanen bekannt, wie zum Beispiel *L'homme de pourpre, Une volupté nouvelle* und vor allem *Aphrodite*. In einem Brief an Madame de Saint-Marceaux berichtet er über Debussys Trennung von Thérèse.

Madame,
Das unglückliche Telegramm, das die Trennung bewirkte, unter der mein armer Freund so sehr leidet, ist mißverstanden worden. Aber ich verstehe, daß der Anschein Debussy unrecht gab, und bin nicht überrascht, daß es zum Skandal gekommen ist.

Vielleicht erlauben Sie mir dennoch hinzuzufügen, daß ein junger Mann seine Geliebte nicht einfach wie eine Putzfrau fortschicken kann, zumal sie zwei Jahre mit ihm gelebt und seine Armut geteilt hat, eine Geliebte, der man keinerlei Vorwurf machen kann, es sei denn den, daß der Mann ihrer überdrüssig war und sich verheiraten wollte. Normalerweise zieht man sich mit einigen Banknoten aus einer solchen Affäre, was nicht gerade von großer Einfühlsamkeit zeugt, aber ein kommodes Mittel ist.

Sie wissen, daß Debussy nicht einmal diesen Ausweg wählen konnte. Er glaubte, Schonung walten lassen zu müssen. Es war eine Frage des Mitleids, aber auch der Vorsicht, denn die junge Dame hätte sich mit viel härteren Mitteln rächen können. Es wäre Zeit vonnöten gewesen; wenn man es weniger eilig gehabt hätte, die Verlobung anzuzeigen, hätte Debussy Zeit gehabt, sich ganz und gar zu lösen, und zwar vor dem Tag, da ihm die offizielle Verlobung seine ehemalige Liaison verbot. Er tat dies nicht, oder, wenn Sie so wollen, er konnte es nicht tun, und er wurde grausam dafür bestraft.

Was die Gerüchte anbelangt, die man Ihnen über sein früheres Leben hinterbracht hat, so garantiere ich Ihnen, daß es ungeheure Verleumdungen sind, und ich denke, daß die Ehre eines Menschen (ich spreche nicht von dem Künstler, der niemals in Frage gestellt wurde) nicht durch anonyme Briefe Schaden nehmen kann, Briefe die oft das Machwerk eines Lügners und immer die eines Feiglings sind.

Ich weiß persönlich genau, daß Debussy unfähig gewesen wäre, so zu leben, wie man es ihm unterstellt. Ich weiß dies auch von zwei Personen, die Debussy seit zwölf Jahren kennen und die über diese traurige Intrige ebenso aufgebracht sind wie ich selbst. Ich kann auch gerne ihre Namen nennen: Es sind die Herren Raymond Bonheur und Etienne Dupin. Monsieur Lerolle und Monsieur Chausson werden Ihnen sagen, was ihr Zeugnis wert ist.

Ich schreibe dies unter dem Eindruck tiefen Schmerzes und mit einer Heftigkeit, die ich Sie, Madame, zu entschuldigen bitte. Ich kenne nichts Schlimmeres, als einen Mann in einer Woche derart entehrt zu sehen, einen Mann, den man unendlich schätzt, der fünfzehn Jahre lang unglücklich war, und der alle Türen sich verschließen sieht in dem Augenblick, in dem man sein Genie zu erkennen beginnt.

Brief an Madame de Saint-Marceaux vom 22.3.1894, in:
»Cahiers Debussy«, 3, 1976, S. 6 *

Gustave Doret

Gustave Doret
(1866–1943)

Gustave Doret hatte zunächst bei Joseph Joachim in Berlin Violine studiert, bevor er in Paris das Conservatoire besuchte, um dort bei Marsick weiter Violine und bei Dubois und Massenet Komposition zu studieren. 1894 dirigierte er die Uraufführung von *Prélude à l'après-midi d'un faune* und wurde zehn Jahre später Chefdirigent der Opéra-Comique.

Das erste Konzert, das ich an der Société Nationale dirigieren sollte, fand am 22. Dezember 1894 statt, und sollte, wie befürchtet, kein ganz einfacher Test werden.
Für dieses Debüt sollte Debussy mir die erstmalige Aufführung seines Werkes *Prélude à l'après-midi d'un faune* anvertrauen. Wir gingen in seine winzige Wohnung in der Rue Gustave Doré – ein merkwürdiger Zufall. Dort breitete er die Korrekturbögen der Orchesterpartitur aus, die schon bearbeitet waren, und setzte sich ans Klavier. Ich setzte mich neben ihn und sperrte Mund und Ohren auf. Ich war von der Musik völlig gefangengenommen, hingerissen, überwältigt.

Ich versprach ihm, mir für die Einstudierung des Werkes so viel Zeit zu nehmen, wie dafür nötig war. Und ich glaube, es hat niemals wieder eine Probenzeit gegeben, die in derartig enger Zusammenarbeit und harmonischer Atmosphäre stattgefunden hat. Debussy änderte ständig diese oder jene Klangfarbe. Wir probierten, wiederholten und verglichen. Als die Musiker diesen neuen Stil begriffen hatten, begriffen sie auch, auf welch ernsthaften Kampf wir uns eingelassen hatten. Debussy war für Kenner natürlich kein unbeschriebenes Blatt mehr, aber immer noch für die allgemeine Öffentlichkeit. Der große Tag kam, und Debussy drückte mir beide Hände, seine Aufregung hinter einem Grinsen verbergend, das mir schon vertraut war. Es herrschte große Stille im Saal, als ich das Podium bestieg und unser glänzender Flötist Barrère die Eröffnungsmelodie spielte. Sofort spürte ich hinter mir – einige Dirigenten können das –, daß die Zuhörerschaft ganz gebannt lauschte. Es wurde ein Triumph auf der ganzen Linie, und ich zögerte keine Sekunde, mit der Regelung, derzufolge Wiederholungen nicht erlaubt waren, zu brechen. Das Orchester hatte das Werk lieben gelernt, und begeistert spielte es das Werk noch einmal. Dank dieser Musiker hatte das Publikum das Stück nun akzeptiert.

Temps et contretemps, Fribourg 1942, S. 94–97

Colette
(1873–1954)

Colette, eigentlich Sidonie-Gabrielle Colette, führte ein ausgefülltes Leben als Varieté-Star, Schauspielerin und Schrifstellerin. Am bekanntesten ist sie vielleicht durch ihre *Claudine*-Romane geworden, deren erster, *Claudine à l'école* (1900), noch unter dem Namen ihres ersten Mannes, des Kritikers Henri Gauthier-Villars (genannt »Willy«), veröffentlicht worden war.

Meine Erinnerung geht zu einem Abend vor langer Zeit zurück, dem Abend, an dem *Schéhérazade* zum erstenmal gegeben wurde. Nachdem das Konzert beendet war, hatte Debussy noch immer nicht genug von Rimsky-Korsakow. Auf der Suche nach einer Oboenphrase summte er durch Lippen und Nase vor sich hin, verlangte dem Deckel eines Stutzflügels den tiefen Ton einer Kesselpauke ab . . . Um das Pizzikato eines Kontrabasses nachzuahmen, stand er auf, ergriff einen Korken und rieb ihn an einer Scheibe . . . Aufgerichtet, das wilde Auge unter gedrehten Hörnern, so entreißt der Satyr der Hecke die auserwählte Brombeere . . . Debussy glich einem Nachfahren des Pan.

Ich sang ihm vor, wonach er suchte, wobei ich mich des Flügels bediente. Sein verwunschener Blick wurde wieder menschlich, und er schien mich zum erstenmal wahrzunehmen: »Gutes Gedächtnis! Gutes Gedächtnis!« rief er aus. Gerührt hörte ich: »Gute Neuigkeit! Guten Tag!«

Mes apprentissages, Paris 1936, S.208f *

Colette

Léon-Paul Fargue
(1876–1947)

Der Lyriker, Romancier und Journalist Léon-Paul Fargue war Mitglied der »Apachen«, einer Künstlerclique um Ravel. Ravel hatte ihm sein Klavierstück *Noctuelles*, das erste der fünf *Miroirs*, gewidmet.

Ich habe Debussy im Jahre 1895 durch Pierre Louÿs kennengelernt. Es war nach einem Sonntagskonzert, zu dem *Patrie* von Bizet und Charpentiers *Impressions d'Italie* gegeben wurden, wie ich mich erinnere. Kurz darauf gründeten wir die Zeitschrift »Le Centaure«. Wir, das waren der Nietzsche-Übersetzer Henri Albert, Henri de Régnier, Pierre Louÿs, Paul Valéry, André Gide, André-Ferdinand Hérold, Jacques-Emile Blanche, André Lebey, Jean de Tinan und ich. Wir hatten unsere Büros in der Rue des Beaux-Arts, neben der Kunstakademie (am Ende eines Hofes in der ersten Etage: drei Räume, die von einem verglasten, aber schlecht beleuchteten Abstellraum flankiert wurden, der als Bibliothek diente und in dem ein altes – übrigens gar nicht schlechtes – Klavier mit zwei Kerzenhaltern stand, die wie Wappen wirkten und von einem bizarren Luxus zeugten.

Debussy kam uns manchmal besuchen und spielte uns etwas vor, entweder brachte Louÿs ihn mit, oder er kam allein. Wir sahen ihn mit trister Miene ankommen, er trug einen kleinen, sehr schmalen Filzhut und eine Schleifenkrawatte und war in einen großen, traurigen Kapuzenmantel gehüllt. Wenn er sich dieser Bekleidung entledigt hatte, erschien er extrem blaß, es war eine matte Blässe, sein Haar war schwarz, sein Gesicht bedeckt von einem lichten Bart, einer Art nagenden Mooses, das bis zu den Augen hinaufwucherte. Die Stirn war jupitergleich und wie ein Bug gewölbt, mit schweren Lidern. Seine Nase war klein, wie angefügt. Einzig ein schöner Mund, rot und sinnlich, gab dem Ganzen eine heitere Note. Er ähnelte einem faunhafteren Jean Richepin, oder besser dem im Louvre befindlichen Haupt des Heiligen Johannes von Solario.

(Zu dieser Zeit durchlebte Pierre Louÿs eine schwierige Phase: Er befand sich in einem Zustand der Leere. Es war noch einige Zeit vor dem triumphalen Erfolg von *Aphrodite*. Was Debussy anbelangt, so besaß der keinen Pfennig. Beide schlugen sich leidlich mit »paté de campagne« und Hammelhaxen in Soße durch.)

Debussy setzte sich still an das Klavier ~~in der kleinen Bibliothek~~ und begann zu improvisieren. Alle, die ihn kannten, wußten, wie dies vor sich ging: Er begann zunächst, über das Klavier zu streichen, es zu befühlen, die Hände aufzulegen und es dann wie

Samt zu berühren. Manchmal begleitete er sich, mit nach vorn gebeugtem Haupt, mit einer schönen, durch die Nase erklingenden Stimme, die wie gesungenes Geflüster war. Er schien das Klavier zu gebären wie die Mutter ihr Kind. Er wiegte es, sprach leise zu ihm wie ein Reiter zu seinem Pferd, wie der Hirte zu seiner Herde und wie der Dreschmann mit seinem Ochsen.

Brief an Auguste Martin, in: A. Martin, *Claude Debussy. Catalogue de l'Exposition organisée du 2 au 17 mai 1942 au Foyer de l'Opéra-Comique,* Paris 1942, S. 9f *

René Peter
(siehe Seite 39)

Das Wichtigste war, daß Claude Lily liebte und daß sie Claude liebte. Sie war einige Jahre zuvor aus Yonne gekommen, war schlank, mit blassem Teint und einem ganz kleinen Mund; ihr Haar war damals von einem fast schwarzen Kastanienbraun; sie verdiente nun in einem Pariser Modehaus ehrlich ihr Geld. Ihr erstes Zusammentreffen mit Debussy, herbeigeführt durch Freunde, einer davon ich selbst, ließ auf beiden Seiten nur den sehr oberflächlichen Eindruck von Sympathie zurück. Claude fand sie ziemlich hübsch, aber »etepetete«, er machte sich manchmal über das ihr eigene gezierte Benehmen lustig und imitierte es, was sie ihm als charmantes Mädchen, welches sie war, nicht verübelte.

Es war eine sehr heftige Beziehung, die sogar von Dauer zu sein schien, als wir eines Tages erfuhren, daß Claude Lily heiraten wollte. Was in der Zwischenzeit (ungefähr eineinhalb Jahre) mit den beiden passiert war? Ein unerwartetes Zusammentreffen? Die plötzliche und süße Entdeckung eines gegenseitigen Gefühls, von dem sie vorher nichts geahnt hatten? Vielleicht war es in Lilys Augen die Tatsache, daß Claude Gaby nicht mehr liebte, und sie deshalb keine großen Skrupel mehr hatte?

Claude Debussy, Paris 1931, S. 31ff *

Emile Vuillermoz
(1878–1960)

Emile Vuillermoz war am Conservatoire Schüler von Fauré und wurde später Musikkritiker. Er schrieb eine Reihe von Büchern, unter anderem über Chopin, Fauré und Debussy sowie über Musikgeschichte.

Die Natur hat ihm stark und klar gezeichnete Gesichtszüge verwehrt. Die Konturen seines Gesichts sind nicht scharf gestochen, die Linien sind unbestimmt und ein wenig aufgeweicht, die Fülle seines Gesichts wirkt leicht aufgedunsen, und scharfe Ecken und harte Kanten fehlen. Es fehlen Kontrast und Gegensatz in dieser anatomischen Komposition, die bemüht ist, die Schätze, die sie birgt, zu verstecken. Äußerliche Geziertheit und schmückender Luxus fehlen diesem so gewöhnlichen Schmuckkästchen, das innen mit wunderbaren Preziosen angefüllt ist. So wenigstens ist der Eindruck, den die zahllosen, etwas prosaischen und unvorsichtigerweise von seinen Freunden verbreiteten Amateurphotos denjenigen vermitteln, die Debussy nicht gekannt haben. Sie können nicht erahnen, daß diese vermeintliche Banalität, für diejenigen, denen er erlaubte, um ihn zu sein, durch eine erstaunliche Besonderheit verwandelt und aufgehoben wurde: Es war seine Stimme, eine einzigartige, unvergeßliche Stimme. Stellen sie sich nicht eine dieser Goldstimmen mit einnehmendem Timbre und verführerischer Modulation vor, die den Zuhörer verzaubern: Nein, seine Stimme war diskret und vertraulich. Seine Stimmbänder brachten sonderbare Töne hervor, ein wenig gedämpft, mit einem leichten Stakkato artikuliert, das die Silben trennte und wie unmerklich durch ein unhörbares Summen gezupft schien. Seine Rede bewegte sich bei einem freundschaftlichen Tête-à-tête schnell in Richtung Ironie, jener Mischung aus beißender Spottlust und trockenem Humor.

Man weiß, daß diese Haltung allen hypersensiblen Wesen zu eigen ist, die auf diese Weise bequeme Masken aufsetzen, um das scheue Feingefühl ihrer Seelen zu schützen. Debussy nahm selten diese samtene »Wolfsmaske« von seinem Gesicht, die ihm im Leben so viele Dienste leistete. Mit feinem, sarkastischem Ton und der schweren und unerbittlichen Klangfarbe eines Blasinstruments ließ er eine unnachgiebige spitze Bemerkung mit hinterhältiger Sanftheit fallen, während er mit stechendem und schnellem Blick heimlich den Grad an Verständnis oder Einverständnis auf dem Gesicht seines Gesprächspartners überprüfte. Das alles machte ein vertrautes Gespräch mit Debussy so spannend wie eine Schachpartie.

Wenn er sich ans Klavier setzte, um eines seiner Werke vorzutragen, wurde diese schwache Stimme tief und geheimnisvoll, mit einer ganzen Bandbreite von Nuancen. Es war die Besessenheit dieser Stimme, die die Erinnerung an meine erste Begegnung mit dem Komponisten von *Pelléas* beherrscht, an dem Tag, an dem ich die außergewöhliche Gunst genoß, einen nicht nur bis dahin unveröffentlichten, sondern frisch der Partitur entschlüpften und vom Komponisten selbst gesungenen Ausschnitt zu hören! Aber sie werden sehen, warum ich dieses Privileg nicht gebührend genießen konnte. Später erheiterte Debussy mein Mißgeschick, das ich ihm gestand, sehr.

Ich war zu dieser Zeit also Schüler am Conservatoire und anläßlich eines avantgardistischen Konzerts, das ich mit einigen Freunden zusammen organisierte, wurde ich beauftragt, um die Mitwirkung Claude-Achille Debussys zu bitten, den wir mit inbrünstigem Respekt bewunderten. Ich kannte den jungen Maître nicht, aber ich wußte, daß der kratzbürstige Igel sein Wappentier war. So stieg ich also zitternd die Stufen des bescheidenen Wohnhauses, das er damals in der Rue Cardinet bewohnte, hinauf. Vor der Tür angekommen, nahm ich meinen ganzen Mut zusammen, bevor ich die Schnur der Türglocke zog. Das Schicksal meinte es gut mit mir: Der Maître war da. Ich hörte ihn Skizzen eines Themas auf dem Flügel üben, während er mit seiner Grabesstimme, ~~von der ich Ihnen bereits erzählt habe~~, eine Melodie sang, die wohl gerade entstanden war. Dieses glückliche Vorzeichen beruhigte mich. Ich klingelte schüchtern. Eine schöne und streng aussehende junge Frau erschien und hielt bedrohlich wirkende Haushaltsgegenstände in den Händen: Ich sehe noch heute den langstieligen Besen vor mir, auf den sie sich stützte wie eine Walküre auf ihre Lanze! Ich formulierte bescheiden meine Bitte um Audienz. Brunhilde hörte mir scheinbar ärgerlich zu. Eine solche Unverschämtheit schien ihr den Atem zu verschlagen. Um mich zu rechtfertigen, führte ich stammelnd den achtbaren Grund für meinen Besuch an. Aber mit schneidendem Ton antwortete mir der Hausengel – der ohne Zweifel zur Familie der Würgeengel gehörte: »Mein Mann ist nicht da!«

Währenddessen spielte Debussy lauter denn je und übertönte singend fast unser Gespräch. So warf ich also kurz einen scheuen und ungläubigen Blick in Richtung der halbgeöffneten Tür des Arbeitszimmers, woher der musikalische Sturzbach kam.

Aber ohne die Fassung zu verlieren, wiederholte mir die Hüterin der Arbeit ihres Mannes – gewohnt, Befehle auszuführen, ohne sich um deren Glaubwürdigkeit zu scheren – in noch schärferem Ton: »Ich sage Ihnen doch, mein Mann ist nicht da!« Und befriedigt von der Standfestigkeit dieses Arguments schlug Wotans Tochter mir die Tür vor der Nase zu. Unter diesen wenig ruhmreichen Umständen hatte ich, lange vor den Zuschauern der

Opéra-Comique, die Ehre – Debussy hat es mir seither bestätigt, als erster einen unveröffentlichten Auszug aus *Pelléas* zu hören!

Claude Debussy, Paris 1962, S. 54ff *

Madame Gérard de Romilly
(Daten unbekannt)

Madame de Romilly war eine Klavierschülerin Debussys. Er widmete ihr das *Prélude* aus der *Suite Pour le piano*. Nachstehende Erinnerungen schrieb sie 1933 nieder.

Es war im Jahre 1898 in Passy bei den Fontaines, wo wir uns trafen, um einen Amateurchor zu gründen, daß ich Debussy zum erstenmal sah. Er war ein bewundernswerter Chorleiter, von engelsgleicher Geduld. Er besprach mit jedem von uns nacheinander die verschiedenen Stellen, und er schaffte es, aus einer Handvoll schlechter und wenig ausgebildeter Amateure eine kleine, melodiös singende und disziplinierte Truppe zu machen.

So führte er uns auch in die bis dahin unbekannte russische Musik ein und machte uns mit der Musik Chabriers vertraut, eines Komponisten voller Originalität, den er bewunderte und dessen *Ode à la Musique* wir sangen. Wir interpretierten unter seiner Leitung auch zwei von ihm selbst komponierte Chorgesänge: *Ah! qu'il fait bon la regarder* und *Yver, vous n'êtes qu'un vilain.* Sie waren noch nicht veröffentlicht worden und unterschieden sich völlig von denen, die Durand einige Jahre später publizierte, eine Version, die der Komponist selbst komplexer gestaltet und ausgebaut hatte. Wie sehr vermißte ich die schöne klare Linie der ersten Fassung, ihre naive Melodie, die so schön zu den Versen von Charles d'Orléans paßte! Wiewohl es selten vorkam, daß Debussy die Form seiner Werke abänderte. Ich fragte ihn eines Tages, ob, wenn er ein älteres Werke erneut höre, es ihm nicht in den Sinn käme, daran einige Veränderungen vorzunehmen: »Wenn ich mich entscheide, eine Melodie niederzuschreiben«, antwortete er mir, »habe ich sie so oft in meinem Kopf hin- und herbewegt, daß es mir unmöglich ist, sie anders zu betrachten.«

Zu der Zeit, als ich in einem der von Debussy geleiteten Chöre sang, hatte meine Mutter den Wunsch, mir Gesangsstunden zuteil werden zu lassen, und sie dachte an ihn als Lehrer. Der Tag meiner ersten Stunde war gekommen, und sehr aufgeregt und verschüchtert wartete ich voller Spannung hinter dem Fenster unseres Hauses auf die Ankunft meines Lehrers. Debussy kam in einem kleinen offenen Gespann, »Tonne« genannt, vorgefahren, das von einem nervösen Pony gezogen und von Herrn F., dem das Gespann gehörte, kutschiert wurde. Debussy trug einen weichen Hut mit breitem Rand und sein feines Gesicht war von einem kleinen, gelockten schwarzen Bart eingerahmt. Er war in ein großes Cape eingehüllt, eine sonderbare Erscheinung, die mich an einen jungen Römer auf seinem Wagen denken ließ. Ich eilte in den Salon und wartete neben dem Pleyel-Flügel, wo sich alle möglichen Partituren stapelten, von *Les Pécheurs de Perles*, über *Marie Magdeleine* von Massenet und *Lakmé* bis zu den Opern Wagners.

Debussy trat ein, bekleidet, wie ich ihn seither immer sehen sollte, mit einem Anzug aus blauem Kammgarn und einer Krawattenschleife; er war eine gepflegte Erscheinung. Er trat an den Flügel, las die Titel der Partituren mit abfälliger Miene, nahm alles herunter außer Wagner und Bach, die einzig und allein Gnade in seinen Augen fanden. Die Unterrichtsstunde begann. Er ließ mich Vokale »a-a-a-a-a« und dann »u-u-u-u-u« üben, damit, so erklärte er, die Laute vorne gebildet werden. Doch ach – es war Winteranfang! Gerade hatte ich einige Stunden genommen, da fesselten mich Erkältung und Grippe ans Bett und unterbrachen die Stunden zur Enttäuschung des Lehrers. Armer großer Lehrmeister, der jedesmal nach dem kleinen, diskret auf die Ecke des Flügels plazierten Umschlag spähte, der das Honorar für die Stunde enthielt. Eines Tages war Debussy es leid, meine Genesung abzuwarten, und sagte zu mir: »Wenn die Halsschmerzen Sie momentan davon abhalten zu singen, werde ich ihnen kommenden Freitag eine Klavierstunde geben. Sie werden mir die *Kreisleriana* von Schumann vorbereiten.« Es interessierte ihn überhaupt nicht, ob ich fähig war, eine derart schwierige Komposition zu spielen; die Frage, ob mir dieses Werk, das zu den schwierigsten von Schumann überhaupt zählt, gelingen würde, beunruhigte ihn nicht einen Augenblick.

Die Woche darauf spielte ich mehr schlecht als recht (vor allem schlecht), die *Kreisleriana*, und da ich meinem Lehrer eine angenehme Überraschung bereiten wollte, hatte ich unter anderem seine zwei *Arabesques* eingeübt. Kaum hatte Debussy das Heft erkannt, entriß er es mir und warf es mit den Worten »Das nicht, es ist zu schlecht« zur Seite. Das nächste Mal brachte er mir *L'Après-midi d'un faune* mit, den wir sofort zu spielen begannen, ebenso wie die *Valses romantiques* von Chabrier, den er sehr liebte. Debussy ließ mich alle seine Werke üben, von den *Ariettes oubliées* über die *Proses lyriques* bis zu den *Chansons de Bilitis*. Bald darauf war es Wagner, den ich in Angriff nahm und Isoldes Liebestod, dessen hohem, finalem »A«, das sanft ausklingen muß, ich mit Schrecken entgegensah und das im allgemeinen nicht aus meiner Kehle wollte. Manchmal nahm Debussy auch die Noten von *Tristan* und sang die Rolle des Kurwenal, die perfekt zu seiner Stimme paßte. Es war ein Vergnügen, ihn singen und spielen zu hören. Seitdem habe ich bei keinem anderen Klaviervirtuosen dieses vor Geist sprühende gewisse Etwas wiedergehört, das sein Spiel so außergewöhnlich machte.

Aber der Maître war kapriziös, es reichte schon aus, ihn darum zu bitten, etwas zu spielen, damit er es ablehnte... An einem anderen Tag setzte er sich an den Flügel und spielte und sang nach Gutdünken. Wenn ihm ein Stück fremd war, hatte er eine ganz eigene Art, es zu entschlüsseln, indem er von Zeit zu Zeit innehielt und ein »Wie?« von sich gab, das sich fragend an die schwierige Stelle richtete.

Während des Klavierunterrichts kümmerte sich Debussy nie um Details der Ausführung: Fingersatz gab es für ihn nicht. Er führte das Ganze als Dirigent: »Machen sie es, wie sie wollen, aber sehen sie zu, daß es gut wird.« Er fügte oft etwas hinzu, was nicht geeignet war, mich zu beruhigen: »Übrigens gebe ich nur Leuten gerne Unterricht, die besser spielen als ich.« Oder er erinnerte sich, wenn ich die Rhapsodien von Liszt spielte, an den großen Meister Nikolaus Rubinstein, dessen wunderbare Interpretationen er niemals vergessen konnte!

Debussy hatte einen sehr sicheren und ausgeprägten, offenbar angeborenen Geschmack und liebte alles Schöne. Antiquitäten gefielen ihm sehr, er verbrachte oft Stunden bei einigen Antiquitätenhändlern in unserer Nähe, in der Avenue Victor Hugo, und ließ dort das Geld für die Klavierstunden (zur großen Verzweiflung seiner Frau, die ängstlich seine Rückkehr erwartete, um das Abendessen einzukaufen!). Es gab dort vor allem ein bestimmtes Louis-Quinze-Sofa, von dem er mir oft erzählte und das zu erwerben er sich innig wünschte. Zu Hause, wo mein Vater schöne Sammlungen besaß, bewunderte Debussy alles ausführlich. Ein Schmuckkästchen aus dem Mittelalter und ein ziselierter Kupferteller hatten seine besondere Aufmerksamkeit erweckt: »Wie gut sich das bei mir ausmachen würde«, murmelte er. Zu meinem großen Vergnügen übersandte meine Mutter ihm die Sachen.

Die Malerei übte eine besonders große Anziehungskraft auf ihn aus. Er besuchte besonders gern Museen und Ausstellungen, und er hatte eine Vorliebe für den skandinavischen Maler Fritz Thaulow und für Claude Monet. Debussy bedauerte es immer, sich anstelle der Musik nicht die Malerei als Betätigungsfeld erwählt zu haben.

Um noch einmal zu den Musikstunden zurückzukommen: Er hatte mich in die Musik der in Paris noch unbekannten »Mächtigen Fünf« eingeführt. Wir ließen von Belaief aus Moskau alle Werke von Mussorgsky, Rimsky-Korsakow, Balakirew, Borodin und Glasunow kommen [sic! Der fünfte dieser russischen Komponistengruppe war nicht Glasunow, sondern César Cui], und wir spielten mit Begeisterung vierhändig, wir »schrammten« so gut wir konnten über das Klavier. Ich war eher zu bedauern als Debussy, dessen Fingernägel eine ganz besondere, krallenähnliche Form besaßen. Ich habe nie verstanden, wie er mit diesen gebogenen Nägeln spielen und dabei derart sanfte, schmeichelnde Töne erzeugen konnte.

Eines Tages teilte Debussy mir die folgende Überlegung mit: »Es wäre doch wichtig, sagen zu können, daß ich Sie eine Beethoven-Sonate üben ließ. Wir versuchen, die auszuwählen, die uns am wenigstens lngweilt . . .« Und nachdem er das Notenheft durchgeblättert hatte, traf er seine Wahl. Ich muß gestehen, daß ih seit meinem zwölften Lebensjahr mit Beethoven-Symphonien geradezu überfüttert worden war (ich hörte sie in jedem Schuljahr am Conservatoire, wo meine Mutter eine Loge besaß), und ich hatte diesen Komponisten wirklich satt. Resigniert begann ich in der darauffolgenden Woche, meine Sonate zu spielen und zwar auf derart langweilige Weise, daß Debussy mir nach der zweiten Seite die Noten fortnahm und zu mir sagte: »Lassen Sie uns nun zu etwas anderem kommen.« So war es also genug mit dieser Sonate, und wir konnten uns nun schnell *Islamey* von Balakirew zuwenden; ich wurde nie müde, dieses Stück zu spielen.

Die *Barcarolle* von Chopin war eines von Debussys Lieblingsstücken, das Anlaß zu heftigen Auseinandersetzungen zwischen uns war! Ich spielte Chopin sehr schlecht und vor allem die *Barcarolle*, die ich nicht mehr ausstehen konnte, seit sich Debussy in den Kopf gesetzt hatte, sie mich unzählige Male vortragen zu lassen: »Sie üben sie so lange, bis Sie sie gut spielen, selbst wenn es Jahre dauern sollte.“ Es war bewundernswert, wie er dieses Stück präzise erklärte, wobei er sich jedoch nicht um Details kümmerte, sondern einzig und allein um das Spiel im Ganzen. Wenn wir an die Stelle kamen, an der die Melodie mit Kraft hervorbricht, wobei die aufsteigenden Oktaven von der linken Hand begleitet werden, dann sang, stöhnte Debussy – man hätte meinen können, er selbst würde die Gondel schieben, und diese schwierige Interpretation endete aufgrund meiner Ungeschicklichkeit in allgemeiner Hoffnungslosigkeit.

Um die Stimmung zu heben, wählten wir *L'Apprenti Sorcier*, und einige Stellen der Symphonie von Paul Dukas, die wir vierhändig spielten, veranlaßten Debussy zu der Äußerung: »Das ist wie ein Herr, der seine Kleider falschherum angezogen hat.« Er machte übrigens immer originelle und ironische Bemerkungen. Die Musik von Chausson mit ihren verzweifelten Klängen war für ihn »Gefängnismusik«. Die »himmlischen Harmonien« von César Franck langweilten uns am Ende ein bißchen, und Debussy sagte über ihn: »Dieser arme Franck hat ein derart engelhaftes Wesen, daß er bei dem Versuch, böse Menschen zu beschreiben, gezwungen ist, sehr viel Lärm zu machen.«

Was die *Louise* von Gustave Charpentier anbelangt, die man gerade zum erstenmal aufführte, so hatte dieses Werk die Gabe, ihn in höchstem Maße zu begeistern. Er bog sich vor Lachen beim Lesen der Partitur und gab vor, bei einem Anfall von Schwermut nur die Partitur von *Louise* öffnen und den Text lesen zu müssen, um die schwarzen Schmeterlinge davonfliegen zu sehen! Die singenden Schutzmänner und das Wiegenlied, in dem die Rede ist von »Libespuppen, die nicht alle böse sind«, amüsierten ihn. »Wenn ich dann die Schutzmänner in der Straße sehe«, sagte er, »glaube ich immer, sie würden gleich zu singen anfangen.«

Debussy war ein großer Gourmand. Dabei fällt mir wieder ein charmanter Ausspruch des Lehrmeisters ein, als er von einer Dame der Gesellschaft sprach, die seine Lieder sang und ihn gebeten hatte, sie einmal unter seiner Leitung bei einer musikalische Soiree vortragen zu dürfen: »Sie singt wie eine liegengebliebene Lokomotive«, verkündete er, »aber bei ihr gibt es wunderbare Brioche mit Butter!« Und über eine andere Dame, deren Stimme zur Neige ging und die Isoldes Liebestod sang, spottete er, sie würde die Töne löffelweise zusammenklauben. Als er gebeten wurde, seine Meinung zu einer berühmten Opernsängerin zu äußern, bemerkte er: »Man könnte meinen, sie sänge unter einem Lampenschirm.« Das zeigt, daß er auch von professionellen Künstlern manchmal mit scharfer Zunge sprach. Um keinen Preis wollte er die Rolle der Mélisande der Frau eines Schriftstellers geben, deren Traum es war, diese Rolle zu spielen: »Nicht nur«, sagte er, »daß sie falsch singt, aber sie spricht auch noch verkehrt.«

Debussy konnte ein Quälgeist sein. Beim Tee hatte er die Angewohnheit, mit einem Messer gelangweilt imaginäre Zeichnungen auf den Tisch zu malen. Meine Mutter konnte es nicht lassen, alle seine Bewegungen, die gefährlich für ihre Tischwäsche waren, angstvoll zu beobachten. Debussy, der dies bemerkt hatte, machte sich einen Spaß daraus, ihre Qual noch zu verlängern.

Debussy hatte sehr eigene Vorstellungen bezüglich der Bequemlichkeit. Kein für ihn bereitgestellter Sessel fand Gefallen, ob es sich um einen Louis-Quinze-, einen Louis-Seize- oder einen Empirestuhl handelte, gepolstert oder ungepolstert. Er wurde unruhig, drehte sich und bat schließlich um einen anderen (vielleicht waren das bereits Vorzeichen der schrecklichen Krankheit, die ihn dahinraffte). Es war also nötig, ihm einen neuen Stuhl zu kaufen, einen ganz einfachen, modernen Rohrstuhl, den wir von nun an »den Stuhl von Monsieur Debussy« nannten.

Wir hatten die Idee, eine Musik-Matinee zu geben, im engsten Kreis, für einige Freunde, um ihnen die *Chansons de Bilitis* vorzuspielen, die er gerade komponiert hatte und die noch nicht erschienen waren. Mit Hilfe von Freunden organisierte ich ein Ensemble, und Debussy wollte das Ganze gerne begleiten. Ich eröffnete das Konzert mit der *Prélude* der Suite für Klavier, die der Maître mir geschenkt und gewidmet hatte und deren beide Stücke *Sarabande* und *Toccata* heißen (in der Mitte des letztgenannten Stückes werden auf faszinierende Weise die Gongs und die javanische Musik, die er während der Weltausstellung tagelang hörte, evoziert). In unserem kleinen Publikumskreis waren mehrere Personen, die die Stücke, obwohl sie die Auswahl guthießen, nicht immer verstanden. Das Duo aus Lalos *Roi d'Ys* wurde ebenso beklatscht wie die Duos und Trios von Schumann. Als wir aber zu den modernen Werken kamen, lief es nicht mehr so gut. Debussys Musik ließ einen alten argentinischen Herrn aufspringen, der schon seit längerem kaum noch hatte an sich halten können. Er platzte, als er die *Chansons de Bilitis* gehört hatte. Da er nicht vermutete, daß der Komponist anwesend war, rannte er außer sich durch den Salon und schrie: »Nein, nein, das ist keine Musik! Wie kann es nur Leute geben, die solche Sachen schreiben!«

Wir waren alle vor den Kopf gestoßen, starr vor Schreck. Schließlich nahm ich ihn bei der Hand, führte ihn zu Debussy, und stellte ihm den Komponisten vor, um seinem Fluchen ein Ende zu bereiten. Debussy war erfreut. Er schüttelte ihm lachend die Hand, und im folgenden bat er mich oft um Neuigkeiten dieses so sympathischen Herrn und fügte mit seiner leicht näselnden Stimme hinzu: »Er gefällt mir sehr, dieser Herr, ich würde ihn gern wiedersehen.«

An einem Tag im Jahre 1900 kam Debussy, der sonst die Pünktlichkeit in Person war, mit beachtlicher Verspätung zum Unterricht. Meine Mutter, die seit einer Stunde an ihrem gewohnten Platz saß, wartete sehr erbost, als die Tür sich öffnete, Debussy völlig außer Atem eintrat und einfach sagte: »Madame, entschuldigen Sie meine unfreiwillige Verspätung, es ist nicht meine Schuld, ich habe soeben geheiratet.« Sofort riefen wir aus, daß es verrückt sei, an einem solchen Tag zu kommen und daß natürlich nicht mehr an Unterricht zu denken sei. Aber Debussy lehnte ab und blieb, um meine Unterrichtsstunde durchzuführen. Debussy erzählte uns, der Pfarrer, an den er sich gewandt hatte, um zu heiraten, habe achtzig Francs verlangt. »Sie werden verstehen, daß wir daraufhin«, fügte er mit Entrüstung hinzu, »nur standesamtlich geheiratet haben.« Viele Jahre später, als ich diese Episode seiner Frau erzählte, lachte sie und behauptete, daß nie von einem Pfarrer für die Hochzeit die Rede gewesen sei und daß Debussy wahrscheinlich bei meiner Mutter einen guten Eindruck machen wollte. Ich erfuhr auch, daß Lily Debussy an diesem Tag, unten auf der Treppe, die zu unserer Wohnung führte, gewartet hatte, bis die Stunde zu Ende war, um dann mit ihrem Mann eine Hochzeitsreise auf dem Hochdeck eines

Omnibusses zu unternehmen. Ihr Ziel war der Jardin des Plantes, wohin der arme frischgebackene Ehemann sich schleppen ließ, denn ihm grauste vor Spaziergängen. Danach gingen sie in Begleitung zweier alter Verwandter (die an diesem Tag wieder aufgetaucht waren) in der Taverne Pousset zum Essen. Das Festmahl wurde mit dem Honorar für meine Unterrichtsstunde bezahlt, und alle gingen zu Fuß zurück, denn leider blieb nicht mehr genug Geld, um den Omnibus zu nehmen. Debussy hatte die allergrößte Mühe, zurück zu seiner Wohnung zu kommen, derart erschopft war er von diesem anstrengenden Tag und vor allem von diesem »Gewaltmarsch«.

Seit meiner Verheiratung im Jahre 1901 wohnte ich in Vincennes, und nun war es an mir, mich auf den Weg zu machen, um meine Stunden in der Rue Cardinet 58 zu nehmen. Die Debussys wohnten dort in der vierten Etage eines schmalen Mietshauses (beinahe an der Ecke der Avenue de Villiers) in einer kleinen Wohnung von peinlicher Sauberkeit und Ordnung. Von den Fenstern aus hatte man einen Blick auf etwas Grün, und die Ruhe dieses Zufluchtsortes wurde nur in manchen Stunden vom fröhlichen Schreien eine Kinderschar in einem nahen Schulhof unterbrochen. Man spürte dort, in den zwei durch eine breite Fensterfront verbundenen Räumen, Geborgenheit und Frieden. Der eine Raum war Debussys Studio. Auf seinem Schreibtisch lagen sortierte Manuskripte und auch ein Tintenfaß und Bleistifte in vorbildlicher Ordnung. Es gab einen Diwan, einige Orientteppiche an den Wänden, Gemälde von Lerolle, Jacques Blanche und Thaulow sowie Zeichnungen, die Lily Debussy in der Blüte ihrer Schönheit zeigten. Sie hatte ein feines, von hellem Haar umrahmtes Gesicht, und sie wirkte wie die reinste Verkörperung von Mélisande.

Im anderen Zimmer standen ein Klavier, Bücher und Noten. Lily Debussy war keine Musikerin (worüber ihr Mann sich freute), dafür aber eine perfekte Hausfrau, immer auf der Suche nach einer Nascherei, bereitete sie ihm kleine, feine Gerichte, die er sehr schätzte und die er als Gourmet mit großem Genuß aß.

Sie respektierte, daß er bis spät in den Tag hinein schlief (denn er arbeitete nachts und war oft bis zum Morgen wach), und durch einen unglaublichen Balanceakt schaffte sie es, einen Haushalt zu unterhalten, dessen Budget sich sehr oft gegen Null bewegte.

Die zwei Katzen, die Debussy innig liebte, nahmen einen Sonderplatz in der Familie ein, und ihnen wurden alle Tollheiten gewährt. Leise wie ihr Herrchen hatten sie das Recht, sich auf dem Schreibtisch niederzulassen, wo sie nach Gutdünken die Stifte durcheinanderbringen durften.

Debussy professeur, »Cahiers Debussy«, Sondernummer 2, 1978, S. 3–10 *

Blanche Marot
(Daten unbekannt)

Blanche Marot war die Gesangssolistin der Uraufführung der *Chansons de Bilitis* am 17. März 1900. Blanche Marot berichtet, daß Debussy zuvor ihre Mutter besucht und sie folgendes gefragt habe:

> »Sagen sie mir, Madame, ihre hübsche Blanche ist doch noch keine zwanzig? Um so besser. Das ist sehr wichtig, denn wenn sie das zweite Lied *La chevelure* versteht, wird sie es nicht mehr ‹comme il faut› singen; sie darf nicht verstehen, wie gewagt der Text von *Bilitis* ist.« Meine Mutter beschwichtigte ihn, und alles lief zur größten Zufriedenheit.
>
> Zitiert nach: Charles Oulmont, *Noces d'or avec mon passé*, Paris 1964, S. 70 *

Blanche Marot

André Suarès
(1868–1948)

Der Schriftsteller André Suarès (d.i. Felix André Yves Scantrel) war ein Schüler und Freund Romain Rollands. 1922 veröffentlichte er eine Biographie Debussys.

Ich sehe ihn am Vorabend von *Pelléas* vor meinem inneren Auge. Zunächst einmal ließ ihn nichts als besonders bemerkenswert erscheinen. Nicht kräftiger oder schlanker als andere, wirkte er eher untersetzt, wenn auch von einer gewissen kraftlosen Fülle. Wohlgenährt, fast beleibt, hatten alle seine Linien etwas Rundes. Sein Bart war seidig und sinnlich, das Haar voll und gelockt. Die Gesichtszüge waren rund und vollwangig; sein Schalk war vordergründig und seine Feinfühligkeit versteckt. Er war eine ironische und sinnliche Erscheinung, melancholisch und genießerisch zugleich. Er hatte braunes, amberfarbenes Haar. Er wirkte nervös und war doch Herr seiner Nerven, aber nicht seiner Emotionen, die lange in ihm nachgehallt haben dürften, denn er zeigte sie nur selten offen. Er verlebte viele leidenschaftliche Stunden im Refugium der Liebe und der süßen Geborgenheit der Nacht.

Mit seiner angeborenen Ironie und der Neigung zum Vergnügen, geistreicher Spottlust und dem Eingeständnis einer umfassenden Genußsucht, mit seinem spöttischen Zug um den Mund, seiner nonchalanten Aussprache, den grazilen Gesten und seiner illusionslosen und intelligenten Heftigkeit, einer starken und sensiblen Natur, mit sehr viel Geschmack und Schlichtheit in einer manchmal entgegengesetzten Verpackung war Debussy genauso Mann von Welt wie Bohemien vom Montmartre. Er hatte viel von einer Katze und einem Einsiedler. Trotz der starken, sichtbaren Sinnlichkeit wirkte sein Gesicht nie brutal, selbst wenn diese Sinnlichkeit heftig wurde. Als junger Mann schwankte er wahrscheinlich zwischen Schüchternheit und Zynismus. Eine ständige, unterschwellige Melancholie hat ihn, so scheint mir, immer ein wenig von den anderen Menschen getrennt. Seine Kopfform sagte viel über seine Halsstarrigkeit aus.

Seine Stirn war wirklich die eines großen Zahlenarbeiters, eines Meisters des Rhythmus', eines überlegenen Handwerkers der Harmonie; er trug seinen runden Höcker vor sich her, diese konvexe Ausbuchtung, die im Gegensatz zu dem nach innen gewölbten Spiegel der Dichterstirn stand. Auch die Geometer, die Zahlenvirtuosen, haben bauchige Formen über ihren Augenbrauen. Wer ihn genau beobachtete, dem verriet vor allem der Blick Claude Achilles den sich von der Masse abhebenden Mann, mehr noch als den Musiker. Seine schönen Augen, zärtlich und ironisch, traurig und voller Sehnsucht, warm und nachdenklich

– waren dies nicht die Augen einer vollkommenen und überlegenen Frau, Augen, wie sie die Künstler manchmal haben, als wären sie Frauen gewesen, bevor sie wurden, was sie sind. Sein Blick konnte im übrigen eine sonderbare Schwere annehmen, eine extreme Aufmerksamkeit, der Blick nach Art eines französischen Dichters, der bis in die Träume hinein analysiert und alles versteht.

Debussy, »Revue Musicale«, 2, Dezember 1920, S. 124f *

III
Pelléas et Mélisande

Debussys einzige vollendete Oper, *Pelléas et Mélisande*, lehnt sich eng an Maurice Maeterlincks gleichnamiges Drama an und wurde am 30. April 1902 in der Opéra-Comique unter der Leitung von André Messager uraufgeführt. Die Hauptrollen sangen Mary Garden und Jean Périer.

Georgette Leblanc

Georgette Leblanc
(1875–1941)

Die Schauspielerin und Sängerin Georgette Leblanc war für viele Jahre die Lebensgefährtin Maurice Maeterlincks.

Im August 1893, kurz bevor Maeterlinck und ich uns kennenlernten, erhielt er einen Brief von dem Dichter Henri de Régnier, aus dem ich folgendes zitieren will:

»Ein Freund von mir, Achille Debussy, ein ingeniöser und höchst talentierter Komponist, hat mit einer Vertonung von *Pelléas et Mélisande* begonnen, bei der die Musik reizende Girlanden um den mit dem allergrößten Respekt behandelten Text windet. Bevor er allerdings in dem beträchtlichen Stück Arbeit fortfährt, hätte er gern Ihre Erlaubnis dazu eingeholt ...«

Wir wohnten damals in der Rue Raynouard in Passy, als Ende des Jahres 1901 Debussy bei uns vorbeikam, um uns das Werk vorzustellen. Ich sah ihn, wie er ins Zimmer trat. Sein außergewöhnlicher Kopf ist durch Portraits bekannt. Aber ihn leibhaftig vor sich zu sehen, ist etwas anderes – da gelangen besondere Merkmale zum Ausdruck, und aus den kleinen Details wie Gesichtsfarbe, Haltung und Gestik konnte man eine Menge über seine geheime Persönlichkeit erraten. Sein Teint war matt und weiß wie Wachs, sein schönes, krauses Haar löste die massive Linie seines ungeheuren Schädels auf. Die Augen, verdeckt von der hervorstehenden Stirn, blitzten verschwiegen. Er gestikulierte wenig und lächelte selten.

Während er mit Maeterlinck sprach, verglich ich die beiden miteinander. Beide hielten sich bedeckt. Debussys Zurückhaltung äußerte sich physisch. Man spürte bei ihm eine Neigung zur Traurigkeit und sogar eine ungesunde Art, immer den rechten Augenblick abwarten zu müssen. Maeterlincks physische und moralische Ausgeglichenheit kamen dagegen unmittelbar zum Ausdruck. Seine Schüchternheit entsprang eher seinem Wesen und seiner Gewohnheit, respektive Verfassung, während der Komponist an den kleinen Dingen des Lebens litt. Der Dichter sträubte sich dagegen, sich damit abzufinden. Bei ihm bedeutete das Abwehrsignal »Stör' mich nicht!« Bei Debussy schien es eher zu heißen: »Tu mir nicht weh!« Beide wirkten angespannt, aber auf unterschiedliche Art: Der Blick des Dichters war klar und lebhaft fragend, der Blick des Komponisten eher starr und eindringlich, keine Antwort herausfordernd. Das Merkwürdigste an Debussy aber war, daß sein Körper, obwohl kräftig gebaut, offenbar keine Kraft besaß. Sein Genie schien seinen Körper ausgebrannt zu haben.

Debussy spielte uns seine Komposition vor. Da das Klavier an der Wand stand, kehrte er uns den Rücken zu, was Maeterlinck dazu nutzte, mir verzweifelte Zeichen zu machen: Die Zeit schien ihm endlos zu werden, da Musik ihm nichts bedeutete. Einige Male machte er Anstalten, das Zimmer zu verlassen, doch ich konnte ihn jedes Mal zurückhalten. Schließlich gab er es auf und zündete sich eine Pfeife an.

Als ich *Pelléas* das erste Mal hörte, sind mir viele schöne Einzelheiten entgangen; doch beim Vorspiel zu Mélisandes Tod überkam mich dieses ganz besondere, einmalige Gefühl, das einen angesichts von Meisterwerken ergreift: Unser Leben scheint sich von uns zu lösen, sich selbständig zu machen, etwas scheint zum Stillstand gekommen zu sein; Worte, Tränen, selbst Gefühle, alles, was das Menschliche ausmacht, wird angesichts der größten Momente im Leben unzureichend. Wir finden uns einer unbekannten Welt ausgesetzt, in der unsere Äußerungen keinen Sinn mehr ergeben.

Als Debussy im Begriff war zu gehen, sprachen wir noch über die Rollenbesetzung. Ich wollte die Rolle unbedingt haben. Auch Maeterlinck wollte mich in der Rolle der Mélisande sehen. Debussy stimmte freudig zu. Wir beschlossen, alsbald mit privaten Proben zu beginnen, und verabschiedeten uns.

Es fanden etwa zwei oder drei Proben bei mir zu Hause statt und zwei weitere abends in seinem sehr bescheidenen Appartement im fünften Stock in der Rue Cardinet, das er mit seiner ersten Frau bewohnte. Debussy war begeistert von meiner Interpretation. Er gestand mir, daß er, nachdem er mich als Carmen so ungestüm erlebt hatte, zunächst seine Zweifel gehabt hätte, ob ich in der Lage wäre, mich derart zu verwandeln. In bezug auf die Musik verstanden wir beide uns vollkommen, aber in den Pausen sprachen wir kein Wort miteinander.

Meine Proben mit Debussy nahmen ihren Fortgang, als eines Tages Maeterlinck in der Zeitung las, daß eine andere Künstlerin für die Rolle der Mélisande engagiert worden sei und daß sie mit dem Komponisten bereits probe. Debussys Verhalten überraschte mich, weil es nicht seine Art ist, unehrliche Komplimente zu machen. Er hatte mir ständig versichert, daß ihm meine Diktion sehr gefiele. War es nicht die Poesie von *Pelléas*, die ihn inspiriert hatte? War er nicht dem Stück Wort für Wort gefolgt, so, wie man es nie zuvor gemacht hat? Nein, zwischen ihm und mir gab es keinen Streit. Der Streit ging aus von der Opéra-Comique, rührte aus jener Zeit, da ich dort die *Carmen* gesungen und gewisse Avancen zurückgewiesen hatte . . . Ich mußte den Preis für meine Unnachgiebigkeit zahlen.

In der Überzeugung, daß Debussy ihn beleidigt habe, und weil er annahm, daß ihm alle Rechte gehörten, schilderte Maeterlinck die Angelegenheit der Société des Auteurs. Er war jedoch im Unrecht, vor allem deshalb, weil die Rechte des Komponisten denen des

Autors gegenüber Vorrang hatten. Und zweitens, weil er in der ersten Autorisation großzügig den Satz hinzugefügt hatte: »Ort, Art und Weise und Zeitpunkt der Handlung des Stückes stehen in Ihrem Belieben.«

Empört darüber, daß ihm keine Rechte in dieser Angelegenheit zustanden, schwang er seinen Gehstock und verkündete, er sei auf dem Weg zu Debussy, um »ihm gehörig die Meinung zu sagen und ihn zu lehren, wie man sich zu benehmen habe...« Besorgt wartete ich; denn ich war mir sicher, ein Drama würde folgen. Von Debussy, mit seiner tragischen Miene, konnte ich mir nicht vorstellen, daß er auf Belehrungen freundlich reagieren würde! Immer wieder blickte ich auf die Straße, um zu sehen, ob Maeterlinck nicht bald zurückkäme. Schließlich tauchte er oben auf dem Hügel auf, seinen Stock wild durch die Luft schwingend.

Das Ende der Geschichte war kläglich gewesen: Maeterlinck kam in das Wohnzimmer von Debussy gestürmt und wollte ihm drohen; doch der blieb seelenruhig in seinem Sessel sitzen, während Madame Debussy ganz aufgeregt das Riechsalz ergriff und zu ihrem Mann lief. Sie flehte Maeterlinck an, das Haus zu verlassen; und es blieb ihm in der Tat auch keine andere Wahl.

Maeterlinck, der die Komponisten genauso wenig mochte wie die Musik, pflegte lachend zu sagen: »Diese Komponisten, die sind doch alle verrückt, alle krank im Kopf!«

Souvenirs, Paris 1931, S. 166–172

André Messager
(1853–1929)

André Messager studierte an der École Niedermeyer und hatte 1886 seinen ersten Erfolg als Komponist mit dem Ballett *Les deux pigeons*. In den neunziger Jahren schrieb er nicht weniger als acht Operetten, unter anderem *Les p'tites Michu* und *Véronique*, und war als Dirigent an der Opéra-Comique maßgeblich daran beteiligt, den Direktor Albert Carré vom Wert der Oper *Pelléas et Mélisande* zu überzeugen. Messager dirigierte die Uraufführung der Oper am 30. April 1902.

Die Künstler lasen das Werk bei mir zu Hause, im engsten Kreis. Debussy spielte am Flügel seine Partitur vor und sang dabei alle Rollen mit der tiefen Grabesstimme, die ihn häufig zwang, in die nächsttiefere Oktave zu transponieren, die aber durch ihre Ausdruckskraft unwiderstehlich wirkte. Ich glaube, der Eindruck, den seine Musik an diesem Tag hervorrief, war einmalig. Zuerst herrschte eine Art Mißtrauen und Widerstand, dann eine immer größer werdende Aufmerksamkeit und zunehmende Ergriffenheit, schließlich wurden die letzten Noten beim Tod der Mélisande schweigend und unter Tränen aufgenommen. Alle waren zuletzt hingerissen und bewegt und brannten darauf, sich so bald wie möglich an die Arbeit zu machen.

Dann liefen die Proben wochenlang mit Eifer und wachsender Begeisterung; jede Szene wurde wegen der nur schwer zufriedenzustellenden hohen Ansprüche des Komponisten zwanzigmal von neuem begonnen, ohne daß auch nur bei einem Interpreten schlechte Laune aufkam, und jeder wartete ungeduldig auf die Stunde der Premiere.

Mit dem ersten Orchesterdurchgang begann die Folge von düsteren Tagen und entmutigenden Proben. Debussy hatte die großzügige, aber unglückliche Idee gehabt, sein Orchestermaterial von einem mittellosen, mittelmäßigen Kopisten und recht unerfahrenen Musiker erstellen zu lassen. Die Notenschrift dieses braven Mannes war liederlich, seine musikalische Vorbildung erlaubte es ihm zudem nicht, eher unübliche Harmonien zu erkennen, und die Abschreibfehler in den Notenblättern für das

André Messager

Orchester waren von beunruhigender Häufigkeit. Man kann sich vorstellen, wie eine Orchesterlesung unter solchen Umständen aussah; es waren allein drei bis vier Proben nur für die Korrektur nötig.

Zwischenzeitlich war eine neue Schwierigkeit aufgetaucht. Diese jedoch wog schwerer, denn sie betraf den Wechsel der Bühnenbilder. Die Bühne der Opéra-Comique, die recht groß wirkte, bot nicht genug Spielraum, der Platz in den Kulissen war derart beengt, daß man dort nicht einmal ein Gerüst bewegen konnte, und es galt im Schnitt drei Umbauten pro Akt durchzuführen! Debussy hatte nur sofortige Bühnenbildwechsel vorgesehen, und hatte die verschiedenen Bilder durch Musikstücke von unzureichender Dauer verbunden. Er mußte sich erneut – unter Murren und Fluchen – an die Arbeit machen, und ich mußte ihm jeden Tag die Blätter entreißen, die er zwischen einer Probe und der nächsten geschrieben hatte. Auf diese Weise entstand die wunderbare Zwischenmusik, die die Handlung auf so ergreifende Weise unterstreicht.

Les premières représentations de »Pelléas«, »Revue Musicale«, 1.5.1926, S. 110ff *

Mary Garden
(1874–1967)

Die Sopranistin Mary Garden wurde in Aberdeen geboren und verbrachte ihre Jugend in den Vereinigten Staaten. Anschließend studierte sie in Paris bei Lucien Fugère und debütierte 1900 an der Opéra-Comique. Später kehrte sie als Sängerin und als Direktorin der Chicago Opera in die USA zurück.

Im Salon stand ein Klavier, und während ich davorsaß und ein bißchen darauf herumklimperte, ging Messager zu einem Tisch, auf dem eine Ausgabe des französischen Magazins »L'Illustration« lag. Als er es aufschlug, fiel sein Blick auf Noten, die ihn sofort zu begeistern schienen; denn er rief aus: »Mein Gott, Mary! Hier ist eine Komposition von Claude Debussy, sie ist einfach wundervoll!«

Ich ging zu ihm hinüber, um sie mir anzusehen: Es war das Lied *Extase*, und je genauer ich es mir ansah, desto mehr schien es wie für mich gemacht zu sein, so vertraut waren mir Stimmung und Sprache.

»Oh, das Lied muß ich haben!« bestürmte ich Messager.

»Eines Tages vielleicht – mitsamt dem Dirigenten«, entgegnete Messager.

»André, du bist ja eifersüchtig«, rief ich lachend. »Und das wegen ein paar Takten Musik!«

Mary Garden als Mélisande

Später, als wir *Pelléas et Mélisande* inszenierten, erzählte ich Debussy, daß das Lied *Extase* uns zusammengebracht habe, und daraufhin hat er das Lied mir gewidmet. Erst einige Jahre später stellte ich fest, daß das gleiche Lied auch Debussy und seine erste Frau Lily zusammengeführt hatte. Auch sie hatte das Lied in »L'Illustration« gesehen und sich gesagt: »Den Mann, der dieses Lied geschrieben hat, den würde ich gern kennenlernen – den muß ich kennenlernen.« Lily gestand mir später: »Mary, durch dieses Lied habe ich mich in Claude verliebt, Du nicht?« Und ich antwortete: »Nur in seine Musik, Lily.«

Eines Tages informierte uns Monsieur Carré ausführlich über die neue Oper *Pelléas et Mélisande* und ihren Komponisten. Anschließend teilte er jedem von uns eine Rolle zu. Dann lud uns eines Nachmittags Monsieur Messager zu sich nach Hause ein. Wir hatten uns kaum eingefunden, als die Tür plötzlich aufging, und Debussy erschien. Wir wurden ihm alle vorgestellt, und er sprach die üblichen Begrüßungsworte. Ohne ein weiteres Wort zu verlieren, setzte er sich ans Klavier und spielte und sang das ganze Werk von Anfang bis Ende.

Da saßen wir nun im Wohnzimmer – Carré, Monsieur und Madame Messager und die ganze Besetzung –, jeder mit einer Partitur vor sich, den Kopf gesenkt, als seien wir in ein Gebet vertieft. Während Debussy spielte, empfand ich so starke Emotionen, wie noch nie zuvor in meinem Leben. Bei dieser Musik schien ich mich in jemand anderen zu verwandeln, dessen Sprache und Seele mir verwandt waren. Als Debussy beim vierten Akt angelangt war, konnte ich vor lauter Tränen die Partitur nicht mehr erkennen. Alles war so seltsam, so unerträglich. Ich klappte mein Buch zu und hörte nur noch ihn. Als er den Tod der Mélisande spielte, brach ich in heftiges Schluchzen aus, und als auch Madame Messager nicht mehr an sich halten konnte, flüchteten wir uns ins Nebenzimmer. Das werde ich nie vergessen. Da saßen wir und weinten, als ob wir gerade unseren besten Freund verloren hätten und uns nichts mehr trösten könnte.

Wir kehrten ins Wohnzimmer zurück, als Debussy gerade fertig war. Noch bevor einer von uns etwas tun oder sagen konnte, blickte er uns an und sagte: »Meine Damen und Herren, dies ist meine Oper *Pelléas et Mélisande*. Um die Musik von Debussy singen zu können, muß jeder vergessen, daß er Sänger ist. Oubliez, je vous prie, que vous êtes chanteurs!« Dann murmelte er ein kurzes »Au revoir«, und ohne noch ein Wort zu verlieren verschwand er.

Wir gingen nach Hause und begannen mit dem Lernen unserer Rollen. Als wir soweit waren, rief uns Carré in sein Büro. »Ich nehme an, Sie alle beherrschen jede Note und jedes Wort Ihrer Rolle«, sagte er. »Natürlich«, versicherten wir ihm.

»Wir werden diesmal unsere Vorgehensweise ändern«, fuhr er fort. »Als nächstes probt jeder einzeln mit Monsieur Debussy. Jeder erhält bei ihm einen Nachmittag. Denken Sie daran, wenn Sie den Probenraum betreten, erwartet man von Ihnen die Beherrschung der Rolle bis zur Perfektion. Ob Sie dann singen werden oder nicht, hängt einzig und allein von ihm ab.«

Ich glaube, ich sollte noch etwas über die Aufteilung der Räumlichkeiten in der Opéra-Comique sagen. Neben der Oper mit der Hauptbühne gibt es im fünften Stock noch ein Theater, das ebenfalls eine riesige Bühne hat. Wenn unten Proben oder Vorstellungen stattfanden, konnten wir also mit unseren Proben immer noch in den fünften Stock ausweichen. Hier stand uns ein sehr großer Saal zur Verfügung, in dem, wenn nötig, selbst das ganze Orchester noch Platz finden konnte.

Daneben gab es zehn kleine Probenräume. Und in einem dieser kleineren Räume sollte Debussy die Einzelproben abhalten. Er nahm uns nacheinander dran, jeweils von etwa 13.15 Uhr bis 18 Uhr. Ich erinnere mich noch ganz genau, wie ich am ersten Nachmittag hochging. Ich wußte, wie alle anderen auch, daß diese Inszenierung die Perfektion selbst sein mußte, und ich war bestens vorbereitet.

Debussy war schon da, als ich ankam. Abgesehen von einem flüchtigen »Wie geht's?« hielt er sich nicht lange mit Vorreden auf. Ich schlug die Partitur auf, und Debussy setzte sich ans Klavier. Wir sangen den ersten Akt, indem Debussy den Part von Golaud übernahm. Er hatte eine sehr dünne und heisere Stimme... Ich habe einen Komponisten, der gut singen konnte, nie kennengelernt und nur wenige, die gut Klavier spielen konnten. Charpentier konnte nicht eine Note spielen. Aber Debussy war ein großartiger Pianist. Da saß er nun und sang den Part von Golaud und spielte Klavier und verlor dabei nicht ein einziges Wort. Er sang auch den Pelléas und alle anderen Rollen außer der meinigen. Schließlich kam die Turm-Szene an die Reihe. Während ich meinen Text sang, stand er plötzlich auf und verließ den Raum. Bestürzt blieb ich eine Weile stehen und wartete. Ich hatte das Gefühl, daß ich ihn auf eine mir unerklärliche Weise verletzt haben mußte, und bereitete mich im Stillen auf die Enttäuschung vor, nicht die Mélisande singen zu dürfen. Ich setzte meinen Hut auf und war schon im Begriff, den Probenraum zu verlassen, als ein Junge hereinkam und sagte: »Mademoiselle Garden, Monsieur Carré bittet Sie zu sich ins Büro.« Als ich hineinging, saßen dort Debussy und Carré. Debussy stand auf, kam mir entgegen und ergriff meine Hände.

»Wo sind Sie geboren?« fragte er mich.

»In Aberdeen, Schottland.«

»Sich vorzustellen, daß Sie erst den weiten Weg vom kalten Norden hierher zurücklegen mußten, um meine Mélisande zum Leben zu erwecken – denn genau das werden Sie tun, Mademoiselle.«

Dann drehte er sich zu Carré um, und ich erinnere mich, wie er dabei die Hände hochnahm und sagte: »Je n'ai rien à lui dire. Ich wüßte nicht, was ich ihr noch sagen sollte.«

Er hielt einen Moment inne, als sei er etwas verlegen, und fügte hinzu, wobei er noch immer Carré anblickte: »Eine merkwürdige Person, dieses Kind.«

Daraufhin verstummte er, nahm die für ihn so typische, desinteressierte Haltung ein, griff nach seinem Hut und marschierte, ein »Auf Wiedersehen« murmelnd, zur Tür hinaus. Debussy machte das immer so, daß er plötzlich einfach wegging. So ging er aus Lily Debussys Leben, so ging er auch aus meinem, und sogar aus Mélisandes Leben verschwand er auf diese Weise. Wenn er fertig war, war er fertig.

So ging also Debussy in dieser höchst charakteristischen Weise nach der letzten Probe aus Mélisandes Leben. Nicht zu einer einzigen Vorstellung von *Pelléas* ist Debussy danach gekommen. Immer wieder bat ich ihn, sich doch einmal die letzte Vollendung seines Traumes anzusehen, und eines Abends suchte er mir seine Weigerung verständlich zu machen. »Mary«, erklärte er, »ich kann unmöglich kommen. *Pelléas* ist mein Kind, um das ich mich zehn Jahre lang gekümmert habe. Jetzt, da ich es der Öffentlichkeit übergeben habe, interessiert es mich nicht mehr.«

Debussy änderte seine Einstellung nie. Ich kann mich nur noch an ein einziges Mal seiner Anwesenheit erinnern, und das war ebenfalls bei einer Probe, nämlich als ich Mélisande ein paar Jahre später mit einer anderen Truppe in Brüssel gesungen habe. Debussy, der damals zum zweitenmal verheiratet war, kam eines Nachmittags in das dunkle Gebäude. Schweigsam und kühl saß er da, und wenn er einem von uns auf der Bühne etwas mitteilen wollte, schrieb er es auf einen Zettel und schickte ihn per Boten zu uns. Aber auf die Bühne kam er nie, und er machte auch keine Anstalten, mich zu begrüßen. Debussy lebte in einer eigenen Welt, wohin ihm niemand folgen konnte, nicht einmal seine erste Frau Lily, die ihn doch so sehr umsorgt und angebetet hat.

Kurz nach der Premiere von *Pelléas* wurden Debussy, seine Frau Lily und ich dicke Freunde. Bei einem Publikumsgespräch, an dem ich im Dezember 1949 teilnahm, sandte mir jemand aus dem Saal eine Frage, die man mir erst am Schluß des Abends zeigte. Ich wünschte, sie wäre laut vorgelesen worden, denn ich hätte die Frage liebend gern beantwortet, und zwar offen und ehrlich. Die Frage lautete: »Sind Sie jemals die Geliebte von Claude Debussy gewesen?«

Debussy und seine Frau kamen regelmäßig zweimal die Woche zu mir zum Abendessen, manchmal auch dreimal. Kurz vor der Premiere von *Pelléas* hatte ich eine winzige Wohnung in der Rue Washington bezogen, eine bescheidene Angelegenheit, aber ganz entzückend. Ich verdiente damals sechzehnhundert Francs im Monat, und das war eine ganze Menge Geld für mich – und für Debussy war es sogar noch mehr, denn er besaß für gewöhnlich so gut wie nichts. Debussy liebte gutes Essen, ganz besonders alles, was reichhaltig und würzig war. Er hegte auch eine geheime Liebe für kostbare und luxuriöse Dinge. Was sein Verlangen nach diesen Dingen anbetrifft, so hatte er den ausgefallensten Geschmack, der mir jemals begegnet ist. Aber er konnte niemals das tun, was er wollte, und er konnte sich niemals kaufen, was er gern gehabt hätte, da er niemals Geld hatte. Er sehnte sich sehr nach teuren Dingen, aber er konnte sich diese Wünsche niemals erfüllen, was schließlich zum Scheitern der Ehe mit Lily führte, der einzigen Frau, die er jemals geliebt hat, wenn er denn überhaupt dazu imstande war, etwas anderes als die Musik zu lieben. Die beiden hatten eine kleine Wohnung in der Rue Cardinet 58. Später besuchte ich sie dort oft, um mit ihm alle seine schönen Lieder einzustudieren.

Wenn wir uns bei mir zum Essen verabredet hatten, wartete ich schon am Fenster, um nach ihnen Ausschau zu halten. Eines Tages sah ich, wie ein Wagen vor meinem Haus hielt. Darin saß Debussy in seiner ganzen Pracht, aber allein. Als er zur Tür hereinkam, fragte ich ihn, wo denn Lily sei, und er antwortete: »Oh, sie kommt zu Fuß.« Und tatsächlich traf Lily bald darauf zu Fuß ein. Weshalb sie sich so trennten, weiß ich nicht, aber Debussy muß diese kleine Demonstration des allein genossenen Komforts geliebt haben.

Nach dem Essen setzten wir uns ins Wohnzimmer, und Lily und ich verzogen uns in eine Ecke, um über dies und jenes zu plauschen. Debussy setzte sich ans Klavier und improvisierte etwa eine Stunde lang. In der Erinnerung blitzen diese Stunden wie kostbare Juwelen auf. Solche Musik, wie sie in jenen Augenblicken vom Klavier ertönte, habe ich in meinem ganzen Leben nie wieder vernommen. Wie schön sie war und wie sie einen heimsuchte, beunruhigte; und niemand, außer Lily und mir, hat sie jemals gehört! Debussy hat diese Improvisationen niemals aufgeschrieben; sie wanderten zurück an ihren seltsamen Ursprungsort, um von dort nie mehr zurückzukehren. Diese kostbare Musik, für immer verloren, ähnelte in keiner Hinsicht den Werken, die Debussy veröffentlicht hat. Sie besaß eine ganz eigene Qualität, irgendwie entrückt, als sei sie von einer anderen Welt, kurz davor, uns etwas mit Worten mitzuteilen.

In solchen Augenblicken befand sich Debussy in seiner eigenen, weit entfernten Welt, wirkte inspiriert, wie in Trance. Er saß einfach nur da und spielte. Er bewegte sich nicht und sprach kein Wort. Was es war, oder was er uns durch seine Musik zu sagen versuchte, erzählte er uns nicht, und so wußten wir es auch nicht – er spielte einfach nur. Und dann, mit der ihm eigenen Sprunghaftigkeit, stand er plötzlich auf und kam zu uns herüber, um sich mit uns zu unterhalten. Und das war dann der Abschluß.

Später bereitete ich mit Debussy die Premiere des Werkes *La damoiselle élue* vor, die ich dann anläßlich eines Colonne-Konzerts gesungen habe. Wie es mir so oft ergeht, wenn ich mich mit Debussys Musik beschäftige, gewannen eines Tages meine Gefühle die Oberhand, und ich brach in Tränen aus. Debussy lachte und spottete darüber. »Ma petite Mélisande«, sagte er, »Sie sind ein sentimentales Täubchen.«

Debussy widmete mir die *Ariettes*, und wir studierten sie zusammen mit *Les Chansons de Bilitis* in seinem kleinen Zimmer in der Rue Cardinet ein.

Debussy und ich unternahmen gemeinsam zwei Reisen nach London; die erste auf eine Einladung von André Messager hin, der damals Covent Garden leitete. Messager, der Debussys engster Freund war, wollte unbedingt, daß Debussy Forbes Robertson als Hamlet sah.

Ich wußte, daß Debussy verrückt auf Shakespeare war, aber ich hatte keine Ahnung, wie weit diese Versessenheit ging. Ich saß bei der Aufführung neben ihm, und er erschien mir wie ein Kind im Zustand höchster Verzückung. Er war so tief ergriffen, daß es eine Weile dauerte, bis er wieder sprechen konnte. Nie habe ich jemanden getroffen, der sich so tief in ein Schauspiel der erhabenen Kunst versenken konnte.

Unser zweiter London-Besuch verlief weniger vergnüglich. Es war eine Sonder-Matinee mit Maeterlincks *Pelléas et Mélisande* geplant, mit Sarah Bernhardt als Pelléas und Mrs. Patrick Campbell als Mélisande. Aus lauter Neugierde auf diese Besetzung wären Debussy und ich auch nach St. Petersburg gefahren.

Wir verließen Paris mit dem Nachtzug und kamen am folgenden Tag frühmorgens in London an. Wir besuchten eine Freundin von mir, bekamen dort ein köstliches Mittagessen und saßen bald darauf im Theater, noch lange vor Vorstellungsbeginn. Während wir warteten, wuchs die Spannung.

Schließlich begann die Aufführung, und es dauerte nicht lange, da mußten Debussy und ich uns höchst erstaunt ansehen. Nicht einer der Schauspieler hatte auch nur im entferntesten begriffen, worum es in Maeterlincks Drama ging. Bernhardt, die große Künstlerin, die von niemandem glühender verehrt wurde, als von mir, entpuppte sich als völlige Fehlbesetzung. »Sie versucht den Robin Hood zu verkörpern«, flüsterte ich Debussy zu, der schon ganz unruhig war.

Beim dritten Akt war die Schmerzgrenze erreicht. Da läßt Mélisande, die sich aus ihrem Schlafzimmerfenster im Turm hinauslehnt, ihre langen, goldenen Locken in die Hände des unten stehenden Pelléas fallen. Debussy schrie fast, als Mrs. Patrick Campell eine Mähne von pechschwarzem Haar löste! »Wann geht der nächste Zug nach Paris?«, fragte er völlig erschüttert und entnervt. Wir verließen sofort das Theater und kamen nach einer ermüdenden Reise gegen Mitternacht in Paris an.

Im dritten Jahr unserer großen Freundschaft zog ich nach Versailles um. Ich lud Debussy und seine Frau für vierzehn Tage zu mir ein. Das war im Juni 1904. Und wir drei hatten solchen Spaß zusammen! Wir spazierten durch ganz Versailles und gaben scheußliche Kommentare über Leute und Dinge ab. Das reinste Vitriol schütteten wir über sie aus. Und Debussy haßte die meisten Menschen – vor allem solche, die kompliziert und unnatürlich waren. Ich habe nie wieder einen Menschen kennengelernt, der andere heftiger vor den Kopf stoßen konnte als Debussy. Er hatte nur wenige Freunde und nur selten brachte er jemandem Vertrauen entgegen.

Eines Tages sagte Lily in Gegenwart ihres Mannes zu mir: »Mary, ich möchte, daß du für mich Claude ausschimpfst.«

»Warum, Lily, was hat er getan?«

»Nun«, erwiderte sie, »es gibt in Paris eine Dame namens Bardac, die einen großen Salon führt und wundervolle Musikveranstaltungen organisiert, zu denen sehr wichtige Leute kommen. Die besten Pianisten treffen sich dort, um Claudes Musik zu spielen, und sie hat Claude immer wieder eingeladen, aber er will nicht gehen.«

»Claude«, sagte ich, mich ihm zuwendend, »warum gehst du nicht zu Madame Bardac? Es könnte für dich und deine Musik von Nutzen sein.«

Alles, was er dazu sagte, war: »Je ne sais pas.«

Als gegen Ende der zwei Wochen Debussy und ich im Park von Versailles spazierengingen, blieb er plötzlich stehen und schaute mich an. »Mary,« sagte er, »ich habe eine Obsession und ich muß dir davon erzählen.«

»Nur zu, Claude.«

»Ich habe zehn Jahre an dieser Oper gearbeitet, und niemals war ich damit zufrieden.«

»Ich weiß, Claude.«

»Zehn Jahre lebte ich mit dieser Mélisande, und ich glaubte nicht, daß ich jemals jemanden finden könnte, der diese Frau so verkörpern würde, wie ich sie mir erschaffen hatte. Und du hast es getan, Mary.«

»Es macht mich sehr glücklich, Claude, daß du das sagst.«

Debussy sah aus, als stünde er unter einem großen Druck; zum erstenmal seit wir uns kannten, schien er mir gegenüber nervös. Schließlich brachte er hervor: »Mary, ich liebe dich wie ein Wahnsinniger.«

»Das tut mir leid, Claude,« antwortete ich.

»Aber ich meine es sehr ernst,« fuhr er fort. »Ich kann ohne dich nicht leben, und ich muß wissen, ob du für mich dieselben Empfindungen hegst.«

»Nicht diese, Claude,« antwortete ich. »Ich liebe und bete dein Genie an. Ich schätze dich als Freund, aber der Mann Debussy bedeutet mir überhaupt nichts.«

Er nahm es hin, wie er alles hinnahm: ohne sich dazu zu äußern. Aber es regte mich doch sehr auf, sehen Sie, weil er sich mir niemals zuvor in irgendeiner Form offenbart hatte, und auf unserem Rückweg zu meinem Haus fragte ich mich, weshalb er mir das gesagt haben könnte, und plötzlich kam mir die Erleuchtung. »Claude,« begann ich und wandte mich ihm zu, »du liebst nicht eigentlich mich, jedenfalls nicht so sehr, wie du glaubst.«

Er sagte nichts.

»Du liebst Mélisande. Du hast sie seit zehn Jahren geliebt und du liebst sie noch, und du liebst die Mélisande in mir und nicht mich um meiner selbst willen.«

Debussy gab nicht zu erkennen, ob er überhaupt wahrgenommen hatte, was ich sagte. Er hatte seine Erklärung gemacht, und damit war für ihn alles gesagt. Ich bin mir ganz sicher, daß ich recht hatte. Er hatte mich immer mit »ma chère Mélisande« angeredet, und seine Briefe an mich begannen ebenfalls so. Und ich glaube, ich erhielt den endgültigen Beweis dafür, daß ich richtig gelegen hatte, als er Lily verließ und zu Madame Bardac ging. Er konnte nicht im Juni mich und im September Madame Bardac geliebt haben.

Später an jenem Nachmittag war ich mit Lily allein, und ich dachte, es sei das beste, ihr zu erzählen, was Debussy mir im Park eröffnet hatte.

»Lily, ich muß dir etwas sagen. Ich bin dir gegenüber immer ehrlich gewesen und ich denke, ich sollte jetzt auch offen sein.«

»Auf jeden Fall, Mary,« sagte sie und schaute ein wenig beunruhigt. »Was gibt's denn?«

»Claude hat mir gerade gestanden, daß er mich liebt, und das gefällt mir überhaupt nicht. Es würde unser aller Freundschaft zerstören.«

»Was hast du Claude denn geantwortet?«

»Ich versicherte ihm, daß ich ihn als Freund und Musiker liebe, aber das sei alles, und daß ich hoffe, das die Freundschaft zwischen uns dreien nach wie vor bestehen bleibe.«

Lily sah mich jetzt aus ihren freundlichen, heiteren Augen an – sie war ein so hübsches Ding: »Ich bin dir dankbar, Mary, daß du mir das gesagt hast. Ich glaube, du bist die einzige Frau in der Welt, für die ich Claude aufgeben würde.«

Ich wußte nicht, was ich darauf antworten sollte. Ich spürte, daß dadurch für mich in gewisser Hinsicht alles noch schlimmer werden würde, denn ich wußte nun, daß sie willens gewesen wäre, es zu akzeptieren. Aber es kam zu keinem Drama, was durchaus hätte passieren können. Was mich betraf, war die Sache damit zu Ende. Wie Debussy weiterhin zu mir stand, wüßte ich nicht zu sagen, aber da er Lily für Madame Bardac verlassen hat, bin ich überzeugt davon, daß er von seiner »Obsession« geheilt worden ist.

Viele Jahre später erzählte mir Carré einmal, daß er einen Brief von Debussy erhalten hätte, in dem er mit Bezug auf mich gesagt haben soll: »Ihre Stimme ist für mich eine Qual, die ich nicht mehr aus dem Kopf bekommen kann.« Nur wir drei wußten um seine Erklärung an mich im Wald von Versailles. Sehen Sie, an jenem Tag in Versailles war alles zwischen Debussy und mir beendet. Ich begleitete die beiden zum Bahnhof, und dort nahm Debussy mich in die Arme und küßte mich zum ersten und einzigen Mal. »Auf Wiedersehen, Mary,« sagte er, und das war das letzte Mal, daß wir Kontakt miteinander hatten, d.h. einmal noch, wie gesagt, in Brüssel, wo er mir aus dem dunklen Zuhörerraum heraus eine schriftliche Botschaft zukommen ließ.

Ich hätte Debussy niemals lieben können. Niemals auch nur für einen Augenblick hat er in diesem Sinne eine Wirkung auf mich gehabt, und er hätte mich als Geliebte zurückgestoßen. Aber Lily war ein liebes, freundliches, einfaches Mädchen, das sich in Gottes Namen um nichts anderes als um diesen Mann scherte. Sie hatten sich in Montmartre kennengelernt, als Debussy nicht einen Pfennig besaß. Debussy lebte dort mit seiner Mätresse, einer Frau namens Gaby, und es heißt, er soll verrückt nach ihr gewesen sein wegen ihrer grünen Augen. Durch Gaby lernte er eines Tages Lily kennen, was einer gewissen Ironie nicht entbehrt, zumal er auf Lilys Drängen hin die Musikveranstaltungen bei Madame Bardac zu frequentieren begann. Nun, Debussy traf Lily, verliebte sich in sie, und sie sich in ihn, und so verließ er Gaby, um sie zu heiraten.

Ich kann wirklich nicht sagen, ob Debussy jemals irgend jemanden tatsächlich geliebt hat. Er hat seine Musik geliebt – und vielleicht auch sich selbst. Ich glaube, seine eigene Genialität nahm ihn ganz und gar in Anspruch. Es gibt Leute, die behaupten, er habe Madame Bardac wegen ihres Geldes geheiratet, aber ich weiß nicht. Er war ein ganz, ganz merkwürdiger Mann. Vielleicht war er am Ende unglücklich. Messager zeigte mir einmal einen Brief von ihm, in dem man das bestätigt finden könnte. Er hatte geschrieben: »Oh, ich wünschte, ich könnte das Glück der Tage von *Pelléas und Mélisande* noch einmal erleben! Aber das ist hoffnungslos. Jene Freude ist für immer vergangen.« Debussy und ich hatten eines gemeinsam – beide kannten wir die Bedeutung des Wortes Eifersucht nicht.

Das kleine Drama von Versailles hatte sich im Sommer 1904 zugetragen. Als ich im September nach Paris zurückkehrte, ging ich als erstes in die Rue Cardinet 58, um Lily und Claude mitzuteilen, daß ich wieder zurück sei und ich sie zum Essen bei mir erwartete. Sie waren jedoch beide nicht da. Ich hinterließ eine Nachricht, daß sie mich besuchen sollten, und kehrte ziemlich verwirrt in meine Wohnung zurück. Drei Stunden später öffnete sich die Tür und Lily kam herein – allein und ganz aufgelöst vor Kummer.

»Lily,« rief ich, »was um Gottes willen ist geschehen?«

»Claude hat mich verlassen!«

Und sie brach in hysterisches Schluchzen aus. Ich nahm sie in meine Arme und versuchte sie zu trösten. »Erzähl', was passiert ist, Lily.«

Offenbar hatte Debussy die Gewohnheit, jeden Morgen einen Spaziergang zu machen. Nun, eines Morgens ging er los und kehrte nicht wieder zurück. Das ist wohl sehr grausam, aber man kann doch nicht umhin, die Menschen zu bewundern, die eine solche Entscheidung treffen und dabei bleiben können – wenn sie's denn tun. Dazu bedarf es Charakterstärke ... Lily hörte nicht auf zu weinen, sie war untröstlich. Endlich beruhigte sie sich ein wenig.

»Wo steckt Claude jetzt?« fragte ich sie.

»Ich habe keine Ahnung, Mary.«

»Hast du seinen Vater gefragt?«

»Noch nicht. Er kommt morgen nach Paris, und ich werde zu ihm hinübergehen und ihn bitten, herauszufinden, wo Claude sich aufhält.«

»Das ist eine gute Idee, Lily,« erwiderte ich. »Laß es mich sofort wissen, wenn du es weißt, und ich sehe zu, daß ich dir irgendwie helfen kann, Claude zu dir zurückzubringen.«

Eine Woche verging, und ich hatte noch nichts von Lily gehört. Dann kam eines Tages ein Bote und brachte mir die Nachricht, ich möge sofort zu einem bestimmten Krankenhaus in Paris kommen – nichts weiter. Das Schlimmste befürchtend, setzte ich meinen Hut auf und eilte zum Krankenhaus. Dort angekommen, sprach ich mit dem Oberarzt. »Wer ist es?«, stieß ich atemlos vor Angst hervor.

Debussy und Lily Texier

»Madame Claude Debussy.«

Sie führten mich in ein kleines Zimmer, und dort lag Lily mit einer Kugel in der Brust und wollte sterben, weil ihr Claude nicht zu ihr zurückgekommen war. Man muß wissen, daß dieses junge Mädchen nie etwas anderes im Leben gekannt hatte als ihre Liebe zu Debussy. Sie kümmerte sich um ihn wie um ein Kind. Sie teilten Sorgen, Schulden und Enttäuschungen, und nie gelang es irgend jemandem, in die kleine Wohnung in der Rue Cardinet einzudringen und Debussy beim Komponieren zu stören. Lily schirmte ihren geliebten Claude von der Welt ab, damit er ungestört arbeiten konnte – und er ihr allein gehörte ... Da lag Lily nun, blaß und mit weißem Verband, und erzählte mir, was sich ereignet hatte.

Sie hatte Debussys Vater besucht und von ihm erfahren, daß sein Sohn in Dieppe sei, wo er bei Madame Bardac wohnte. »Da wußte ich, Mary, daß er nie wieder zu mir zurückkommen würde«, schluchzte sie.

Lily muß ihren Mann sehr gut gekannt haben, um zu wissen, daß er, wenn er sich einmal zu etwas entschlossen hatte, auch dazu stehen würde. So ging sie los und besorgte sich einen Revolver, und dieses schöne, junge Wesen, das niemals eine Schußwaffe in der Hand gehalten hatte und sich in ihrem Gebrauch nicht auskannte, ging ins Schlafzimmer und gab einen Schuß gegen die Wand ab, um die Waffe auszuprobieren.

Dann setzte sie sich hin und schrieb Debussy einen Brief und sandte ihn per Boten zur Adresse seines Vaters. Sie wollte den Brief um drei Uhr auf dem Weg wissen, weil sie vorhatte, sich um drei Uhr zu töten, und sie wollte nicht, daß Claude vor ihrer Tat den Brief erhielt. Dann richtete sie die Waffe gegen sich ...

»Oh, Mary«, wimmerte Lily, »ich habe nicht richtig gezielt, und ich weiß nicht, wie lange ich auf dem Boden gelegen habe. Ich blieb immer bei Bewußtsein. Ich hörte jemanden ins Schlafzimmer eintreten. Es war Claude. Und er kam herüber und bückte sich, um nach mir zu sehen. ‹Claude,› sagte ich, ‹wenn du zu mir zurückkommen willst, bring' mich ins Krankenhaus und sieh zu, ob ich leben kann. Wenn du nicht zu mir zurückkommen willst, dann laß mich hier sterben.›«

Ohne ein Wort zu sagen, stürzte Debussy die Treppe hinunter und kam mit der Ambulanz zurück. Er brachte die Männer mit in die Wohnung, und sie trugen Lily die fünf Treppen hinunter. Vom Arzt konnte ich in Erfahrung bringen, daß Debussy bei der Ankunft im Krankenhaus gefragt hatte: »Kann das Leben von Madame Debussy gerettet werden?«

»Das kann ich jetzt noch nicht sagen, Monsieur«, hatte ihm der Arzt geantwortet. »Aber Sie können hier im Krankenhaus warten; in ein oder zwei Stunden können wir Ihnen Genaueres mitteilen.«

Debussy nahm daraufhin in einer Ecke des Warteraumes Platz und wartete wie ein Schuljunge, ohne den Hut abzunehmen, auf den Urteilsspruch. Nach zwei Stunden kam der Arzt heraus: »Monsieur Debussy, wir sind glücklich, Ihnen sagen zu können, daß Ihre Frau am Leben bleiben wird.« Debussy schaute den Arzt an und murmelte in seiner heiseren Stimme nur das eine Wort: »Merci«. Er verließ das Krankenhaus und verschwand aus unserem Leben. Danach ließ Lily nach mir rufen.

»Lily«, fragte ich sie, »was hast du in dem Brief an Claude geschrieben?«

»Ich schrieb: ‹Wenn du dies erhältst, Claude, werde ich schon tot sein. Bitte komm' zu mir. Ich möchte, daß ich nur von deinen Händen berührt werde›.«

Als Lily die Geschichte zu Ende erzählt hatte, kam der Arzt, um ihre Wunde neu zu verbinden.

»Ich gehe hinaus«, sagte ich.

»Sie müssen nicht, wenn Sie lieber bleiben wollen.«

Ich blieb. Der Arzt trat an Lilys Bett und öffnete ihr das Nachthemd, und in meinem ganzen Leben habe ich nichts so Schönes gesehen wie Lily Debussy von der Taille an: wie eine herrliche Mamorstatue, zu erhaben, als daß man es mit Worten beschreiben könnte! Debussy hatte immer mir einmal erklärt: »Mary, nichts auf der ganzen Welt gleicht dem Körper von Lily.« Nun wußte ich, was er gemeint hatte.

Unter der linken Brust befand sich ein rundes, dunkles Loch, wo die Kugel hineingegangen war, ohne lebenswichtige Organe zu verletzen – und Lily ist ja auch nicht gestorben. Die Kugel hat man nicht herausbekommen. So behielt Lily das kleine Andenken an ihre Liebe zu Claude Debussy bis an ihr Lebensende.

Mary Garden/Louis Biancolli, *Mary Garden's Story,* London 1952, S. 49, 63–68, 73–83

Henri Busser
(1872–1973)

Henri Busser begann im Jahr 1889 am Pariser Conservatoire zu studieren, und zwar Orgel bei Franck und Widor und Komposition bei Guiraud, Gounod und Massenet. 1893 gewann er den Prix de Rome, wurde dann Dirigent und kehrte schließlich als Lehrer, zunächst für Gesang, dann für Komposition ans Conservatoire zurück. Er dirigierte bei der Premiere von *Pelléas et Mélisande* am 30. April 1902 den Hinterbühnen-Chor und übernahm von der vierten Aufführung an (am 8. Mai) in Vertretung Messagers auch die Orchesterleitung.

7. und 9. April 1902: Letzte Proben. Carré hat Debussy gebeten, Zwischenmusiken zu komponieren, um die Szenen ohne Unterbrechung für das Orchester miteinander zu verbinden. »Das ist mir unmöglich«, antwortete Debussy, »ich kann nicht in einem fort komponieren. Ich werde sie im Urlaub hinzufügen.« Man wird die Orchesterproben aussetzen müssen, wenn die Änderungen nicht rechtzeitig fertig werden!

12. April: Ich traf Massenet in den Theatergängen und überredete ihn, sich *Pelléas* anzuhören, den wir gerade probten. Er verfolgte mit mir zusammen die beiden letzten Szenen, ohne ein Wort zu sagen. Debussy, der ihn gesehen hatte, kam, um ihn zu begrüßen, und Massenet teilte ihm seine Bewegung ob dieses neuen, so unerwarteten Werkes mit.

17. April: Heute waren Messager und Debussy bei den Proben schlechtgelaunt. Sie finden zu Recht, daß Périer und Dufranne sehr schreiend singen; hingegen sind sie mit Mary Garden und Mademoiselle Gerville-Réache sehr zufrieden. Aber wie langsam sind die Wechsel der Dekorationen: es entstehen peinliche Lücken!

28. April: Der große Tag ist endlich gekommen! Generalprobe von *Pelléas* vor Publikum. Der Erfolg zeichnet sich nach dem vierten und fünften Akt ab. Debussy hat in Messagers Büro Zuflucht gesucht und raucht nervös eine Zigarette nach der anderen.

30. April: Am nächsten Morgen besuche ich Debussy in seinem bescheidenen Interieur der Rue Cardinet, er komponiert die Zwischenmusik, die die einzelnen Szenen verbinden wird. Während er sich an das Klavier setzt und mir die Entwürfe vorspielt, kommt und geht seine junge Frau und ordnet in einer Vase die Blumen, die ich ihr mitgebracht habe. Dieser kleine Raum, in dem wir uns befinden, mit seinen Bildern, Aquarellen und Zeichnungen an den Wänden, strahlt sehr viel Glück aus. Die charmante Lily ist der Sonnenschein darin. Sie freut sich über *Pelléas.* »Es ist auch mein Werk«, sagte sie, »denn ich habe Claude Mut zugesprochen, wenn er verzweifelte und glaubte, seine Partitur nicht vollenden zu können.«

3. Mai: Dritte Vorstellung. Zahlreiches Publikum, herzlicher und mit mehr Verständnis. Am Ende der Vorstellung wird nach Debussy verlangt, der es jedoch ablehnt, auf der Bühne zu erscheinen.

Einige Tage danach kommen Debussy und seine Frau mit Mary Garden zum Abendessen in meine kleine Wohnung (Rue Saint-Pétersbourg). Wir freuen uns gemeinsam über den Erfolg von *Pelléas*, der sich nun wirklich abzeichnet. Debussy ist sich jetzt im klaren darüber, daß er mit allen schlechten Gewohnheiten der Opernkomponisten gebrochen hat. Er sagt uns: »Ich suche durch die Schlichtheit der Stimmen und die Zurückhaltung des Orchesters den Zuhörer zu fesseln; ich lehne den brutalen Effekt, den meine Vorgänger suchten, entschieden ab.«

8. Mai: Debussy und seine Frau besuchen mich zu Hause und warnen mich vor der Eigenwilligkeit der Sänger. Sie scheinen alle beide sehr nervös zu sein.

23. Mai: *Le médecin malgré lui* von Gounod. Ich nehme Debussy und seine Frau in diese Vorstellung mit, die sie begeistert. Debussy bewundert vor allem Gounods geistreiche Art zu komponieren und zu orchestrieren. »Das ist ein kleines Meisterwerk«, fügt er hinzu.

26. Juni: Vierzehnte Vorstellung von *Pelléas*, den man zu meinem größten Bedauern zum letzten Mal in dieser Saison spielt. Große

Henri Busser

Begeisterung seitens des Publikums. Drei bis vier Vorhänge pro Akt. Madame Debussy sagte mir, daß ihr Mann eifrig an der Zwischenmusik arbeitet, die alle Szenen verbinden wird.

7. Juni: Seit langem trage ich mich mit der Absicht, eine Oper zu schreiben, die auf Mérimées *Colomba* basiert. Ich schreibe die Musik dazu sehr schnell und spiele sie Debussy vor, der mir Mut zuspricht und mir einige wertvolle Ratschläge gibt. Er warnt mich: »Hüten Sie sich vor allzu billigen Effekten!«

De Pelléas aux Indes Galantes, Paris 1955, S. 112, 115f, 118f, 121 *

Robert Godet
(siehe Seite 43)

Anläßlich einer denkwürdigen Begebenheit gab Claude Debussy einige Bemerkungen zum besten, die in ihrer Art sehr gut zum Inhalt seines Artikels über Carl Maria von Weber passen. Da deren Bedeutung teilweise nur durch die Umstände, in denen sie geäußert worden sind, verständlich wird, sollten die Ereignisse kurz in Erinnerung gerufen werden.

Als die Pariser Opéra-Comique Anfang des Jahres 1902 beschloß, *Pelléas* zu inszenieren, rechnete der Autor des Werkes, der sich schon lange darum bemüht hatte, die Aufmerksamkeit auf sich zu lenken, nicht mit einer baldigen Aufführung und war sehr erstaunt, als er Mitte März erfuhr, daß es noch vor Ende April auf die Bühne gebracht werden sollte. Zweifellos hatte er schon seit einiger Zeit die Partitur im Geiste geplant, aber schriftlich vollendet waren nur die Gesangsstimmen und der Klavierpart. Wie weit dieser Entwurf auch immer gediehen war (ausgenommen natürlich die Zwischenspiele, die nach und nach in den Proben entwikkelt wurden) – ihn innerhalb von drei oder vier Wochen in Orchesterform zu bringen, mußte als aberwitziges Unterfangen erscheinen.

Debussy hatte keine Wahl. Er nahm die Herausforderung an und obsiegte, aber um welchen Preis! Sobald eine Szene auf dem Papier stand, wurde sie auch schon einstudiert. Auch nur die geringste Verzögerung in der Fertigstellung der folgenden Szene hätte das ganze Unternehmen gefährdet: ein Wettlauf mit Hindernissen zwischen dem Komponisten und den Darstellern war das Ergebnis, bei dem es ungewiß war, wer als Sieger daraus hervorgehen würde. Glücklicherweise besaß Debussy neben seinem technischen Können viele andere Fähigkeiten: vor allem seine geistige Disziplin, die es ihm erlaubte, strikt zu trennen zwischen seinen musikalischen Einfällen und den Geräuschen um ihn herum (genauer: den Koloraturpartien einer Gesangsstudentin über ihm und dem Üben von Tonleitern der Klavierschüler unter ihm), dazu die Gabe, all seine Kräfte auf ein bestimmtes Ende hin konzentrieren zu können, sobald er den Stift in die Hand nahm – und das auf Kommando, ohne Zögern und Zaudern, vom ersten bis zum letzten Akt.

Ich erinnere mich daran, wie er Stunde um Stunde mit gleichbleibender Ruhe und Sicherheit, ohne später noch einmal korrigieren zu müssen, über Notenblätter gebeugt saß, die zuvor für ihn liniert worden waren und die er aufs Geratewohl, einem imaginären Plan folgend, füllte und mit eleganten Arabesken verzierte. Diese Ruhe drohte ihn auch nicht zu verlassen, als die ersten Teile der Orchesterpartitur zurückkamen, weil ein unkundiger Kopist vergessen hatte, in die Pausen der verschiedenen Instrumentenstimmen die Änderungen von Takt und Vorzeichen zu setzten. »Die beste Gelegenheit, sich in der Kunst des Radierens zu üben«, stöhnte Debussy, als ihm klar wurde, daß diese kläglichen Kopien eine endlose Verbesserei erforderten. Glücklicherweise konnte diese Arbeit jemand anders für ihn übernehmen, allerdings nicht so schnell wie erhofft.

Zudem wurde er nicht nur von der Ungeduld der Geschäftsleitung, die ihn der Fehler bezichtigte, die eigentlich sein Kopist zu verantworten hatte, bedrängt. Er mußte auch noch, d.h. er sah sich dazu verpflichtet, während der Bühnenproben die Zwischenmusik komponieren, wodurch seine ohnehin schon schwierige Aufgabe nicht eben einfacher wurde. Zusätzlich hatte er sich noch mit dem Erben eines seiner Gönner, der ausgerechnet zu diesem höchst unpassenden Zeitpunkt starb, auseinanderzusetzen; mit dem Ergebnis, daß er täglich mit Zahlungsaufforderungen konfrontiert wurde, denen er nicht nachkommen konnte.

Nicht weniger eindringlich und bedrohend waren zur selben Zeit die Beschwerden über ihn seitens des Dichters Maeterlinck, der sich darüber empörte, daß man nicht die Künstlerin, für die er die Rolle der Mélisande gedacht hatte, für die Premiere ausgewählt hatte. Er beschuldigte deshalb den Musiker der Hintertreibung seiner Absichten. Er startete eine Kampagne gegen die Inszenierung von *Pelléas* an der Opéra-Comique, indem er in Aufsätzen mit so vielversprechenden Titeln wie *Eloge de la Boxe, Eloge de l'Epée*, etc. seinen Argumenten Nachdruck verlieh. So fortwährend belästigt und überarbeitet, von Freunden und vom Schicksal betrogen, den größten Sorgen und den übelsten Verleumdungen ausgesetzt, verbrachte Debussy die Tage auf der Bühne und die Nächte am Schreibtisch und erhielt keine

Gelegenheit, sich einmal von den täglichen Quälereien zurückzuziehen. Aus Zeitmangel sah er sich genötigt, die tägliche Lektüre auf dienstliche Mitteilungen und auf die Telegramme, die unablässig von Messager eintrudelten, zu beschränken.

Derartig gebeutelt, konnte ihm auch die Generalprobe seines Meisterwerkes keine Genugtuung verschaffen. Er empfand alles als Katastrophe, aber wahrscheinlich maß er aufgrund der nervlichen Anspannung den ironischen und ablehnenden Haltungen dem Stück gegenuber zu viel Bedeutung bei. Zum Beispiel passierte es einmal, daß Golo, der großartige Golo, gesungen von Monsieur Dufranne, eigentlich in Weinen ausbrechen sollte, aber stattdessen zu lachen anfing und ausrief: »Seht, jetzt lach' ich schon wie ein alter Mann«, und der ganze Saal wurde in Stimmung versetzt, als ein guter Freund des Komponisten schlagfertig die Antwort parat hatte: »Oui, mon vieux, ris Golaud.« (Wortspiel mit dem Verb »rigoler« = scherzen) Die Bereitschaft zur Ausgelassenheit war latent immer vorhanden, und man revanchierte sich fröhlich für den Skandal, den eine Szene mit dem kleinen Yniold verursacht hatte, in der das harmlose Wort »Bett« bei dem Kind tugendhafte Entrüstung hervorgerufen hatte, so daß das unschuldige Kind von da an nur noch »Petit Ignoble« (»kleiner Schmutzfink«) hieß . . .

Debussy selbst blieb die Unerschütterlichkeit in Person. Wäre da nicht die Blässe in seinem Gesicht gewesen, man hätte schwören mögen, er denke an ganz andere Dinge. Er zitterte nicht einmal, als ein Heiterkeitsausbruch – der Himmel weiß, aus welchem geringfügigen Anlaß – die Agonie der sterbenden Mélisande unterbrach. Und wenn er in der letzten Pause auf eine kritische Bemerkung über »die Melodie, die Harmonie, den Rhythmus – die Heilige Dreieinigkeit«, die er verspottet habe, mit einem Schulterzucken reagierte, so war dies kaum wahrzunehmen.

Nach dem letzten Vorhang wartete schließlich noch eine Überraschung auf Debussy: Der für die schönen Künste zuständige Staatssekretär, ein Freund des Dichters Mendès, der auf Debussy gar nicht gut zu sprechen war, seit dieser ihm einmal ein Libretto zurückgegeben hatte, machte den Autor des neuen Werkes darauf aufmerksam, daß es für ein vom Staat subventioniertes Theater unpassend sei, die Anständigkeit eines auserwählten Publikums zu beleidigen. Auf Debussys Verständnis zählend, riet er ihm in Anbetracht der in ein oder zwei Tagen stattfindenden Premiere (am 30. April 1902) zu einigen notwendigen Kürzungen. So sorgte das Maeterlinck'sche »Bett« dafür, daß Debussy seines nicht eher aufsuchen konnte – es gibt keine Gerechtigkeit! –, bis er die anstößigen Passagen aus den Rollen von Golo und Yniold gestrichen hatte.

Ich erinnere mich noch, wie ich mit ihm zusammen die druckfrische Kopie der Gesangspartitur, die sich noch heute in meinem Besitz befindet (Édition Fromont), abholte, und er die gewünschten Kürzungen darin vornahm, ohne zu ahnen, daß sein Meisterwerk für immer verstümmelt bleiben würde (denn unglücklicherweise haftet dieser Mangel allen von da an veröffentlichten Partitur an, so daß die Szene mit dem kleinen Yniold auf ewig einer ihrer Höhepunkte beraubt blieb).

Es wurde schon dunkel, als man den Autor von *Pelléas* nach Hause begleitete. Er bestand darauf, daß ich noch auf eine Tasse Tee mit zu ihm hochkam. Beim anschließenden, ruhigen tête-à-tête erwähnte er sein Werk und den kleinen Tumult, den es erregt hatte, mit keinem Wort und keiner Anspielung mehr, sondern begann aus ganzem Herzen und voller Seele mit einem Lobgesang auf Oberons »Horn« – und er wußte hymnisch zu loben. Wahrscheinlich zu müde, um noch seine Hommage an Bach, eine seiner klassischen Neuschöpfungen, zu spielen, wählte er das für die Entspannung seiner Nerven geeignetste Thema, ohne dabei seine Stimme heben zu müssen: Weber ... Man weiß bis heute nicht mit Sicherheit, ob es ihm selbst bewußt war, daß er den musikalischen Romantizismus entscheidend geprägt hat. Man kann jedoch davon ausgehen, daß er diese romantischen Elemente gegenüber jedweder Variante von »Debussyismus« verteidigt hätte – wenn damals dieses Monsterwort schon existiert hätte.

Indem ich ein bezeichnendes Dokument, das seine Geisteshaltung im wichtigsten Moment seiner Karriere widerspiegelt, vorlege, lehne ich den Debussyismus, wie er im allgemeinen verstanden wird, ab. Die folgenden Bemerkungen geben die Vorstellungen wieder, die der unnachahmliche Maestro an jenem Abend geäußert hat, und sie liefern den Beweis für die aufrichtige Bewunderung, die er für Weber hegt, den er mit kongenialer Sympathie »einen Prinzen unter den Zauberern« nennt.

»Wissen Sie, wer sich in diesem Moment in trauter Gesellschaft bei mir befindet? Nein, Sie werden es nie erraten. Dieser sogenannte Gast, der Himmel sei gelobt, spielt im aktuellen Tagesgeschehen keine Rolle. Es ist mir sogar peinlich, ihn vorzustellen, er verabscheut Zeremonien. Nennen wir ihn, wenn Sie so wollen, Oberons Horn. Schon immer von seinem melancholischen Ruf fasziniert, hätte ich vielleicht seine wahre, beschwörende Kraft nie kennengelernt, wenn nicht das ferne Echo seiner drei Töne, die in einem Moment erklangen, in dem ich es am wenigsten erwartet hatte, das Gefühl in mir geweckt hätte für jene magische Welt, mit der Weber glücklich unsere Kunst bereichert und die er mit einer nüchternen Geste so weit geöffnet hat. Welch ein Refugium für einen Künstler von dieser Welt, besonders, wenn er damit beschäftigt ist, sich von seinem Traum zu lösen und ihn der Unbill der Realität auszusetzen. Wir wollen nicht zu lange darüber sprechen. Wir kennen die Zurückhaltung von Oberons Horn und wissen, wie sehr es jede Emphase verbietet. Und doch, so wie eine Sache die andere nach sich zieht, bewahrte Weber mich vor meinem persönlichen Wechselbad der Gefühle und ließ mich an die mannigfaltigen Offenbarungsmöglichkeiten der Musik denken: an ernste, lebhafte, leidenschaftliche, mystische, an solche, die den Stil lebendig gestalten, an solche, die den Ausdruck unbestimmt lassen. Ich fragte mich, ob zudem seiner Musik nicht in erster Linie in gewissem Sinne etwas »Offenbarendes« eignet, und habe es dabei noch als selbstverständlich angesehen, daß weder ihre Wirkung noch (wie ich mir vorstelle) ihr Motiv eine bisher unentdeckte ästhetische Ordnung begründen oder einen unbekannten Typus von Leidenschaft bestimmen soll. Was neu eingeführt wird, ohne den Anspruch auf Erneuerung zu erheben, ist die musikalische Herrschaft einer Art Poesie, die bis jetzt nur gesprochen oder, wenn Ihnen das lieber ist, lediglich zwischen den Lippen gesummt wurde. Weber verleiht ihr seine großartige Stimme, und dann, wie bei dem Phänomen der spontanen Verbrennung (diese chemische Metapher habe ich aus Dickens *Bleak House*), platzt ohne vorherige Ankündigung eine Wahrheit heraus, eine Wahrheit, deren Entdeckung mir wichtiger erscheint, als die der scharfsinnigsten Rhetorik. Weber singt, und dabei erneuert die Stimme von diesem Orpheus die Übereinstimmung der Natur mit der menschlichen Seele, vereint in einem visionären Königreich, das uns ohne Schwierigkeiten von seiner Realität zu überzeugen vermag, da sein Gesetz der Kunst ein eigenes Leben garantiert, das sehr viel ausgeglichener ist als das unsrige. . . .

Wenn Weber zum Beispiel seine Landschaften in lebendige Wesen verwandelt, man könnte sogar sagen: jeweils nach Charakter individualisiert, und wenn er seine Personen, auch die übernatürlichen, in Allegorien der Unschuld und Bosheit umwandelt, mit Baum und Blume verwandt, so vermag dies nur sein Genie zu tun, ein Genie, das sie formt, bis sie ineinander verwoben sind. Bewundern Sie daran nicht auch das zauberhafte Mirakel? Sicherlich war bei *Oberon* die Grundlage für die Musik in der Geschichte selbst schon angelegt. Und dennoch, damit das Wunder geschehen konnte, mußte eine besondere Magie her, der betörende Zauber Ariels, der »schneller als der Gedanke« ist, oder Pucks, der sich ebenfalls plötzlich auf den Boden herablassen und sich mit nur einem Flügelschlag wieder in die Lüfte heben kann.

Aber nehmen wir den *Freischütz*: Mit Sicherheit liegen zwischen diesem Wald, der vor allerlei Schrecken und recht trüben und kindischen Freuden aus der germanischen Sage geradezu bebt, und jenem in den Ardennen gelegenen Wald, der so eindeutig erfunden und fiktiv ist und wo es vor Ideen aus *Wie es Euch gefällt* nur so sprüht und funkelt, unüberwindbare Entfernungen. Ist es deshalb nicht um so verwunderlicher, daß die realistische und natürliche Szene dieses deutschesten aller Melodramen, von Webers Zauberstab berührt, sogleich in Anmut und Frische erblüht? Ein Mysterium, ebenbürtig sogar der Shakespearschen Vorstellungskraft? Jeder, der malerische Szenerien entwirft, hätte es für klüger und geschickter befunden, die schon vorhandene Umgebung einfach nachzuahmen. Doch anders der Dichter Weber: Er schuf die Umgebung neu und kreierte seine Personen neu (wie zum Beispiel den Max oder die Agatha, sehr menschlich, aus Fleisch und von seinem Blut, aber flüchtig wiedergegeben durch seinen Traum), indem er sich die uneingeschränkte Freiheit nimmt – das Privileg der Meister der Transponierung.

Um die Qualität, die ich hier meine, richtig verstehen zu können, muß man sich die Passagen bei Wagner (aus der ersten und auch aus der zweiten Schaffensperiode) ins Gedächtnis zurückrufen, wenn dieser andere, Klingsorianische Zauberer (ein Klingsor, bei dem die Verdauung dem Appetit in nichts nachsteht) sich seine Anregungen von unserem unauffälligen Magier holt: Sofort verliert sie ihre anmutige Gelöstheit, ihre unschuldige Frische, und das Mysteriöse geht in der ständigen Emphase unter. Über die Maßen reich verziert zur Erhöhung der Attraktivität, nehmen ihre ehemals hauchzarten, nostalgischen Gesten den Ausdruck leidenschaftlichster Sehnsucht an; man ist schmerzlich berührt, wenn man sie so verdreht unter reich verzierten Schabracken wiederfinden muß, ohne dabei schon in Rechnung gestellt zu haben, daß man sie nur schlecht gegenüber den Launen der Mode verteidigt. Man muß bis *Parsifal* gehen – bis zur vollendeten »Verzauberung«, die sich in ihrem Wesen nur sich selbst verdankt –, um unter viel Unvergleichlichem die Einfachheit der Harmonie und vor allem die Reinheit des Klanges wiederzufinden, mit welchen wir in unseren Träumen die ewige Jugend von *Oberon* oder *Freischütz* verbinden und die sich im Gegensatz zu der verschlissenen, allzu gewöhnlichen Wagnerianischen Ausdrucksweise befindet.

Mal angenommen, ein Mars-Bewohner würde uns heute Abend einen musikalischen Besuch abstatten – nach dem Fall der Sterne, wie Sie wissen. Gern überlasse ich Ihnen die umstrittenen Themen: Klangtheorie, Tonleitern, Akkorde, Form – diesen ganzen Bereich. Aber wir dürfen das Wort »Timbre«, das mir gerade entfallen war, nicht völlig außer Acht lassen. Die Verantwortung für das Kapitel »Orchester« würde ich übernehmen, und ich hätte wenig Sorgen damit: Weber würde alles allein beschicken. Von ein oder zwei Nachträgen einmal abgesehen, ist sein Werk das beste, was es an instrumentalen Abhandlungen gibt. Was ist eine Klarinette? Ich kann mir nichts besseres denken, als den unwissenden Marsmenschen auf Agatha aufmerksam zu machen, damit er das Wesen der Jungfäulichkeit verstehen lernt – nicht durch das junge Mädchen selbst, sondern durch das Instrument, das in dem Konzertstück eines seiner schönsten Geheimnisse offenbart, nämlich sein tiefes Register. Und eine Flöte? Da sollte mir die Wahl schwer fallen, aber es gibt ein Duo, in dem der Marsbewohner eine ihrer neuesten Ausdrucksweisen – ungeachtet der Zeitströmung – kennenlernen könnte, und zwar in den Terzen, die das »Gießen der Kugeln« untermalen, oder in den mindestens ebenso schwermütigen, aber in der Schattierung davon abgehobenen Terzen aus dem bewundernswerten Air der besagten Agatha im zweiten Akt des *Freischütz*. Im gleichen Akt, in der »Jagdszene«, könnte er feststellen, daß die Piccoloflöten nichts von ihrer Wildheit eingebüßt haben. Zusätzlich könnte er sich ein Quartett aus vier Hörnern anhören, das den Inbegriff von Wildheit ausdrückt, und im Vergleich dazu das aus der Ouvertüre, das unübertroffen bleibt, was den Ausdruck an ländlichem Charme und an Lieblichkeit, einem Vögelchen gleich, anbetrifft. Um unser modernes Blech vorzustellen, erscheint mir spontan das Lied zum Sonnenaufgang für Trompete im *Oberon* am geeignetsten zu sein, aber auch jene atemlosen Rufe der Posaunen in der Ouvertüre zum *Freischütz*. Nun, hat der Marsbewohner noch nicht genug von den Blasinstrumenten, wir müßten jede Hoffnung, früh ins Bett zu kommen, aufgeben ...

Wer hat den Gebrauch der Streicher besser verstanden als Weber? Sie geschickter miteinander verbunden und kontrastiert, die ausdrucksvollsten unter ihnen ausgewählt, eine E-Saite mit einer Kantilene betraut, den Bogen höchst effektiv eingesetzt, durch Variierung von Behandlung und Stil des Tremolos? Glanz und Zartheit wohnen seiner Musik inne, und ich bin überzeugt davon, er beherrscht die Kunst des Dämpfens wie kein zweiter – d.h. vor allem den Einsatz dämpfender Mittel: Man denke daran, wie er im Vorspiel von *Oberon* die Geigen zügelt, um der Antwort der Bratschen und Violoncelli mehr Leuchtkraft zu verleihen; man denke an den ätherischen Klang von mehreren Geigen in dem bereits erwähnten Air von Agatha und an das Oktett von *Euryanthe*, dessen Klangfarbe bei der Erscheinung des Geistes ins Rätselhaft-Dunkle übergeht ...

Es genügt nicht, wenn man sagt, daß er die Möglichkeiten der Instrumente in ganz ungewöhnlichem Maße gekannt hat; man muß dies anders formulieren: Er hat von jedem Instrument die Seele erforscht und versteht es nun, sie ihm sanft zu entlocken. Ehrerbietig ihm und seinem Können gegenüber, geben sie willig mehr von sich, als er zu verlangen scheint. Auch die gewagtesten Kombinationen seines Orchesters, wo er äußerst besonnen symphonisches Wesen entfaltet, entbehren nicht der Klangfarbe, die in ihrer ursprünglichen Qualität erhalten bleibt: so als würden Farbschichten übereinander gelegt, ohne sich miteinander zu vermischen, und deren Reaktionen miteinander unterstreichen eher die Individualität, als daß sie sie zerstören. Die Vorliebe für Voluminöses ist fatal, wenn sie nicht durch die Abneigung gegen neutralen Klang korrigiert wird. Weber weiß sehr gut, daß er zum Ungeheuer werden kann, wenn er seine Kräfte zusammenballt. Aber er hat als Kolorist einen zu stark ausgeprägten Sinn für Werte und als Musiker zu viel Geschmack, als daß Quantität ihm mehr bedeuten könnte als Qualität. Ein letztes Beispiel noch, nicht von der ersten, sondern von der zweiten Sorte, ein recht unbedeutendes, aber höchst ergötzliches Beispiel, und dann Ihnen eine gute Nacht (der Marsbewohner ist schon verschwunden): Man möge die ersten vier oder fünf einleitenden Takte zu Maxens Air in G-Dur, das dem Walzer im *Freischütz* folgt, noch einmal lesen und dabei aufmerksam auf das Hämmern der Klarinette lauschen, das sich in das zerbrechliche Klanggebäude einschleicht, dessen Dach vom Klang der Flöten getragen wird und dessen Fundament die Oboenklänge bilden. Dann wollen Sie mir bitte sagen, wie Sie darüber denken – aber nicht am Abend einer Generalprobe!«

Als ich im Begriff war, den Komponisten von *Pelléas* zu verlassen, fiel mir seine kürzliche Begegnung mit einer Dame ein, die glaubte, sie könne bei ihm Eindruck machen, wenn sie die Geschichte der Musik auf Namen reduzierte, die bei den Versnobten gerade hoch im Kurs standen: »Palestrina, Schumann, Mussorgsky ... Sehen Sie sonst noch jemanden?« Worauf er ihr so ernst wie möglich antwortete: »Ich will darüber nachdenken.« An diesen komischen Vorfall mußte ich nun plötzlich denken, und ich sagte: »Nun, Sie haben Ihr Wort gehalten und darüber nachgedacht.« »Oh, so kurz ... Gut, wie kurz auch immer, Weber wollen wir hinzufügen.« – »Und Debussy?« – »Den haben wir jetzt glücklicherweise vergessen, und dabei soll es auch bleiben. Übrigens ist er müde und schläft gleich ein. Wollen hoffen, daß die Nacht einen guten Ratschlag für ihn parat hat.«

Weber and Debussy, »The Chesterian«, Juni 1926, S. 220–226

Maggie Teyte
(1888–1976)

Die Sängerin Maggie Teyte wurde in Wolverhampton geboren und studierte bei Jean de Reszke in Paris. 1908 übernahm sie von Mary Garden die Rolle der Mélisande.

Mein erstes Treffen mit Debussy fand kurz nach meinem Debüt an der Opéra-Comique statt. Man hatte mir eines Tages gesagt, ich möge mich bei ihm zu Hause vorstellen, und so ich ging in die Avenue de Bois de Boulogne 80, heute Avenue Foch. Er wohnte am Ende einer Sackgasse in einem hübschen kleinen Haus, das an die »Ceinture«, die lokale Eisenbahnlinie, die ganz um Paris herumführte, grenzte. Ich erinnere mich daran, wie ich einmal von einem jungen Franzosen nach Debussys Wohnsitz gefragt wurde, und als ich sagte, er wohne direkt an der Ceinture, meinte er, das sei zweifellos der Grund, weshalb Debussy so schreckliche Musik schriebe! Ich kann mich allerdings nicht daran erinnern, daß mich die Züge, die unter den Fenstern des Komponisten vorbeifuhren, jemals gestört haben, aber das vielleicht auch nur, weil mich seine Musik viel zu sehr fesselte.

Wie gut kann ich mich noch an diesen ersten Besuch bei ihm erinnern! Fasziniert war ich von einer Sammlung chinesischer Porzellankatzen, die den Kaminsims zierte – Katzen in allen Größen und Farben. Ich hatte genügend Zeit, sie mir genauer anzuschauen, denn es dauerte eine Weile, bis Debussy erschien. Man kann nach so vielen Jahren schlecht schätzen, wieviel Zeit wirklich vergangen war, aber ich muß wohl so zehn bis zwanzig Minuten gewartet haben. Als der Komponist endlich hereinkam, ging er quer durch das Zimmer geradewegs zum Klavier und nahm dort Platz, ohne mich dabei auch nur anzusehen. Dann erst wandte er sich mir zu und sah mich an. Ich weiß nicht, was er sich gedacht hatte – wenn er eine hundertfünfzig Pfund schwere Primadonna erwartet hatte, muß ich ihn sehr enttäuscht haben, denn ich war in der Tat so klein und dünn, daß er sich wahrscheinlich fragen mußte, ob ich denn überhaupt singen könnte. Nach einer Pause begann folgendes Gespräch:

»Sie sind also Mademoiselle Teyte?«

»Ja, Monsieur.«

Debussy schaute wieder ein paar Sekunden lang aufs Klavier und musterte mich dann erneut. Er schien verwirrt.

»Sie sind Mademoiselle Maggie Teyte?« Er sprach Maggie mit weichem »g« aus, als handelte es sich um den Namen für diese italienischen Suppenwürfel.

»Ja, Monsieur.«

Maggie Teyte

Es folgte völliges Schweigen, das viele, viele Sekunden lang andauerte. Er traute offensichtlich seinen Ohren nicht, denn schließlich schaute er mich aus seinen schwarzen Augen durchdringend an und fragte ziemlich grimmig zum drittenmal: »Sie sind wirklich Mademoiselle Maggie Teyte von der Opéra-Comique?«

»Ja, Monsieur!«

Später hörte ich, daß er, als er meine Nationalität erfuhr, ausgerufen haben soll: »Was, schon wieder eine Schottin?« Dies mag auch seine anschließende Bemerkung erklären, die da lautete: »Ich werde die Mélisande bekommen, so wie ich sie haben will!«

Da ich ja mit der Absicht zu ihm gekommen war, bei ihm die Rolle einzustudieren, hatte ich natürlich nichts dagegen einzuwenden. So wie mir Jean de Reszke und Reynaldo Hahn Mozart beigebracht haben, lernte ich nun die pedantische und genaue Methode kennen, wie man sich am besten die Ausdrucksweise dieser neuen chromatischen Musik aneignet. Tatsächlich beherrschte nur Debussy dieses Idiom – andere Komponisten derselben Richtung haben ihr Bestes versucht, um verschiedene Muster in sein Farbschema zu weben, aber sie alle haben sich in seinem Netz verfangen und sind verschlungen worden – und vergessen!

Ich habe Debussy nie andere Musik als seine eigene spielen hören – und wie wundervoll er sie spielen konnte! Im allgemeinen sagt man von Komponisten, sie seien nicht in der Lage, ihre eigenen Werke zu interpretieren – ich glaube, daß dies in den meisten Fällen auch wirklich zutrifft. Debussys Begabungen als Pianist wie als Dirigent ließen ihn jedoch nie im Stich, wenn es darum ging, das Wesentliche seiner eigenen Musik auf den Punkt zu bringen und auszudrücken – mal pedantisch, mal poetisch und wild, was jeder, der die Partitur von *Pelléas et Mélisande* zu lesen versteht, entdecken kann.

Neun Monate lang studierte ich die Rolle der Mélisande mit dem Komponisten ein. Debussy war kein Mann, der viel Worte machte, und Gottseidank fand er nicht viel an meiner Interpretation auszusetzen. Dies habe ich möglicherweise meiner Ausbildung zu verdanken, in der ich mich hauptsächlich mit der Musik Mozarts beschäftigt habe, denn der Musik Debussys habe ich mich stets genähert, als sei er ein moderner Mozart.

Debussy war zurückhaltend – oft schweigsam – und doch stand er wohl, seinen Biographen zufolge, im Zentrum einer lebhaften Gruppe von Musikern und Künstlern. Dies hat mich immer wieder überrascht, denn während der neun Monate Probenzeit von *Pelléas et Mélisande* und auch später, wenn wir bei der Vorbereitung von einer Reihe von Konzerten zusammengearbeitet haben, sprach er immer nur sehr wenig.

Nur ein- oder zweimal, so kann ich mich erinnern, hat er während der Einstudierung mit mir sein gewöhnliches Schweigen unterbrochen – das eine Mal war morgens nach der Probe, als wir in Debussys Wohnzimmer versammelt saßen, und André Caplet sich zu uns gesellte. Der Maestro gab plötzlich eine Rede über Wagner und Mozart zum besten: was diese beiden doch für unnötige Mengen von Papier vergeudet hätten! Im allgemeinen würde man eine solche Bemerkung für leeres Geschwätz halten, doch aus dem Munde Debussys läß sie aufhorchen, und man muß sich fragen, was sich hinter seinen Worten eigentlich verbirgt, denn natürlich war sie nicht wörtlich zu nehmen. Aber es sollte noch einige Jahre dauern, bis Debussy mir eine Vorstellung davon vermittelte, wie er sich selbst im Verhältnis zu anderen Komponisten sah.

Ich fragte ihn, was er als nächstes zu komponieren beabsichtigte, und schon die erste Antwort fand ich erstaunlich: »Ich werde nicht mehr so weitermachen wie bisher.«

Ich vermutete den Grund darin, daß man seinen Musikstil zu wenig schätzte, aber er versicherte mir, gerade das Gegenteil sei der Fall. Gerade die »cognoscenti« wüßten seine Musik zu schätzen, und die anderen interessierten ihn herzlich wenig. In zehn Jahren, so prophezeite er, sei das allgemeine Verständnis in der breiten Öffentlichkeit so weit gediehen, daß seine Musik von jedermann gesungen und gespielt werde. Er sollte damit recht behalten, nur hat er selbst das nicht mehr erleben können. Doch wenn es nicht an der mangelnden Wertschätzung liege, was sei dann der Grund, fragte ich ihn?

Debussy erklärte mir, daß er einfach die Grenzen seines Idioms erreicht hätte. Er habe Angst davor, sich zu wiederholen. Sein Idiom sei nicht ein System, das er bewußt und wohlüberlegt entwickelt habe – es habe sich ihm von selbst aufgedrängt, und als er dessen Grenze erreicht hatte, sah er sich gezwungen, sich nach etwas Neuem, Anderem umzusehen. Er erklärte, daß er sich bis jetzt noch nicht wiederholt habe, aber dadurch, daß sein Stil Nachahmer gefunden hätte, sei ihm vieles an seinem Werk geistlos und monoton vorgekommen. Er war der Meinung, daß das Plagiat durch andere Komponisten ihm geschadet und den anderen wenig genützt habe, und er lehnte jegliche Verantwortung für den sogenannten Debussyismus der modernen Komponisten ab. Ich schloß daraus, daß die Originalität der modernen Musikschule keinen Eindruck auf ihn mache.

»Nein«, sagte er, »keinen tiefen. In Frankreich ist sie zum größten Teil oberflächlich. In Italien fühlt man sich nach wie vor stark den Traditionen verpflichtet. Und in Deutschland findet man nicht einen Komponisten, dem man wahrhaft schöpferisches Talent zugestehen möchte.«

»Und was ist mit Richard Strauss?« wandte ich einigermaßen erstaunt ein.

»Er ist ein wunderbarer Techniker, nichts weiter. Er hat es vorgezogen, sich auf die Orchestrierung zu konzentrieren, und wollte lieber Musikgelehrter werden als ein musikalischer Neuerer.«

»Und gibt es keinen anderen?« fragte ich versuchsweise.

»Es gibt keinen anderen«, antwortete Debussy kurz. »Der Rest ist es nicht wert, auch nur erwähnt zu werden.«

Ich nutzte die Gelegenheit, das Gespräch auf Wagner zu lenken.

»Wagner war ein großartiges literarisches und dramatisches Genie«, antwortete Debussy, »aber kein Musiker.«

Star on the Door, London 1958, S. 64–69

Henry Malherbe
(1887–1958)

Der Schriftsteller Henry Malherbe gewann 1917 den Prix Goncourt. Er arbeitete in der Verwaltung der Opéra-Comique und war von 1946 bis 1948 deren Direktor.

Einige Monate vor Kriegsausbruch, als Debussy zu den Vorstellungen von *Pelléas et Mélisande* kam, blieb er jeweils nur ein oder zwei Szenen lang im Zuschauerraum. Dann rannte er die Gänge hinunter bis in mein Büro, ohne mit irgend jemandem ein Wort zu wechseln, und setzte sich vor mich, um fieberhaft Notizen zu machen. Jedesmal nahm er Änderungen an seiner Orchesterpartitur vor. Danach unterhielten wir uns lange, bis zum Ende der Vorstellung.

Die szenische Umsetzung von *Pelléas* in der Salle Favart hatte Debussy ganz und gar mißfallen. Er träumte von anderen Dekorationen, von einer neuen Interpretation.

Durch einen außergewöhnlichen Zufall war ein wirklicher Künstler zum Direktor des Stadttheaters von Rouen ernannt worden. Er hieß Masselon. Er hatte rotes Haar, helle, schmale Augen, eine lange Genießernase und war ganz die Erscheinung eines durchtriebenen Bauern aus der Normandie. Aber er besaß eine Seele von seltener Feinheit und Großzügigkeit.

Der kühne Masselon hatte den Plan, *Pelléas* in Rouen wiederaufzuführen, und wollte dabei allen Wünschen Debussys entsprechen. Ich hatte ein wenig Hemmungen, dem aristokratischsten unserer Künstler meinen rustikalen Impresario vorzustellen. Nun gut! Der – im allgemeinen so distanzierte – Debussy und der ländliche Direktor des Théâtre des Arts verstanden sich bestens. Wir trafen uns oft, um die Aufführung vorzubereiten. Debussy hatte den von einem jungen Maler angefertigten Bühnenmodellen zugestimmt, und es war ausgemacht, daß wir nach Rouen reisen würden, er, um das Orchester zu dirigieren, ich, um Regie zu führen. Kurz darauf brach der Krieg aus.

Deux maîtres que j'ai connus, »Candide«, 717, 9. Dezember 1937, S. 19 *

IV
Der Freund

Emile Vuillermoz
(siehe Seite 64)

Debussys hochmütig zur Schau gestellte Misanthropie war im Grunde eine Art Schutzwall gegen Langweiler und Dummköpfe, hinter den er sich in grimmiger Ironie zurückzog. Ein dreifacher, mit Widerhaken versehener Ring, bestehend aus abschreckenden Widersprüchen, beißender Persiflage und scharfem Spott, hielt unerwünschte Eindringlinge fern. So bekamen diese nie die Gelegenheit, sich Gewißheit darüber zu verschaffen, ob die Stacheln, mit denen seine nervöse Sensibilität bewehrt war, einer entschlossenen Zurückhaltung oder dem »heiligen Egoismus des Genies« zuzuschreiben waren. So blieb seinen Bewunderern nichts anderes übrig, als ihn aus der Ferne zu verehren, ohne zu wagen, ihm ihre Freude, die er ihnen bereitete, mitzuteilen oder ihm dafür zu danken. Man war sich dessen bewußt, daß jeder Ausdruck der Bewunderung lächerlich erscheinen mußte – so als wolle man spanischem Flieder überschwenglichen dafür danken, daß er im Frühjahr blüht. Und man wußte mit ziemlicher Sicherheit, daß Debussy mit jenem ihm eigenen sanften Spott in der Stimme, der jedem Wort einen ruhigen, aber nicht zu überhörenden ironischen Unterton zu verleihen wußte, antworten würde: »Ich habe es, und das versichere ich Ihnen, nicht speziell nur für Sie gemacht!«

Claude Debussy, »Le Ménestrel«, 11.Juni 1920, S. 241f

Alfredo Casella
(1883–1947)

Alfredo Casella wurde in Turin geboren und besuchte ab 1896 das Conservatoire in Paris, wo er bei Louis Diémer Klavier und bei Fauré Komposition studierte. Später unterrichtete er selbst am Conservatoire Klavier; seine Laufbahn als Dirigent begann er 1912 bei den beliebten Konzerten im Trocadéro. 1915, kurz vor seiner Rückkehr nach Italien, übernahm er bei der Uraufführung von Ravels Klaviertrio den Klavierpart.

Der äußere Eindruck, den Debussy machte, widersprach völlig dem Bild vom gertenschlanken Ästheten mit seelenvoller Miene, das sich viele junge Frauen, die sich mit ungelenken Fingern an der ersten *Arabesque* und an dem Stück *Jardins sous la Pluie* versuchten, gern von ihm machten. Er war von mittlerer Körpergröße, stämmig und untersetzt. Der Kopf hatte eine seltsame Form: Die breite Stirn war stark gewölbt, während am Hinterkopf des riesigen Schädels etwas zu fehlen schien. Die Hautfarbe war blaßgelb; die Augen wirkten eher klein, als wollten sie in dem fleischigen Gesicht verschwinden. Die gerade, kurze Nase entsprach der klassisch-römischen Form. Fünfzig Jahre hatten in das dichte und pechschwarze Haupt- und Barthaar hier und da einen silbernen Faden gesponnen. Wie bei allen sensiblen Künstlern waren seine Hände wunderschön. Debussys Stimme war wenig einnehmend, weil rauh (noch verstärkt durch reichlichen Tabakgenuß), seine Sprechweise ungewöhnlich, nervös und sprunghaft. Er war gewissenhaft und sorgfältig bis ins Detail gekleidet. Er hatte einen merkwürdigen Gang, wie alle Männer, die eine Schwäche für weibisches Schuhwerk haben.

Er war ein wahrer Schlemmer. Als ich zu einem späteren Zeitpunkt im selben Stadtteil von Paris wohnte, habe ich den Komponisten von *Pelléas* an schönen Tagen gegen Mittag häufig in der Avenue Victor Hugo getroffen, wo er in Begleitung seiner Lieblingshunde vor Auslagen von Eßwaren stand und eifrig eine sorgfältige Auswahl von Obst und feinem Käse zusammenstellte, die er sich zum Lunch mit nach Hause nahm.

Es war äußerst schwierig, mit ihm bekannt zu werden. Im Theater oder in Konzerten sah man ihn selten. Er empfand Ekel, wenn er sich in der Öffentlichkeit zur Schau stellen mußte, und vermied dies. Er hatte nur wenige Freunde. Große Zuneigung empfand er für seine Frau und seine kleine Tochter; er liebte sie beide innig.

Er arbeitete hart. Er erzählte mir einmal, er bräuchte, um schöpferisch tätig sein zu können, ganz helles Licht. In sein kleines Studio in der Avenue du Bois fiel durch drei große Fenster das Sonnenlicht, das all die verschiedenen kostbaren und geschickt arrangierten Kunstobjekte – meist Asiatika – in dem schönen Raum wunderbar zur Geltung brachte.

Er gab keinen Unterricht und hatte keine Schüler. Er hegte eine tiefe Abneigung gegen das Dirigieren und besaß dafür eigentlich auch nicht die rechte Begabung. Einmal gestand er mir: »Wenn ich dirigieren muß, dann bin ich vorher, währenddessen und noch danach krank!« Er spielte bewundernswert Klavier. Worte reichen nicht aus, um einen Eindruck davon zu vermitteln, wie er einige seiner eigenen *Préludes* interpretierte. Nicht, daß er sich durch eine besondere Virtuosität auszeichnete, aber die Sensibilität seines Anschlags war unvergleichlich; man hatte den Eindruck, als spielte er direkt auf den Saiten des Instruments – ohne jeglichen Übertragungsmechanismus. Das Ergebnis war ein poetisches Wunder. Er benutzte auch das Pedal auf ganz eigenwillige Weise. Mit einem Wort: Er spielte wie kein zweiter zeitgenössischer Komponist oder Pianist.

Er war nicht nur ein einzigartiger Interpret seiner eigenen Werke; er verstand sich auch auf einige der älteren Werke; vor allem Mozart konnte er wunderbar spielen. Zu den schönsten und lebhaftesten Erinnerungen meines Künstlerlebens gehört jene Gelegenheit, da ich ihn einmal eine Reihe von Chopin-Stücken spielen hörte. Debussy besaß eine ganz besondere Vorliebe für diesen Komponisten und ein wunderbares Gespür für die Geheimnisse in dessen Musik. Hätte er es mir eines Tages nicht selbst erzahlt, ich hatte wohl bis heute nicht erfahren, daß er in seiner Jugend lange bei einer Chopin-Schülerin, deren Name mir entfallen ist [Madame Mauté], Klavierunterricht hatte, und er erklärte mir, wie sehr ihn dieser Unterricht in seiner musikalischen Entwicklung sowohl als Pianisten als auch als Komponisten geprägt habe.

Debussy, selbst so unvergleichlich beim Vortragen, beurteilte die Interpreten seiner Werke äußerst streng. Nur selten habe ich erlebt, daß er mit einer Aufführung richtig zufrieden war. Fast sämtliche groß gefeierten »virtuosi«, die so oft ziemlich unmusikalisch sind, haßte er. Andererseits zeigte er sich gewissen gebildeten und intelligenten Interpreten zugetan, die sich keiner großen Reputation erfreuten, die aber der Musik die gleiche von Interessen unabhängige, heilige Liebe entgegenbrachten wie er.

Debussy war vor allem in der Literatur und in der plastischen Kunst sehr bewandert. Mit der neueren Malerei konnte er allerdings nicht viel anfangen. Ebenso erging es ihm bei der Musik. Er besaß eine Aversion gegen die neuen anti-impressionistischen Tendenzen. So war er vernarrt in Strawinskys *Petruschka*, den *Sacre du Printemps* jedoch verabscheute er aus tiefstem Herzen. Als wir gemeinsam einmal Ravel seine *Valses nobles et sentimentales* spielen hörten, ließ Debussy eine überraschende Bemerkung fallen: »Aus dieser Musik könnte man wahrlich mehr machen!« Und ich erinnere mich daran, wie er mir, als ich ihm im Februar 1917 meine eigene Sonatine vorspielte, folgendes sagte: »Mein lieber Junge, ich mag Sie wirklich gern und ich wünsche Ihnen aufrichtig, daß Sie noch viele solche Stücke komponieren mögen, da das nun einmal Ihr Stil ist. Aber ich muß Ihnen gestehen, ich verstehe nicht, wie jemandem derartige Musik einfallen kann!«

Er war in seinem Wesen außerordentlich nervös, impulsiv, leicht zu beeindrucken und schnell gereizt. Seine seltsame Erscheinung, die nicht gerade anziehend klingende Stimme, eine gehörige Portion Unbeholfenheit und schließlich eine fast unglaubliche Schüchternheit, die er hinter einer Maske von Widersprüchlichkeit und oftmals sarkastischer und unfreundlicher Ironie verbarg – all dies hinterließ natürlich einen gewissen unangenehmen Eindruck, wenn man das erste Mal mit ihm zu tun hatte. Aber dann war er auch zu tiefer und aufrichtiger Freundschaft fähig, und seine Zuneigung zu einigen wenigen Menschen kannte keine Grenzen. Er war großzügig, und er fand Gefallen daran, den Bedürftigen zu helfen – nicht selten anonym und mit großem Taktgefühl.

Bis zum Ende blieb er das, was die Franzosen mit »grand enfant« (»großes Kind«) bezeichnen. Die gleiche wundervolle Unschuld und Reinheit des Gefühls, die das grundlegende Merkmal seiner Kunst ist, tut sich in Wort und Tat kund. Im Alter von fünfzig Jahren konnte er sich mehr als seine kleine Tochter Chouchou über die Spielsachen freuen, die ihre Mutter für sie mitgebracht hatte. Und er neckte die zum Haushalt gehörenden Tiere mit der grausamen Selbstsucht eines garstigen kleinen Jungen.

Er schätzte – und das zu Recht! – die englische Music Hall sehr viel mehr als die meisten anderen Theater und Konzerte. Er hatte eine Schwäche für das Meer (und wir alle wissen, wie sehr er es in seiner Musik glorifiziert hat). Berge dagegen machten überhaupt keinen Eindruck auf ihn. Als ich ihn einmal nach dem Grund für diese Abneigung fragte, antwortete er etwas albern: »Die sind mir viel zu hoch!« Er liebte Italien, ganz besonders Rom, und er hegte die Hoffnung, Italien noch einmal zu sehen, wenn der Krieg beendet war . . .

Claude Debussy, »The Monthly Musical Record«, Januar 1933, S. 1f

Paul Dukas
(siehe Seite 52)

Man hat gesagt, aber gottlob noch nie geschrieben, daß Debussy ohne Herz und egoistisch gewesen sei, daß er mit den Gefühlen anderer gespielt habe, und was weiß ich nicht noch alles! Er war der Abneigung und also auch der Zuneigung fähig; besonders in der letzten Zeit seines Lebens hat sich dies gezeigt. Die ihn gut gekannt, die ihn geliebt haben, werden die tragischen Briefe, die er ihnen in dieser Zeit geschrieben hat, nicht ohne Beklemmung wiederlesen können.

Im Zorn – der bei ihm selten war – funkelten seine Augen, und in der Freundschaft zeigte er eine unglaubliche Feinfühligkeit. Eine gewisse Eigenwilligkeit, die aus seiner Lektüre resultierte, gab seinem Benehmen manchmal etwas Konzentriertes und Nachdenkliches. Es war in Wahrheit der natürliche Ausdruck seines Geistes. Man mußte ihn in seiner Jugend kennengelernt haben, um ihn besser zu verstehen, um ihn wirklich zu lieben.

Seit Anbeginn seines Künstlerlebens war er stark in der damaligen literarischen Bewegung engagiert. Verlaine, Mallarmé, Laforgue brachten uns neue Töne und Laute bei. Sie warfen ein nie gesehenes Licht auf die Worte; sie benutzten Verfahren, die den Dichtern vor ihnen völlig unbekannt waren, sie statteten das Wortmaterial mit Effekten aus, deren Subtilität und Kraft vor ihnen niemand vermutet hätte. Vor allem aber schufen sie Poesie und Prosa wie Musiker, indem sie ihre Bilder nach klanglichen Gesichtspunkten kombinierten. Den größten Einfluß auf Debussy hatten die Literaten und nicht die Musiker!

Was verbindet seine Jugendwerk – *L'après-midi d'un faune* ist dafür das vollendetste Beispiel – mit den sehr viel eigenwilligeren Werken seiner späten Jahre? Sie scheinen mir nicht so sehr durch ihren Geist, als vielmehr durch die ihnen gemeinsame vertraute Ausdrucksweise miteinander verbunden zu sein. Er fühlte es wohl und wollte sich gegen Ende seines Lebens von der Beherrschung der Technik befreien. Im Laufe der letzten und so bewegenden Gespräche, die ich mit ihm führte, hat er oft das Bedürfnis geäußert, sich zu vereinfachen, seine Kunst zu läutern, reiner zu erschaffen und jeglichen Anschein professioneller Virtuosität aus ihr verschwinden zu lassen. Als wir eines Tages über *La chute de la maison Usher* sprachen, fragte ich ihn, ob die Form dieselbe sei wie die in *Pelléas*. »Oh nein«, antwortete er, »viel einfacher.« Und das Ziel, das er sich damit setzte, hätte er auch sicherlich erreicht.

Zitiert nach: Robert Brussel, *Claude Debussy et Paul Dukas*, »Revue Musicale«, 1. Mai 1926, S. 101, 105 *

Charles Koechlin
(1867–1950)

Charles Koechlin studierte am Conservatoire bei Massenet und Fauré. Er wurde später selbst Lehrer und Komponist. Seine Aufgeschlossenheit zog vor allem jüngere Komponisten an, darunter auch einige Mitglieder der Gruppe Les Six: Poulenc hatte bei ihm Kompositionsunterricht.

Die erste Erinnerung, die ich an Debussy habe, geht zurück auf eine längst vergangene Zeit, als ich nicht ohne Besorgnis die Sensibilität und Unabhängigkeit seiner Kompositionstechnik zuließ. Als ich mit ihm bei einem meiner Freunde zu Abend aß, hörte ich ihn harte Urteile über Grieg, der sich gerade auf der Höhe seines Erfolgs befand, und sogar über die ersten Takte der *Sonate pour violon et piano* von César Franck fällen. Von einer »etwas seichten Sentimentalität« sprach er, und wenn man es recht bedenkt, so geben bestimmte Takte des Stücks ihm vielleicht sogar recht.

Man hat behauptet, er sei träge oder zumindest wirklichkeitsfremd, und er komponiere viel zu selten. Das war sein gutes Recht, er bezahlte die Nachwelt mit königlicher Münze. Aber – soweit ich dies beurteilen kann – dieser Vorwurf, den Debussy nicht verdient hat, riecht nach der Ungerechtigkeit des Spießbürgers. Er enstammte einer Generation, die vor jeder Unfertigkeit und Hast zurückschreckte. Eine Melodie fertigzustellen kostete ihn sehr viel Zeit. Und im Pariser Leben – vor allem wenn man berühmt ist – hat man nie genügend Freizeit. Er, dessen Musik früher nur durch Subskriptionen veröffentlicht worden war, sagte mir einmal: »Durand ist furchtbar, er braucht immer und immer wieder Manuskripte.«

Debussy, Paris 1926, S. 20, 30 *

Wenn heute jemand sagt oder schreibt: »Debussy unterhielt gute Beziehungen zu Vincent d'Indy, ja, zu der ganzen Schola Cantorum«, dann sollten wir einmal die Fakten klarstellen.

Es kann kein Zweifel darüber bestehen, daß Debussy, nicht gerade jemand, der sich in großer Gesellschaft wohl fühlte, der aber seine Liebe zur Musik über alles andere setzte, vor allem die Atmosphäre der Schola-Cantorum-Konzerte und des Saals, wo sie gegeben wurden, gefallen hätte: eine Atmosphäre der Nachdenklichkeit, der Intimität und Ernsthaftigkeit, frei von Snobismus und sozialer Anmaßung, aber erfüllt von Begeisterung für die Kunst. Und wenn die Beziehungen zwischen d'Indy und Debussy von herzlicher Zuneigung geprägt waren, was nicht auszuschließen ist, um so besser. Beide haben sie bei der Société Nationale den guten Kampf für die Französische Musik gefochten, zusammen mit Chausson, Chabrier, Fauré und anderen . . .

Aber ob Debussy den Unterricht an der Schola gebilligt hat, womit ich natürlich den Unterricht in Komposition meine, ob ihm die Musik der Schüler, die nach den Grundsätzen von d'Indys *Traité* arbeiteten, und weiter, ob er die Musik d'Indys wirklich mochte, steht auf einem anderen Blatt. Ich will mich jetzt nicht mit der (zweitrangigen) Frage aufhalten, was Debussy von d'Indy als Komponist hielt. Ich erinnere mich jedenfalls deutlich daran, wie sich Debussy mir gegenüber einmal über eine Partitur von d'Indy in nicht eben lobender Weise äußerte – und es handelte sich dabei womöglich um dessen beste!

Worüber wir sprechen wollen, ist Debussys Ansicht über den Unterricht, der an der Schola praktiziert wurde, und dessen Ergebnisse. Claude-Achilles Musik besteht frei, ohne Theorien, ohne Dogmen, ohne Bedingungen a priori. Im Gegensatz dazu herrschte an der Schola von 1905 die Theorie, der totale Dogmatismus, eine Sicherheit, die garantiert wurde durch die in d'Indys *Traité de composition* aufgestellten Modulationsgesetze samt den darin enthaltenen Verzeichnissen von musikalischen Formen, den Analysen voll von maskulinen und femininen Themen, Brückenpassagen, Zellen, die geregelte Ordnung eines Funktionärs-Systems – mit einem Wort, all das, was Debussy haßte . . .

Er reagierte auf seine Art, in Artikeln und in Gesprächen. Wer machte sich lustig über den systematischen Gebrauch von Volksmelodien, die »vom herrischen Kontrapunkt in Schach gehalten werden«, weshalb sie »immer etwas betreten dreinschauten«? Wer maß die (unermeßliche) Langeweile »dieser ernsthaften, soliden Übungen, die aus Gewohnheit Symphonien genannt wurden«? (Es versteht sich von selbst, daß dies auf Beispiele studentischer Kompositionskunst an der Schola gemünzt war.) Und wer bezeichnete das Andante aus der von einem höchst bemerkenswerten Schüler d'Indys komponierten Symphonie als ein »Laboratorium der hohlen Phrasen«? Debussy, wer sonst. Und wir dürfen abschließend die Beobachtung hinzufügen, daß die Schola sich gern in Betrachtungen über die Verbindungen zwischen Architektur und Musik erging, während Debussy auf einer Trennung von beiden bestand. Als man ihn mit jenen kalten musikalischen Entwicklungen, die man »gut konstruiert« nennt (er belegte sie mit dem Begriff »Funktionärsarbeit«), konfrontierte, lautete sein Kommentar: »Das ist Architektur und keine Musik.«

Souvenirs sur Debussy, la Schola et la S.M.I., »Revue Musicale«, November 1934, S. 242ff

Debussy schätzte Satie sehr, und eines Abends, als ich zusammen mit Debussy zu Gast bei unserem gemeinsamen Freund Jean Bellon war, konnte ich miterleben, wie der Komponist von *La damoiselle élue* (das er uns an dem Abend vorspielte) im Streit mit Willy [dem Kritiker und ersten Ehemann von Colette] Partei für Satie ergriff.

Sie haben die gewisse Instabilität im Leben dieses großen Künstlers sehr deutlich gemacht; aber Sie tun recht daran, im Ganzen gesehen, gewissermaßen »auf seiner Seite« zu stehen und die absolute Redlichkeit seiner Kunst zu betonen, die einzig und allein Schönheit anzustreben bemüht war, ohne jeden Gedanken an Streberei. Was die Ehe mit Madame Bardac betrifft, so bin ich sicher, daß Debussy sich sowohl zu der Frau als auch zu der Künstlerin, die ihm eine so große Bewunderung entgegenbrachte, hingezogen fühlte. Die Leute haben alles mögliche über Debussy gesagt – und ich glaube, das meiste davon ist schlicht falsch. Nichtsdestoweniger besaß er sicherlich nicht das gleiche hohe moralische Niveau wie zum Beispiel Dukas oder Roussel. Aber das lag vielleicht auch an der Erziehung, die er genossen hatte. Auf jeden Fall lagen ihm Neidgefühle fern, und mir gegenüber hat er sich stets sehr freundlich verhalten.

Undatierte Briefe an Rollo H. Myers, in: Rollo H. Myers, *Charles Koechlin – some recollections*, »Music and Letters«, Juli 1965, S. 222ff

Ich traf Debussy manchmal bei dem Verleger Baudoux. Er zeigte sich gern sarkastisch und ohne Nachsicht. Aber er war nicht so »exklusiv«, wie man sagt, einzig und allein verliebt in seine eigenen Kompositionen. »Niemand kann heute noch Musik schreiben, ich nicht mehr als die anderen«, versicherte er.

Ich hatte ihn in den Gängen der Opéra-Comique getroffen, aber wie sollte ich ihm in zwei Worten das Gefühl mitteilen, das sein Meisterwerk *Pelléas* in mir weckte? Ich konnte nur einige banale Worte stammeln. Wir sahen uns von Zeit zu Zeit wieder, und Debussy verstand nach und nach, daß ich entschieden »für ihn« war. Dann, als in den Concerts Colonne drei meiner *Etudes antiques* gegeben wurden, kam er während der Proben und hörte mit wohlwollender Sympathie zu. Er sah in mir nicht einen Nachahmer seiner Musik (was er verabscheute), sondern einen Künstler »vom selben Blut«, wie es im *Dschungelbuch* heißt. Und als ich mich über das zu starke Spiel der Schlaginstrumente beschwerte, sagte er mir: »Aber ja, sehen sie! Unsere europäische Schlaginstrumentation ist eine barbarische Kunst.«

Kurze Zeit später, im Jahre 1913, als er einen Kollegen für die Orchestrierung seines Balletts *Khamma* suchte, ließ er mir diese Ehre zuteil werden. Ich hatte also oft Gelegenheit, ihn zu besuchen. Ich ging jede Woche zu ihm in das kleine charmante Haus, das er in der Avenue du Bois bewohnte, um ihm meine Orchesterentwürfe zu zeigen. Wir machten keinerlei Konversation, sondern besprachen nur meine Orchestrierung, mit der er sehr zufrieden war, nicht ohne mich jedoch zu warnen, daß die Ausführung vielleicht recht schwierig würde (seit jener Zeit haben die Orchester solche Fortschritte gemacht, daß die Opéra-Comique im Frühling 1947 hervorragende Aufführungen zustande bekam). Er erklärte mir all das sonderbar Neue an Strawinskys *Le Sacre du Printemps*, aus dem er Passagen von nie dagewesener Bitonalität kannte. – Aber er hielt viel auf den musikalischen Instinkt, die kreative Intuition, und er hielt nur wenig von dem, was hart erarbeitet ist. »In Rom«, sagte er, »als wir X darauf hinwiesen, daß eine bestimmte Stelle uns nicht zufriedenstellte, antwortete er immer gleich: ‹Das ist beabsichtigt.›« Und, seinen sarkastischen Ton aufnehmend: »Beabsichtigt . . ., beabsichtigt – das reicht nicht!« Er wußte selbst, daß er impulsiv war und schnell ungeduldig wurde. »Sie unterrichten also ihren Sohn selbst? (Ich lehrte ihn Latein und Mathematik). Ich könnte das nicht – ich hätte nicht die nötige Geduld.«

Souvenirs sur Debussy, »Cahiers Debussy«, Sondernummer 7, 1983, S. 4ff *

Erik Satie
(1866–1925)

Erik Satie studierte in den frühen achtziger Jahren am Conservatoire, ohne besondere Auszeichnungen zu erhalten. Er lernte Debussy zu Beginn der neunziger Jahre kennen, und von da an sahen die beiden sich regelmäßig bis kurz vor Debussys Tod. Im Alter von fast vierzig Jahren ging Satie nach Italien, um an der Schola Cantorum bei d'Indy und Roussel zu studieren. Ravels Fürsprache brachte ihm 1911 einige Anerkennung ein, und 1917 bewies er mit seiner Ballettmusik *Parade,* daß er mehr als nur ein Exzentriker war.

Den Prix de Rome zu erhalten bedeutet viel. Als Empfehlung ist er ideal. Sie sind vor ihm gewarnt, und Sie wissen, worauf Sie sich da einlassen, denn der Wert des Prix de Rome ist ideell, sein materieller Wert übersteigt nicht den von Kost und Logis. Wer sich darauf einläßt, hat nichts zu melden.

Wenn ich daran denke, daß Debussy dieser Leute »lieber Kollege« war! Man konnte mit ihm oft in Erinnerungen an den Faubourg Poissonnière (das Conservatoire) schwelgen (auch wenn ich gestehen muß, daß diese Erinnerungen durch reine Ansteckung in seinem Gedächtnis auftauchten). So zeigte er die Schwäche, sich als Mitglied des Conseil Supérieur des Conservatoire benennen zu lassen. Er wurde somit wirklich Opfer seiner ehemaligen Ausbildung, auch wenn er mit der größten Energie deren schlechte Seiten zu korrigieren suchte.

Debussy war weit davon entfernt, politisch und sozial denselben Geschmack zu haben wie musikalisch. Dieser Revolutionär der Kunst war im täglichen Leben sehr bürgerlich. Er hielt weder etwas von einem »Achtstundentag« noch von anderen sozialen Veränderungen. Die Anhebung der Gehälter war ihm – außer für sich selbst – nicht sehr recht. Er hatte seinen »Standpunkt«. Sonderbarer Widerspruch.

Zu meinen schönsten Erinnerungen als »Gast« zählen die netten Mittagessen, die ich mehrere Jahre lang bei meinem alten Freund Debussy einnahm, als er noch in der Rue Cardinet

Erik Satie

wohnte. Diese reizenden Mahlzeiten sind mir noch lebhaft im Gedächtnis.

Eier und Hammelkoteletts waren Gegenstand dieser freundschaftlichen Zusammenkünfte. Aber was für Eier und was für Hammelkoteletts! Ich lecke mir noch heute – innerlich, wie Sie sich denken können – die Finger danach. Debussy, der diese Eier, diese Koteletts selbst zubereitete, hielt das Rezept geheim (absolut geheim). Das Ganze wurde mit einem köstlichen weißen Bordeaux begossen, dessen anrührende Wirkung sich positiv auf die Freuden der Freundschaft auswirkte und uns glücklich machte, weit entfernt zu leben von »Falschem Hasen« und »Armen Rittern« – diesen Strafen der Menschheit – und anderen Armeleuteessen.

Äußerlich kam Debussy sehr nach seiner Mutter. Zahlreiche Photographien haben sein Bild bekanntgemacht. Von Geburt an mit einer stabilen Gesundheit ausgestattet, wurde er erst einige Jahre vor seinem Tod von der Krankheit befallen, die ihn uns entreißen sollte.

Sein Charakter war im Grunde charmant, und seine Ausbrüche von schlechter Laune waren ausschließlich »explosiv« und führten im folgenden nie zur kleinsten Verstimmung. Er wollte einem mit seiner aufbrausenden Lebhaftigkeit nichts böses – im ganzen ein Zeichen von naivem Egoismus, der, das versichere ich Ihnen, nicht ohne Reiz war.

Schon als ich ihn das erste Mal sah, fühlte ich mich angezogen und wollte immer in seiner Nähe leben. Ich hatte dreißig Jahre lang das Glück, diesen Wunsch verwirklichen zu können. Wir verstanden uns ohne viele Worte, ohne komplizierte Erklärungen – seit jeher, so schien es.

Ecrits (Hg. Ornella Volta), Paris 1977, S. 36f, 50f, 67f *

Cyril Scott
(1879–1970)

Cyril Scott erhielt seine musikalische Ausbildung vorwiegend in Deutschland, und seine Musik erfreute sich dort wie in England während der ersten Jahrzehnte dieses Jahrhunderts großer Beliebtheit. Er verfaßte außerdem Artikel zu den unterschiedlichsten Themen, u.a. über Okkultismus und Ernährungsfragen.

Debussy lernte ich im Haus von Madame Bardac, der blassen, blonden Frau, die er schließlich geheiratet hat, kennen. Damals war er noch mit dem dunkelhaarigen und schönen Mädchen verheiratet, dessen tragischer Tod nach der Trennung von Debussy die Musikwelt von ganz Paris in große Aufregung und Empörung versetzen sollte. Die Geschichte hat in der Tat einen unguten Beigeschmack und zeigt den französischen Komponisten im ungünstigen Licht, obwohl es mildernde Umstände gegeben haben mag, die aber in der Gerüchteküche sorgfältig verschwiegen wurden.

Madame Bardac hatte unser Treffen für den Nachmittag, nicht für den Abend arrangiert. Der Grund dafür, so erklärte sie mir, war, daß Debussy es liebte, mit einem Hut zu kommen, der fast einem Sonnenschirm glich: wirklich, ein merkwürdiger Grund, da man in der Regel Hüte nicht im Hause trägt. Aber vor zwanzig Jahren wurde in Paris in bezug auf Hüte einer exzentrischen Mode gefrönt, die die Träger von Zylinderhüten dazu verpflichtete, sie nicht in der Halle abzulegen, sondern mit in den Salon zu nehmen. Wie diese unlogische Sitte bei Tischgesellschaften gehandhabt wurde, habe ich vergessen: hatten wir etwa während der Begrüßung unserer Gastgeberin unsere Zylinder noch dabei und übergaben sie dann dem Butler zur Verwahrung, oder legten wir sie neben uns auf den Boden, wenn wir uns niedersetzten, wo sie dann während des Essens von einer Hausangestellten eingesammelt wurden? Wie auch immer, jemand, der seine Aufwartung mit Melone oder Schlapphut machte, wie einst mein Freund Ernesto Consolo, konnte in eine mißliche Situation geraten; denn er wurde über die Hintertreppe hereingebeten und hatte einige Schwierigkeiten, zu erklären, daß er nicht ein Lakai auf Botengang sei!

Debussy, mit seinem Christus-Gesicht, das durch eine Stirn entstellt war, die zu einem Wasserkopf hätte gehören können, besaß weder eine unangenehme, noch eine besonders beeindruckende Persönlichkeit. Für einen Franzosen sprach er ungewöhnlich wenig und ruhig – jedenfalls in Gegenwart von Fremden. So äußerte er sich damals kaum über meine Arbeiten, die ich ihm auf die Bitte von Madame Bardac hin vorspielte, und erst in späterer Zeit, als ich ihn in seinem Haus im Bois de Boulogne besuchte, erfuhr ich seine wahre Meinung.

Ich finde es sehr schwierig, eine Beschreibung von Debussys Charakter zu geben. Deshalb kann ich nur sehr kurz meinen Eindruck von ihm schildern und nichts weiter. Ich denke, er gehörte zu den wenigen Franzosen, die die französische Höflichkeit der Aufrichtigkeit opferten: Zu denjenigen, die er bewunderte und leiden konnte, war er charmant; wen er nicht mochte oder bewundern konnte, behandelte er schroff. Einmal fragte er mich ziemlich naiv, ob ich mit den Komponisten meiner Heimat verkehre, und fügte, ohne eine Antwort abzuwarten, hinzu, daß er sich von den Komponisten Frankreichs fernhalte. Sicher, selbst wenn man von lebenden Musikern einmal absieht, hatte er Abneigungen, aus denen er keinen Hehl machte; dazu gehörte zum Beispiel Beethoven, den er als »le vieux sourd« (»den tauben Alten«) bezeichnete. Andererseits hegte er eine maßlose Bewunderung für Schumanns Klavierkonzert, was mir recht merkwürdig vorkam, da ich das Werk, ohne es schlecht machen zu wollen, für viel zu aufdringlich hielt, als daß es seinem Geschmack hätte entsprechen können.

Was Richard Strauss angeht, so vermochte er in den Werken, die ihn durch die Anhäufung von Banalitäten verletzten, keinen inneren Stil zu erkennen, obwohl ihm die Orchestrierung äußerst geistreich zu sein schien. In dieser Hinsicht stimmten wir nicht überein, denn, mußte man auch gewisse Banalitäten zugeben, so zeigte Strauss auf dem Höhepunkt seines Schaffens doch einen derart ausgeprägten Stil, daß es schon verwundert, wenn ein Kollege dies zu erkennen nicht in der Lage ist. Wir sprachen auch über Tschaikowsky, und da konnten wir uns eher einig werden. Man muß bedenken, daß Tschaikowsky damals in England ganz groß in Mode war – so sehr übrigens, daß Sir Henry Wood, wie er mir einmal berichtete, von seinen Direktoren gebeten wurde, jeden Abend um neun Uhr bei den »Proms« die *Pathétique* zu dirigieren, was er Gott sei Dank ablehnte. Daß Debussy diesen populärsten aller russischen Komponisten nicht mochte, konnte ich gut verstehen. So war ich nicht überrascht, daß er es nicht verstehen konnte, daß der britische Geschmack einem derartig vulgären Idol huldigte. Seinem Urteil zufolge hielten die Briten ausgerechnet den schlechtesten »Russen« in Ehren und ließen die Komponisten, die wirklich Bewunderung verdient gehabt hätten, Rimsky-Korsakow, Mussorgsky und andere, außer acht.

Im Hinblick auf das, was Debussy über meine eigenen Arbeiten geschrieben hat, sollte ich erwähnen, daß er niemals meine populäreren Kompositionen zu sehen bekam, sondern nur die, von denen ich glaubte, daß sie für ihn von Interesse wären, also die ernsteren Orchesterwerke und ein paar andere wie die Klaviersonate, die Violinsonate, die Zweite Suite für Klavier (ihm gewidmet) und ein oder zwei kurze Stücke für Violine. Von den Orchesterwerken gefiel ihm am besten eine Rhapsodie, die leider inzwischen in Petersburg verlorengegangen ist, von den kürzeren Stücken die Klaviersonate und die Zweite Suite. Ich denke, dies waren tatsächlich meine besten Versuche bis zu jenem Zeitpunkt, da ich ihn zum letztenmal gesehen habe, nämlich 1913. Auf dem Weg in die Schweiz hatte ich meine Reise in Paris unterbrochen, um mit ihm und seiner Frau zu Abend zu essen, und ich verbrachte ein paar sehr vergnügliche Stunden mit Spielen und Plaudern in seiner Wohnung. Übrigens fiel mir dabei auf, wie bemerkenswert aufgeräumt die Wohnung war – weder Musikstücke noch Notenpapier lagen herum, das Klavier war mit einem schweren Seidentuch zugedeckt; zur Einrichtung gehörten ein riesiger, eleganter Schreibtisch, Stühle, ein Tisch und Bücherregale, die unter anderem einige Werke von Kipling enthielten.

An jenem Abend war Debussy zwar wie gewöhnlich liebenswürdig und wohlwollend, aber er sprach verzagt über seine Arbeit und schien, wie ich daraus schloß, mitten in einer unproduktiven Phase. »Mein Stil«, meinte er, »ist begrenzt, und diese Grenzen habe ich nun offenbar erreicht.«

My Years of Indiscretion, London 1924, S. 100ff

Igor Strawinsky
(1882–1971)

Igor Strawinsky studierte bei Rimsky-Korsakow und kam anläßlich der Uraufführung seines Balletts *Der Feuervogel* durch Diaghilews Ballets Russes (am 25. Juni) im Jahre 1910 zum erstenmal nach Paris.

Zum Schluß wurde ich auf die Bühne gerufen und mußte mich ein paarmal verbeugen. Ich war noch auf der Bühne, als der letzte Vorhang schon gefallen war, und sah, wie Diaghilew, begleitet von einem dunkelhaarigen Mann mit einer doppelten Stirn, auf mich zukam. Er machte mich mit Claude Debussy bekannt. Der große Komponist sprach ein paar freundliche Worte über die Musik und lud mich zum Essen ein. Einige Zeit später, als wir gemeinsam in seiner Loge einer Aufführung von *Pelléas* beiwohnten, fragte ich ihn, was er wirklich von meinem *Feuervogel* halte. Er sagte: »Was wollen Sie, mit irgend etwas muß man ja schließlich anfangen.« Ehrlich, aber nicht besonders schmeichelhaft. Dennoch schenkte er mir kurz nach der *Feuervogel*-Premiere ein Photo von sich – das berühmte im Profil – mit der Widmung: »à Igor Strawinsky en toute sympathie artistique.« (»für Igor Strawinsky, mit aller künstlerischen Zuneigung«) Ich äußerte mich nicht so ehrlich über das Werk, das wir damals hörten. Ich fand *Pelléas* reichlich langweilig, trotz der vielen wunderschönen Stellen. (Debussy erzählte mir einmal, daß er einen Teil von *Pelléas* in einem Zimmer komponiert habe, dessen Tapete kleine, ovale Porträts des Präsidenten Sadi Carnot als Muster gehabt habe.)

Das große Ereignis in meinem Leben war damals die Aufführung von *Pierrot lunaire* 1912 in Berlin. Ravel ließ sich schnell von meiner Begeisterung für *Pierrot* anstecken, während Debussy, dem ich davon erzählte, mich bloß anstarrte und gar nichts sagte. Ob dies wohl der Grund dafür war, daß Debussy später seinem Freund Godet schrieb: »Strawinsky zeigt bedenkliche Neigungen in Richtung Schönberg«?

Ich sprach mit Debussy über Puccinis Musik, und ich erinnere mich, daß Debussy sie respektierte, so wie ich auch.

Mit besonderem Vergnügen erinnere ich mich an das Mittagessen bei Debussy kurz nach der Uraufführung von *Petruschka*. Wir tranken Champagner und aßen von feinstem Besteck. Chouchou war da, und ich stellte fest, daß sie genau die gleichen Zähne hatte wie ihr Vater, die aussahen wie die Stoßzähne eines Elefanten. Erik Satie kam nach dem Essen, und ich machte von den beiden französischen Komponisten ein gemeinsames Photo, und Satie photographierte mich mit Debussy. Debussy schenkte mir dann einen Spazierstock, in dem unsere beider Initialen eingraviert waren. Später – während meiner Genesung von einer Typhuserkrankung – machte er mir ein hübsches Zigarrettenetui zum Geschenk.

Debussy war kaum größer als ich, aber viel schwerer. Er hatte eine tiefe und ruhige Art zu sprechen, und oft waren die Satzenden nicht zu hören – was von Vorteil war, da sie manchmal versteckte Spitzen und verbale Fallgruben enthielten. Bei meinem ersten Besuch bei ihm zu Hause, nach der *Feuervogel*-Premiere, unterhielten wir uns über Mussorgskys Lieder und waren uns darin einig, daß sie die beste Musik der gesamten Russischen Schule darstellten. Er erzählte, er habe Mussorgsky entdeckt, als er ein paar Musikstücke unberührt auf Madame von Mecks Flügel liegen fand. Rimsky mochte er nicht; er hielt ihn für einen »Möchtegern-Akademiker, die schlimmste Sorte.« Damals interessierte sich Debussy besonders für japanische Kunst. Ich hatte freilich den Eindruck, daß seine Neugier auf die neuen Entwicklungen in der Musik nicht eben groß war. Mein Erscheinen auf der musikalischen Szene schien für ihn eine Art Schock gewesen zu sein.

Expositions and Developments, London 1962, S. 34, 67f, 130f, 138f

Debussy und Igor Strawinsky

Gabriel Astruc
(1864–1938)

Gabriel Astruc begann zunächst als Musikverleger und wurde später Impresario. Er vermittelte einige der Pariser Auftritte der Ballets Russes von Diaghilew, wobei die beiden Männer die gesamte Skala menschlicher Beziehungen von Freundschaft bis zu offener Feindschaft durchliefen. Astruc war der Spiritus rector des Théatre des Champs'Elysées, aber bereits die erste Opernspielzeit im Jahre 1913 brachte ihm dort den finanziellen Ruin. Die folgenden Erinnerungen an Debussy stammen aus dem Jahr 1910 und dem Winter 1914.

Am Tag der Generalprobe von *Aida* im Châtelet (unter Toscanini) war Debussy in der Loge. In der Pause holte ich den Komponisten von *Pelléas* ab; *Pelléas*, dessen Partitur Toscanini kurz zuvor in einer einzigen Nacht gelesen und die erste Vorstellung – stellen Sie sich das bitte vor – auswendig dirigiert hatte! Er sprang aus dem Stand für den Maestro der Oper von Turin ein, der an das Bett gefesselt war. Ohne sich zu kennen, verstanden sich Debussy und Toscanini auf Anhieb. Ich hatte Toscanini, der den Kopf in die Hände gestützt eine zehnminütige Meditationspause einlegte, nicht vorgewarnt und erschien mit Claude. Als die Tür sich öffnete und er Debussy erblickte, richtete Toscanini sich auf. Die beiden Männer schauten sich lange an, und sprachlos vor Rührung warfen sie sich einander in die Arme.

Ich erinnere mich auch an eine Begebenheit, als Debussy kein Heizöl mehr hatte und mich bat, ihm Kohlen zu besorgen, und die schöne Kohlenhändlerin, eine ausgezeichnete Musikerin, als Gegenleistung eine persönliche Widmung auf ihrem Exemplar von *Pelléas* verlangte.

Le Pavillon des fantômes, Paris, 1929, S. 301, 319 *

Jacques-Emile Blanche
(1861–1942)

Jacques-Emile Blanche war ein seinerzeit bekannter Portraitist, dem u.a. Oscar Wilde, Aubrey Beardsley, Thomas Hardy und Henry James Modell saßen. Auch Debussys Geliebte Marie-Blanche Vasnier ließ sich von ihm malen.

Auf der Rückseite des Debussy-Denkmals haben die Brüder Martel den Komponisten am Flügel, umstanden von mehreren seiner engsten Vertrauten, dargestellt. Man muß ihn am Flügel gesehen haben! Welch ein Zauber! Sein Spiel, seine Art zu summen, während er seine musikalischen Gedichte rezitierte –

Debussy und Zohra, Pierre Louÿs algerische Geliebte

Worte können diese Faszination, diese geheimnisvolle Verzauberung nicht wiedergeben. Oh, und die Abende in der Junggesellenwohnung von Pierre Louÿs! Claude spielte auf einem mittelmäßigen Harmonium eine gekürzte Fassung der Orchesterpartitur von *Pelléas*, jene Seiten, die er gerade geschrieben hatte; wir bekamen sie gewissermaßen taufrisch zu hören. Das Komponieren war für ihn eine langsame und mühevolle Arbeit, auf deren Vollendung wir nicht zu hoffen wagten.

Die Klavierstunden, die er seinen Schülern gab, langweilten ihn. Träge, verbummelt, genießerisch und sinnlich wie er war, hielten ihn tausend Verlockungen von seiner harten Aufgabe ab, die ihn ans Haus gefesselt hätte. Anspruchsvolle, verrückte Wünsche lenkten ihn ab. Seine Freunde bemühten sich, sein kleines Laster, die Gourmandise, zu befriedigen. Wie oft habe ich ihn dabei überrascht, wie er bei Cuvillier mit einer Flasche Portwein und einem Töpfchen Kaviar herauskam, woran er sich dann in seinem ungeheizten Zimmer einsam delektierte. Nach unseren Treffen lud ihn meist jemand zum Abendessen in ein

Restaurant ein, und dann gingen wir in den Zirkus oder in die Music-Hall, nur nicht ins Theater, und der Abend des Nachtschwärmers dauerte bis zum Morgengrauen.

Um 1900 war bei ihm vom Prix de Rome nicht mehr viel zu spüren. Ich hatte ihn als Stipendiat der Villa Medici kennengelernt – als er das Haar, wie einen Helm geschnitten und über die Stirn fallend, auf byzantinische Art, trug, wie der Maler Rochegrosse, der diese Mode bei seinen Malerkollegen einführte. Die plastischen Gesichtszüge Claudes glichen zur Zeit der Entstehung von *Pelléas* bestimmten Masken des Oströmischen Kaiserreichs. Seine außergewöhnliche intellektuelle Entwicklung, die zum Teil auf seine Lektüre, die ihm Pierre Louÿs empfahl, zurückzuführen war, überraschte uns. Jedoch wies die Wahl eines Gedichts von Dante Gabriel Rossetti – *The blessed Damozel* – als Vorlage für seine Wettbewerbskantate bereits früh auf seine Vorlieben hin, die durch alle Texte, die ihn später inspirieren sollten – von Baudelaire bis Mallarmé – bestätigt wurden.

Als man Debussy drängte, nach *Pelléas* andere lyrische Dramen zu schreiben, bemühte er sich zunächst, aus Edgar Allan Poes *Devil in the Belfry* eine phantastische Komödie zu machen. Die Literatur fesselte ihn noch immer. Später aber sprach er mit Nachdruck von einem ziemlich nebulösen Projekt, zu dem ich ihm sogar einen Entwurf liefern sollte. Er dachte an ein kosmogonisches Drama ohne Worte und Handlung, in dem die Sänger nicht sichtbar und die Chöre und Solisten nur lautmalerische Töne von sich geben, während Lichteffekte die Szene beleben. Die Ausführenden, die hinter der Dekoration versteckt bleiben sollten, versinnbildlichten Wolken, Wind und das Meer. Aus diesen Träumereien sind die größten symphonischen Gedichte des reifen Debussy entstanden. Sie wurden von den Deutschen »musikalische Bilder« genannt; »Inhaltsangaben« zur Orientierung der Zuhörer werden im Programmheft jedoch nicht gegeben. Debussys Empfindsamkeit für alle Naturerscheinungen brachte ihn mehr und mehr zu diesen Studien über die »Equivalenzen« der Klangfarben des Orchesters und selbst der Klaviertasten.

Eines Tages, als wir uns gerade im Garten aufhielten, brach ein Gewitter los; alle suchten Zuflucht im Haus, nur Claude wollte uns nicht folgen, sondern war entschlossen, den Duft der feuchten Erde und das sanfte Prasseln der Regentropfen auf den Blättern voll und ganz auszukosten. In Erinnerung an diesen Juniabend widmete er mir die bezaubernde Liedersammlung, die *Jardins sous la pluie* und *Pagodes* enthält, jene Umsetzung der javanischen Tänze, die wir so oft gemeinsam auf der Weltausstellung von 1900 gehört hatten.

Souvenirs sur Manet et sur Debussy, »Le Figaro«, 22. Juni 1932, S. 5 *

Sylvain Bonmariage
(Daten unbekannt)

Sylvain Bonmariage war ein sehr produktiver Dichter und Romancier. Das folgende Zusammentreffen mit Debussy fand vermutlich 1903 statt.

An einem Donnerstag nahm mich Toulet zum Abendessen zu Debussy mit. Ich glaube es geschah auf Bitten Debussys, aber Toulet, der Mentor, wollte den Anschein erwecken, als hätte er mir eine Gefälligkeit erwiesen. In der Avenue du Bois de Boulogne 80 wurde ich auf das reizendste empfangen.

Die Musik richtet sich vor allem an die Sinne und nicht so sehr an den Geist. Daher erreicht sie auch die Massen, und so kommt es auch, daß Musiker gutes Essen und guten Wein lieben. Madame Debussy, der zu begegnen ich nur zweimal die Ehre hatte, verstand sich darauf, im engsten Kreis und in jener gediegenen Atmosphäre zu empfangen, in der gute Konversation gedeihen kann.

Debussy legte Wert darauf, mir einige meiner Texte zu zeigen, die ihm besonders gut gefallen hatten und an deren Rand er hier und da Notizen gemacht hatte. Es waren *La pluie*, *La vieille pendule*, *La Folle* und mehrere Seiten aus *Nérésis*. Ich errötete bewegt und war entzückt, aber auch verlegen durch das Lob eines solchen Meisters. Ich wußte, daß Toulet empfindlich, genauer gesagt eifersüchtig war, und ich fürchtete seine spitze Zunge. Doch waren dies unnötige Sorgen. Er war begeistert, der gute Toulet! Rühmte er sich doch – fälschlicherweise –, mich entdeckt, mich dem Nichts entrissen zu haben! Nachdem ich mich hocherfreut von meiner Verwirrung erholt hatte, entschied ich mich, Toulet etwas zu sticheln ... »Mein lieber Maître«, sagte ich zu Debussy, »ihre Ermutigungen erwecken in mir nicht nur einen berechtigten Stolz, sondern auch den Entschluß, hart zu arbeiten. Ich werde das meinem Lehrer und Freund Pierre Louÿs berichten. Er schätzt sie so sehr, und ich verdanke ihm, was sie mir freundlicherweise als Talent auslegen.« Toulet brauste auf: »Pierre Louÿs versucht sich bei den Jüngeren anzubiedern; er sagt und schreibt ihnen nette Dinge. Aber damit hat es sich auch. Solange Sie einfach nur befolgen, was Sie seine Ratschläge nennen, werden Sie nur ein Phantast sein.« – »Aber Toulet, ist das nicht das Attribut, mit dem Sie selbst ihre unvergleichliche Poesie schmücken? Die Phantasie ist das Gewissen des Künstlers selbst.« – »Das mag schon sein«, entgegnete Toulet, »aber Sylvain Bonmariage besitzt überhaubt keine musikalische Ausbildung. Er kennt nur die Malerei und die Bildhauerei.« Debussy unterbrach und führte lange aus, wie absurd eine scharfe Trennung zwischen Musik und bildender Kunst sei. Sie kämen beide in der

Dichtkunst zusammen. »Sicher«, wandte ich ein, »aber ein Gedicht will etwas aussagen. Jedes Gedicht ist zuerst graphisch. Wenn Sie, mein lieber Maître, es in Musik umsetzen wollen, dann lassen Sie es etwas anderes aussagen; wenn Fauré oder Dukas oder Séverac dasselbe tun, dann läßt es jeder das aussagen, was ihm gefällt.« Debussy antwortete: »Sie meinen also noch, daß ein Gedicht nur einen Sinn hat! Merken Sie denn nicht, daß jedes Gedicht von jedem seiner Leser verändert wird? Und dasselbe gilt für jede Musikpartitur. Es reicht, Fachleute darüber reden zu hören. Sie machen Gedichte, so wie es Ihnen gefällt. Wir können daraus die Musik machen, die uns gefällt. Und der Zuhörer oder der Leser findet daran seinen persönlichen Gefallen. Alles ist relativ. Ich weiß, daß jedes Kunstwerk unverkennbare und offensichtlich anerkannte Züge trägt. Es ist leicht festzustellen, daß dies diejenigen sind, die den einfachen Naturen am zugänglichsten sind.« – »Das heißt der Kritiker«, ergänzte Toulet. Darauf Debussy: »Die Kritiker sind Leute, die sich die Autorität, oder den Kredit der Zeitungen verschaffen, um über etwas zu sprechen, wovon sie überhaupt nichts verstehen. Reyer, der etwas von Musik verstand, hat als Musikkritiker improvisiert. Es reichte, um zu »Debats« zu kommen, wo er dann den Unsinn schreiben und auch noch durchsetzen konnte. Pierre Lalo, den wir so sehr schätzen – Toulet und ich jedenfalls –, zieht sich aus der Affäre, indem er interessante Dinge über Musikwerke sagt, aber er ist nur ein Gelehrter. Ein Kritiker? Ich wüßte nur einen, einen einzigen, an dessen Artikel ein Musiker sich halten kann: Das ist Willy. Er versteht nichts von Musik. Er weiß nicht einmal was eine Sechzehntelnote ist, aber er versteht ein Werk, und, wenn es das wert ist, ist er fähig, es durchzusetzen.«

Toulet erwiderte daraufhin: »Ist er ein Wunder? Ist Willy Gottvater? Wenn dem so ist, dann neige ich zum Atheismus.« Debussy: »Nichts logischer als das, was ich Ihnen sagte. Ein Eingeweihter hat vorgefaßte Ideen. Bevor er eine Partitur hört, ist seine Meinung bereits ganz und gar durch die persönlichen Gefühle, die der Komponist in ihm weckt, vorgefaßt. Wer von der Presse würde es denn wagen, Werke von Puccini oder Massenet so zu beurteilen, wie es nötig wäre? Trotz *Don Quichotte* bleibt letzterer für Monsieur Schneider doch immer der Schöpfer von *Manon*. Hingegen schreibt der Laie nur, was er denkt und was er fühlt. Er wundert sich nicht über die Feinheiten der Komposition, die technischen Raffinessen, die er nicht einmal erkennt und die nur das kleinste Verdienst eines Werkes sind. Für die schönste Ohrfeige, die die Kritik einstecken mußte, war Bizets *Carmen* verantwortlich. Die Pressefürsten hatten nichts von der Partitur Bizets verstanden, und man weiß, bis zu welchen Höhen das

Publikum dieses Werk geführt hat. Ich selbst mußte boshafte Kritiken einstecken und bin ausgepfiffen worden. Erinnern sie sich, Toulet, an das Lamoureux-Konzert Anfang November 1901? Meine *Nocturnes*, vor allem die dritte, sind unter Pfiffen durchgefallen. Und dieser schöne Skandal war nicht von den Zuschauern, sondern von der unantastbaren Kritik angezettelt worden. Vor einem Jahr dann haben die *Nocturnes* in London ihre Revanche bekommen.«

Ich war mit Madame de Givré in der Opéra-Comique, es war während der Pause einer Matinee, der Generalprobe von Mozarts *Don Giovanni*, inszeniert und dirigiert – wie vielleicht nie zuvor – von Raynaldo Hahn. Debussy eilte schnellen Schrittes durch den Gang und stieß mich dabei an. Er wandte sich zu mir, um sich zu entschuldigen, erkannte mich und gab mir die Hand. Er war ganz entzückt von Madame de Givré, die ich ihm vorstellte. Sie machte ihm ein paar freundliche Komplimente, die nicht von der üblichen Art waren, mit der man ihn zu überschütten pflegte, und die ihm gefielen.

Einige Tage später traf ich Debussy in einer Gauguin-Ausstellung bei Durand-Ruel. Er war allein und sprach mich an. Er fragte mich, wer die wunderbare Frau gewesen sei, die mich zu *Don Giovanni* begleitet hätte. Ich erzählte ihm kurz, wer Madame de Givré sei, und erklärte ihm, welcher Natur die Bindungen waren, die sie und mich unzertrennlich vereinten. Er lachte: »Toulet hat mir von diesem Abenteuer erzählt, aber ich hielt es für weniger ernst. Sie sind nicht verheiratet? Was macht's. Die Liebe ist ein Sakrament. Sie allein ist schon ausreichend. Das Entscheidende ist, über ihre Wasser zu gleiten und nicht in ihnen unterzugehen. Auch im Sich-selbst-Geben braucht es ein Maß. Apoll – ich spreche zu Ihnen als Dichter – wirft seine Strahlen und Pfeile ab, entschärft seine Blitze. Dort wo er die Lyra zu spielen glaubt, verletzt er sich und verzehrt sich. Und Apoll ist nur das Opfer seiner selbst. Sie schreiben schöne Dinge im Flusse Ihrer Feder, und am Ende besitzen Sie Charme bis in die Fingerspitzen. Vor diesem Charme müssen Sie sich hüten. Ihre Liebenschaften, ich sehe sie voraus: Einige von heftiger Natur, stark persönlich gefärbt, haben eine große gegenseitige Anziehungskraft und werfen auf die gesamte Welt den Schatten ihrer vereinten Gestalt.«

Ich antwortete ihm, daß mein Leben Catherine ganz und gar gehöre, so wie das ihre mir, daß sie aber wirklich nichts von einer Krake habe und die Freundin Pierre Louÿs' sei und daß sie auf seinen Rat hin mich zur Arbeit anhalte. Ich erzählte Debussy auch von der großen Bewunderung, die Catherine für sein Werk hegte, wie es mit ihrer musikalischen Ausbildung stand und wie sehr sie sich freuen würde, wenn er sie einmal besuchte. Und da ich wußte, daß er große Abscheu empfand für das, was man die Gesellschaft nennt, sagte ich ihm, daß er als einzige weitere Gäste in der Avenue Mozart Toulet und Pierre Louÿs vorfinden würde. Wir vereinbarten einen Tag, und ich dankte Debussy. Er sagte zu mir: »Ich freue mich sehr, Ihnen das Vergnügen bereiten zu können. Der Fortgang meiner Arbeit erlaubt es mir.« Am schönsten war es für mich, Madame de Givré eine Freude zu machen.

Debussy kam zur verabredeten Zeit, Pierre Louÿs ein wenig später. Toulet hingegen kam drei Tage später. Er hatte sich im Datum geirrt und nichts dagegen, mit uns allein zu essen. Der Frühling hatte Einzug gehalten in Paris, und wir nahmen den Tee im Garten in einer Atmosphäre angenehmer Vertrautheit. Catherine empfing Debussy, ohne eine einzige banale Höflichkeit von sich zu geben. Sie war geistreich und voller Eleganz und der Maître war entzückt von ihr.

Um die brillante Unterhaltung zu rekonstruieren, bedürfte es angestrengter Erinnerung, zu der ich nach so vielen Jahren nicht mehr fähig bin, selbst unter Zuhilfenahme der nur unzureichenden Notizen. Ich gebe nur das wieder, was mir wichtig erschien.

Catherine (in bezug auf Wagner): »Es gibt Menschen, bei denen in der Offenbarung des Unendlichen zuviel Pracht sichtbar wird. Ihre Ideen tragen sie hoch über unsere Köpfe hinaus, und die Massen jubeln ihnen zu. Darf ich sagen, daß ich solchen Menschen nur eine teilnahmslose Bewunderung zolle? Es gibt zwischen ihnen und mir einen geheimen Widerspruch. Andere hingegen, um die weniger Lärm ist, berühren mich weit stärker. Ihre Gedanken dringen tief in mich und schaffen es, mein Herz zu erschüttern. Monsieur Debussy, sie gehören zu diesen Menschen.«

Debussy: »Madame, es ist die größte Befriedigung für einen Künstler zu erfahren, daß er solche Gefühle weckt. Sie schulden mir überhaupt nichts. Nach dem, was Sie mir gerade gesagt haben, stehe ich tiefer in Ihrer Schuld, als Sie glauben.«

Pierre Louÿs: »Worte haben eine plastische Kraft, die nur der Dichter selbst kennt. Sie geht dem Musiker ab. Die musikalische Schönheit liegt anderswo. Im achtzehnten Jahrhundert war die Musik ein elitäres Vergnügen, heutzutage ist sie eine Flucht. Sie rettet uns vor dem Schlimmsten unserer Zeit: vor den Gewißheiten, die die Schriftsteller trotz ihrer Unkenntnis des wahren Leben verbreiten.“

Debussy: »Das Leben? Alle sprechen über das Leben. Wir wählen zwischen Möglichkeiten. Sie alle neigen dazu, Leben und Präzision als Gegensätze zu betrachten. Nichts ist verkehrter: Leben, das bedeutet, zwischen Instinkt und Zivilisation einen

Kompromiß zu schließen. Die Würde unseres Menschseins liegt im Streben nach der Freiheit, die die Natur uns geschenkt hat.«

Ich spreche über Miss Garden, von ihrem in der Rolle der Mélisande entfalteten Charme und von dem Eindruck, den sie auf mich machte, als ich ihr in der Stadt vorgestellt wurde: »Merkwürdig: Sie stand nicht mehr im Glanze ihrer Jugend, aber die Jugend umgab sie noch und gab ihr einen hellen Schein. Kam diese Jugend aus meiner Erinnerung an Mélisande? Strahlte die Künstlerin sie aus?«

Debussy: »Einige Menschen, und das sind die angenehmsten, haben die Sonderrechte der Jugend noch nicht völlig ausgeschöpft, auch wenn die Jugend schon seit einiger Zeit hinter ihnen liegt. Die Jugend war für sie ein Abschnitt, von dem sie nicht völlig profitieren konnten, und so steht ihnen heimlich weiter ein Kapital zur Verfügung, aus dem sie nach ihrem Gutdünken schöpfen können. Das ist das Geheimnis der Anziehungskraft, die Mary Garden auf Sie ausübt.«

Pierre Louÿs: »Der Naturalismus ist das Leben, das wahrer als die Natur ist und daher häßlicher, denn ihm fehlt alles, was aus der Seele kommt. Naturalismus hat daher nichts mit Wahrheit zu tun.«

Debussy: »Es gibt nur eine Wahrheit: die, die tötet.«

Auf Bitten Catherines gehe ich eine Flasche alten Armagnacs holen. Ein Weinbrand erster Qualität. Louÿs schätzt ihn, und ich weiß, daß er Debussy gefallen wird.

Debussy: »Vincent d'Indy kann nur mit einer Flasche Champagner vor sich arbeiten. Soweit geht es bei mir nicht. Aber ich glaube an die kapriziöse Magie des Alkohols, und es mißfällt mir nicht, mich ihr zu beugen. Manchmal bringt uns der Alkohol vertraute Dingen sonderbar nahe, die wir dann unter einem neuen Aspekt sehen, dann wieder entfernt er uns davon und läßt uns die Erinnerung daran verlieren. Er kann in uns die Vergangenheit mit einer erschreckenden Genauigkeit wieder aufleben lassen und dabei den kleinsten Details einen Sinn geben, der uns bisher entgangen war... Ich möchte noch hinzufügen, daß ein wenig Alkohol uns in sanfte Melancholie taucht und daß die Melancholie, sehr viel besser als die Ausgelassenheit, für die Liebe vorbereitet. Alle Worte der Welt haben nicht die Kraft von zwei Gläsern dieses Armagnacs, den Gott erschuf, um die Menschen auf das Glück vorzubereiten.«

Pierre Louÿs: »Sie fragen mich, Madame, ob ich Okkultist bin? Jeder Dichter ist es ein wenig, oft gegen seinen Willen. Ich habe dem Tod ins Auge gesehen, besonders als ich eine doppelseitige, ansteckende Lungenentzündung hatte. Potin hatte mich bereits aufgegeben. In einem Körper, der bereits der Erde geweiht ist, kommt es vor, daß man eine plötzliche Eingebung der Realität hat, die bestimmte geheimnisvolle Auffassungen birgt. In den schlimmsten Stunden einer schweren Krankheit habe ich hinter dem Tod – dieser Leinwand – nicht den Beginn eines anderen Lebens, sondern die Fortführung dieses Lebens gespürt.«

Debussy: »Natürlich. Wenn wir die Bezeichnung Mensch wert sind, kann keiner von uns sterben. Er ändert einfach die Bedingungen; er wechselt von einer Seite des Lebens zur anderen, wie man vom Junggesellendasein in die Ehe oder vom Militärleben in das zivile Leben wechselt.«

Catherine: »Haben Sie bemerkt, wie die Liebe sich geheimnisvoll der Herzen bemächtigt?«

Debussy: »Besonders des Künstlerherzens. Weil wir durch sie eine wertvolle Befruchtung erfahren. Durch Werke und Sorgen schier erdrückt, suchen wir die höchste Verwirklichung in der Liebe. Und wir geben uns mit geschlossenen Augen hin, ohne Maß und ohne Berechnung.«

Pierre Louÿs: »Im Reich des Geistes sind die höchsten Dinge die einfachsten. Die am besten begründeten erscheinen als die unvernünftigsten. Die Welt ist voller Selbstverständlichkeiten, die sich jeder logischen Erklärung entziehen.«

Debussy: »Poesie, Musik, das sind niemals Negationen oder Affirmationen. Es sind Allusionen auf das Leben.«

Pierre Louÿs: ». . . Anspielungen, Zeugnisse der Illusionen.«

Debussy. »Man spricht von musikalischen Adaptationen. Das Wort ist ungenau. Man müßte Interpretationen sagen. Außer den Geschäftsanzeigen und wissenschaftlichen Abhandlungen gibt es nicht einen Text, der nicht interpretiert werden muß, in einem poetischen oder symbolischen Sinne. Ein Schriftsteller will immer mehr aussagen, als er sagt.«

Pierre Louÿs: »Einverstanden insoweit, daß der poetische Sinn eines Textes derjenige ist, der über die logische Analyse hinausgeht.«

Catherine: »Gibt es also eine Art höherer Bedeutung? Ist dies möglich?«

Debussy: »Unsere Gedanken gehen durch unser Herz und unseren Kopf. Glauben Sie, Madame, daß sie, von einem zum andern wechselnd, sich nicht verändern? Ich würde sogar noch weiter gehen. Es gibt Lebewesen, Landschaften, Kunstwerke, die Teil unseres Empfindens, unserer Intelligenz sind und die aus diesem Grunde unsere Ideen verändern.«

Catherine et ses amis, Gap 1949, S. 160–175 *

M. D. Calvocoressi
(1877–1944)

Michel Dimitri Calvocoressi war von Geburt Grieche, wurde aber französisch erzogen. Der Schriftsteller und Kritiker war ein früher Vorkämpfer Maurice Ravels.

Anfangs war unsere Bekanntschaft ohne jegliches Mißtrauen. Ende des Jahres 1902 – also zu der Zeit, als er noch unter den ungerechtfertigten Angriffen auf seinen *Pelléas* zu leiden hatte – war er eingeladen worden, Artikel für die Zeitschrift »La Renaissance Latine« zu schreiben. Er nahm an, und man bat mich, dies Ereignis in einem Artikel anzukündigen. Dieser Artikel mit dem Titel *Claude Debussy, Critique* war für mich eine willkommene Gelegenheit, noch einmal deutlich zu machen, wie sehr ich meine Begriffsstutzigkeit bezüglich *Pelléas et Mélisande* bedauerte.

Dann schrieb Debussy, dem inzwischen die Stelle des Musikkritikers bei einer Tageszeitung, beim »Gil Blas«, angeboten worden war – und die er auch angenommen hatte – an Binet-Valmer, den Herausgeber der »Renaissance Latine«, der Arbeitsdruck werde ihm zu groß, er könne nun nicht auch noch dieser Zeitschrift Beiträge liefern. In seiner großen Not drängte mich Binet-Valmer, Debussy anzuflehen, er möge seinen Entschluß noch einmal überdenken. Als der Musikkritiker der »Renaissance« sei ich der einzige, dem diese Aufgabe anvertraut werden könne. Widerwillig stimmte ich zu, und schließlich versprach auch Debussy sein Bestes (ein Brief, den er mir in dieser Angelegenheit schrieb, ist in Léon Vallas' Buch *The Theories of Claude Debussy*, London 1929, abgedruckt). Ein paar Tage später schickte er einen Artikel (man findet ihn unter dem Titel »Considérations sur la Musique de Plein Air« in seiner Essay-Sammlung *Monsieur Croche, Anti-Dilettante*), in dem er unter anderem vorschlägt, daß es nun, da man in der Opéra Pagliacci spiele, auch höchste Zeit sei, mit dem Bau von Drehorgeln zu beginnen, die in der Lage seien, Wagners *Ring* auf der Straße zu spielen.

Der Artikel wurde termingerecht gesetzt und sollte gerade in Druck gehen, als »La Renaissance Latine« überraschend verkauft wurde. Der neue Besitzer und Herausgeber überflog den Artikel und rief aus: »Mais c'est idiot!« und veranlaßte trotz meiner Vorhaltungen, daß man ihn wieder aus dem Blatt nahm. Ich sprach sofort bei Debussy vor, um ihm den Vorfall zu erklären und mich dafür zu entschuldigen. Er versicherte mir, daß er meine Hilflosigkeit anerkenne; aber ich bin sicher, daß dieser Vorfall bei ihm einen ebenso unangenehmen Eindruck hinterließ wie bei mir.

Einige Jahre lang hatte ich danach keinen Kontakt zu Debussy. 1908 traf ich ihn Durands Musikgeschäft wieder. Ich hörte, wie er jemanden vom Personal fragte, ob er etwas über Rimsky-Korsakows neue Oper *Le Coq d'Or* wisse. Ich hatte davon vorab schon die Kopien der Gesangspartitur mit meiner französischen Übersetzung erhalten; ich ging also zu ihm und bat darum, ihm eine Ausfertigung schicken zu dürfen. Er nahm an, und ich erhielt ein paar Tage später einen langen Brief, in dem er mir zu der »geschickten Weise« gratulierte, in der ich den »etwas schwerfalligen Humor« des Librettos behandelt hätte – was mir allerdings das Gefühl gab, weit davon entfernt zu sein, das Lob verdient zu haben. Mich beschlich nämlich das Gefühl, meine Übersetzung vermittle vielleicht doch einen falschen Eindruck. Wie auch immer, er hatte gütig meinen schüchtern angebotenen Ölzweig angenommen, und das war die Hauptsache. Um ganz ehrlich zu sein, ich weiß bis heute nicht, warum ich damals das Bedürfnis hatte, ihm einen Ölzweig entgegenzustrecken – aber damals war die Atmosphäre in Paris eben danach.

Im Jahre 1913 bat mich der Herausgeber von »Etude« in Philadelphia, Debussy über die neuesten Entwicklungen in der Musik zu befragen, und bei dieser Gelegenheit führte ich ein langes und interessantes Gespräch mit ihm. Nachdem eigentlich alles schon gesagt war, begann er mir mehr Fragen zu stellen, als mir jemals eingefallen wären. Denn, so gestand er mir, er habe die neuesten Ereignisse nicht sehr weit verfolgt, weil er sich konzentrieren wolle und es sich zur Regel gemacht habe, so wenig Musik wie möglich zu hören. Er kannte nicht einen einzigen Takt von Schönbergs Musik; Ravel hatte damals schon damit begonnen, sie eifrig zu studieren. Aber Debussy kannte einige Stücke von Bartók und Kodály und fand sie in mancherlei Hinsicht interessant. Er lobte Strawinskys »starke, glühende Neugierde« und bemerkte, daß es gut für junge Künstler sei, neuen Möglichkeiten gegenüber aufgeschlossen zu sein und darüber nachzudenken, aber Strawinsky werde zweifellos mit der Zeit nüchterner werden. Dann begann er lebhaft über die Gefahren zu sprechen, die eine verfrühte Auseinandersetzung mit jungen Komponisten mit sich bringe. »Ich halte es beinahe für ein Verbrechen«, erklärte er. »Die frühere Regelung, die es den Künstlern ermöglichte, in Ruhe heranzureifen, war weit gesünder. Es ist unklug, junge Komponisten zu verwirren, indem man sie zum Thema von Diskussionen macht, die oftmals mit Vorurteilen behaftet und ebenso flach wie verfrüht sind. Kaum erscheint ein Komponist auf der Bildfläche, fangen die Leute auch schon an, ihm Essays zu widmen und seine Musik mit ehrgeizigen Definitionen zu überfrachten. So fügen sie den jungen Komponisten weit größeren Schaden zu als wildeste Verleumdungen.«

Man konnte nur bedauern, daß solche Worte der Warnung nicht schon zwanzig Jahre früher geäußert wurden, als sie gegen diese damals umsichgreifende Unsitte vielleicht noch etwas hätten ausrichten können. Vielleicht hätte man dann die einzelnen Komponisten nicht gar so hemmungslos gegeneinander ausgespielt – eine Methode, die bald schändliche Formen annahm, wenn sie nicht schlicht und ergreifend lächerlich war. Um 1913 herum hatten jedoch die meisten Leute – einschließlich der Anführer der kleinen Cliquen – praktisch damit aufgehört, ihre Kräfte in Guerilla-Kämpfen zu vergeuden. Debussy selbst hat von dem Augenblick an, da er zum erstenmal ins Rampenlicht trat, viele Jahre lang unter den Kritikern gelitten, die sich nach Kräften bemühten, ihm den Frieden zu verweigern, nach dem er sich sehnte. Irgendwie schwang in seiner Stimme Sehnsucht mit, und man begriff, daß er dabei ebenso an sich dachte, wie an all die jungen Komponisten, über die er gesprochen hatte.

Musicians Gallery, London 1933, S. 118f, 122f

George Copeland
(1882–1971)

George Copeland wurde in Boston geboren und gehörte zu den ersten Pianisten, die Debussys Musik in den Vereinigten Staaten regelmäßig spielten. Er setzte sich außerdem stark für spanische Musik ein. Von ihm stammt (aus dem Jahr 1929) die ketzerische Bemerkung: »Zuviel Beethoven ist noch niemandem gut bekommen.«

Eines Abends sollte *Pelléas et Mélisande* gegeben werden, und ich schlug ihm vor hinzugehen. »Warum?« meinte er, »gehen wir doch lieber zu *Tosca. Pelléas* inszenieren sie ganz genauso wie *Tosca.*«

The first – and last – times I saw Debussy, »Music«, November 1944, S. 8

Jacques Durand
(siehe Seite 36)

Richard Strauss schrieb mir eines Tages [1906] von seinem lebhaften Wunsch, Debussy kennenzulernen. Strauss sollte eine Reihe von Konzerten in Paris dirigieren und bat mich, während seines Aufenthalts ein Treffen mit dem Komponisten von *Pelléas* zu arrangieren. Ich erzählte Debussy davon, und obwohl er nicht gerne neue Gesichter sah, willigte er ein, mit dem Komponisten von *Salome* bei mir zu Mittag zu essen.

Am festgesetzten Tag fand das Essen im engsten Kreise statt. Richard Strauss, der in Deutschland gerade die Gesellschaft zur Wahrung der Urheberrechte gegründete hatte, war besonders stolz auf diese Gründung und sprach ständig davon. Debussy, der über die bereits existierende französische Gesellschaft und ihre Arbeit nur wenig wußte, fand das Gespräch nicht besonders interessant und für seinen Geschmack viel zu kommerziell.

Unter solchen Umständen zog sich Debussy zurück, indem er an etwas anderes dachte und sich in Träumereien verlor. Während des Essens war Richard Strauss sehr gesprächig, während Debussy zusehends verstummte. Ich glaube nicht, daß dieses von Strauss gewünschte Zusammentreffen dessen Erwartungen voll und ganz erfüllt hat.

Quelques Souvenirs d'un éditeur de musique, 2 Bde., Paris 1924f, Bd. 2, S. 30 *

Debussys Verleger Jacques Durand

Simon Harcourt-Smith
(Daten unbekannt)

Simon Harcourt-Smith, dessen Vater Rektor der Englischen Schule in Athen war, berichtete in einer BBC-Sendung am 25. Januar 1979 über sein Zusammentreffen mit Debussy.

Meine Bekanntschaft mit Debussy, aus der sich eine Freundschaft entwickelt hat, soweit ein Kind von Freundschaft zu einem Genie reden kann, erfolgte, als mein Vater Direktor der Englischen Schule in Athen war. Debussy wurde nachgesagt, einen äußerst komplizierten Charakter und eine starke Neigung zu beißendem Spott zu besitzen. Ich kann dazu nur sagen, daß er, vielleicht aufgrund der zärtlichen Liebe zu seiner Tochter Chouchou, eine ähnliche Zuneigung auch anderen Kindern gegenüber aufzubringen schien. Mein erster Eindruck von ihm war der einer bedeutenden, bärtigen Gestalt, die aus tiefster Empörung plötzlich explodieren konnte; und meine erste Erinnerung an ihn ist vielleicht die, als er mich – ich war damals ungefähr sechs – beim Arm packte und sagte: »Wenn du, mein Junge, irgendeine Sympathie für mich verspürst, dann spiele oder rede mit mir niemals über Wagner oder Beethoven; denn das wäre so, als würde jemand auf meinem Grab tanzen.«

Simon Harcourt-Smith, Gespräch im BBC vom 25. Januar 1979

Georges Jean-Aubry
(1882–1949)

Der französischer Musik-Schriftsteller Georges Jean-Aubry lebte seit 1915 in London. Als Herausgeber der Zeitschrift »The Chesterian« (von 1919 an) war er ein überzeugter Anhänger der zeitgenössischen französischen Musik.

Als Debussy mich bat, bei ihm vorzusprechen, war ich bloß ein junger Mann ohne besonderen Ruf, ohne großartige Aussichten und ohne Einfluß. Hinzu kam, daß ich auch noch in einer französischen Provinzstadt begraben war. Wenn ich hier diese wenig ruhmreichen Details meiner Person erwähne, dann nur, um Claude Debussy größere Gerechtigkeit widerfahren zu lassen, als sie ihm im Ausland von oberflächlichen Zeitungsleuten hin und wieder zuteil wird. Wahr ist, daß niemand mehr als Claude Debussy all das haßte, was in irgendeiner Art und Weise der Marktschreierei verwandt war oder von mangelhafter Zurückhaltung zeugte. Ich weiß nur, daß er mir während der ersten Zeit unserer Bekanntschaft einige vertrauliche Mitteilungen machte, um zu testen, ob ich sie eiligst journalistisch verwerten würde.

Er hatte seine eigene Methode, Journalisten loszuwerden. Sie bestand in jenen kurzangebundenen und widersprüchlichen Behauptungen, mit denen die französische Presse im Verlauf der letzten fünfzehn Jahre (oft auf lächerlichste Art und Weise) abgespeist wurde.

Vom Aussehen her soll er in seiner Jugend einem assyrischen Prinzen geähnelt haben, so hat man mir erzahlt. Ich lernte ihn kennen, als er in seinen Vierzigern war. In seinen Gesichtszügen spiegelten sich manchmal Anzeichen des Überdrußes; dennoch hatte er sich seine irgendwie asiatische Erscheinung bewahrt. Er hatte schmale Augen, sein schwarzes Haar war leicht gekräuselt, und er besaß die breiteste Stirn und die größten Ohren, die ich je gesehen habe.

Er sprach wenig und dann in abgehackten Sätzen; meist mit einem Gemisch aus genuschelter und klarer Aussprache. Deutlich konnte man einen nur schlecht unterdrückten Grimm und beißende Ironie denjenigen gegenüber verspürten, die nicht verstehen wollten oder die sich angestrengt abmühten, etwas für falsch zu erklären, von dem er überzeugt war.

Ich glaube, es hat niemanden gegeben, der in seiner Kunst und in seinem Denken aufrichtiger war als Claude Debussy. Weder seine kapriziösen Einfälle noch seine Widersprüchlickeit konnten diese Tatsache verbergen. Wenn ich mir rückblickend die Summe seiner Ansichten über die Kunst, das Leben und die Menschen vor Augen halte, kenne ich niemanden, der mir konsequenter und klarer erscheint als er.

Zu seinen Lieblingsträumen gehörte das Vorhaben, einen *Tristan* zu schreiben. Um sich vor Zudringlichkeit zu schützen, antwortete er einmal auf die Frage, woran er gerade arbeite: »Ich komponiere ein Werk über Tristan: Das ist ein ganz neues Thema, das noch nie behandelt wurde.« Journalisten sparten im Zusammenhang mit dieser Bemerkung nicht an billigen Witzen. Claude Debussy seinerseits hatte sich wieder einmal die Mühe erspart, sich selbst erklären zu müssen. Für ihn war die Welt in zwei Klassen von Menschen unterteilt: in die der dummen, bei denen jede Erklärung sinnlos ist, da sie von vornherein nichts verstehen, und die der intelligenten, bei denen Erklärungen nicht nötig sind, da sie es von selbst verstehen.

Claude Debussy, »Musical Quarterly«, Oktober 1918, S. 543, 553

Karl Lahm
(Daten unbekannt)

Ich muß gestehen, daß mich die erste persönliche Begegnung angenehm enttäuschte, denn ich war mit einigem Vorurteil gegen ihn belastet. Dies kam daher, daß ich mich nicht frei wußte von dem, was seinem Werk von so vielen zum Vorwurf gemacht wurde – man empfand es als nicht kraftvoll, als feminin, nervös, als ein Tasten im Melodischen, ohne Vermögen zur Melodie, gewiß zuweilen mit einem bezaubernden Charme, aber unklar in dem, worauf er hinauswollte. Man darf sein eigenes Unvermögen, nicht gleich erkannt zu haben, was ein neues Genie bedeutet, ruhig eingestehen – wenigstens ich tue es.

Die Premiere von *Pelleas und Melisande*, der ich am 30. April 1902 beiwohnte, war mit etwas gemischten Gefühlen aufgenommen worden – auch von mir. Es ist gut, wenn man erst bei wiederholtem Hören sein Widerstreben überwindet. Werke von tieferem Gehalt wollen erobert werden. *Pelleas* ist textlich wie musikalisch in mystische Schleier gehüllt, die zu durchdringen, auf den ersten Blick, nicht jedem gegeben ist. Damals habe ich Debussy selbst gesehen, der sich über den Mißerfolg leicht hinweggesetzt hatte. Die Gestalt, wie sie in der Erinnerung vor mir steht – gewiß ein Ästhet, aber durchaus kraftvoll und offen – sein zweiter Vorname war ja auch »Achille« – ein soignierter Pariser, nicht affektiert oder verträumt, nicht effiminiert – allerdings ein Künstler, der seine Welt hat, ein denkender Mensch, über allem ein Franzose.

Die erste Begegnung in einem größeren Kreise war nicht sehr ergiebig, aber charakteristisch. Es war bei dem Kunstkritiker Louis Vauxcelles, der Maler und Bildhauer eingeladen hatte, viele Leute mit bekanntem Namen. Man wurde einander vorgestellt; und es war für mich mehr ein Beobachten. Ich entsinne mich genau, daß der Hausherr ein Kunstblatt, auf das er sehr stolz war, auch Debussy hinreichte, indem er auf das Signum »A.D.« deutete. Der Komponist sagte mit großer Hochachtung: »Dürer!«, wandte sich dann aber den vielen an den Wänden hängenden modernen Bildern und Skizzen zu, darunter Arbeiten von Signac, Seurat, Henri Martin, Renoir. Vauxcelles war der Schrittmacher des Impressionismus und von damals noch Kühnerem, so daß Debussy hier richtig am Platze war.

Bald nach dem Martyrium (gemeint ist die Premiere von *Le martyre de Saint Sébastien*) hörte ich Debussy zum erstenmal spielen. Im Salon einer musikalisch interessierten Gräfin zeigte er am Flügel, daß die Obertöne, richtig angeschlagen, ohne daß sie aufdringlich mitklingen, die Farbe geben. Er gab nur kurze Proben, aber es lag im weichen Anschlag eine narkotisch-erotische Note, etwas Süß-Traumhaftes, wie von Frauenhand. In diesem Salon war auch d'Annunzio eine der Hauptpersonen. Ich notierte mir dann folgende Worte, die er über Debussy sprach: »Il est peintre, couleur de ciel, se servant pour sa touche de plumes d'anges.« (Er ist Maler, himmelsfarben, bedient sich für sein Tupfen der Engelsfedern.)

Niemals wollte Debussy lehrhaft sein, Schule machen. In meinen Notizen aus dieser Zeit finde ich folgende Worte von ihm: »Ein Meister, der sich für einen Meister hält, ist kein Meister.« Ich hatte sie aus Debussys Munde gehört, als ihn ein junger adliger Enthusiast immer wieder mit »Cher Maître« titulierte. Da die Dame des Hauses sagte, daß ihr Neffe kompositorisches Talent zeige, riet ihm Debussy, ihn nicht zum Lehrmeister zu nehmen, »pour l'amour de Dieu!«

Erinnerungen an Claude Debussy, »Melos«, 21/11, November 1954, S. 314f

Henry Malherbe
(siehe Seite 111)

Ich war fünfzehn Jahre alt, als ich Claude Debussy vorgestellt wurde. Ich habe ihn später bei den Colonne-Konzerten wiedergesehen, vor der ersten Aufführung von *Jet d'eau*, das er gerade orchestriert hatte. Die ausgezeichnete Sängerin, die *Jet d'eau* singen sollte, suchte ihn auf. Er bat sie:

»Singen Sie mir etwas vor.«

»Würde Ihnen Duparcs *Invitation au voyage* gefallen?«

»Haben Sie nichts weniger Gewöhnliches?«

»Also Mozart oder Bach?«

»Sehr gut. Das sind die Götter der Musik.«

Während der Proben gestand er Edouard Colonne: »Wenn ich *Pelléas et Mélisande* noch einmal schriebe, dann würde ich es heute ganz und gar anders machen.«

»Das ist genau das, was mir auch Gounod auf seinen *Faust* bezogen gesagt hat.«

»Ach, bei *Faust* verstehe ich das verdammt gut!«

Deux maîtres que j'ai connus, »Candide«, 717, 9. Dezember 1937, S. 19 *

René Peter
(siehe Seite 39)

Nach anfänglichen Schwierigkeiten brachte *Pelléas* Debussy endlich weltweite Anerkennung ein, und die Aussicht auf ein ganz anderes Glück erschien ihm in Gestalt einer neuen Frau: Sie war vornehm, Künstlerin und Geliebte gleichermaßen ... Bereits damals kritisierte man, daß sie reich war. Wie dem auch sei, Debussy liebte sie aufrichtig.

Die arme, zerrissene Lily wollte sterben; durch einen Revolverschuß in der Herzgegend verletzt, wurde sie in die Klinik in der Rue Bizet eingeliefert, sie gewann jedoch wieder Geschmack am Leben und willigte schließlich resigniert in die unausweichlich gewordene Trennung von Debussy ein.

Debussy hingegen hörte auch in dem neuen Milieu, das er für sich ausgewählt hatte, nicht auf, schöpferisch zu sein; aber seine Inspiration ließ nach. Es zeigte sich noch einmal, daß der Kontrast zwischen seinem täglichen Leben und den Werken, die er schuf, überraschend war; er, der Atheist, was sage ich, der Heide, an der Seite einer dem katholischen Glauben weit entfernten Ehefrau, komponierte *Le martyre de Saint Sébastien*. Und dann kam der Tod, langsam und nicht aufzuhalten.

Kann man nach all dem von einem »erfüllten Liebesleben« sprechen? Daß wir uns richtig verstehen, »die« Frau als Ideal hat ihn immer mehr interessiert als die realen Frauen um ihn herum. Aber wie hätte sein Traum bei seiner facettenreichen Seele je verwirklicht werden können? Dieser Traum war ebenso ein Resultat seines Lebens wie seiner Werke, bis zu seiner kalten Verwirklichung, diesem fieberhaften Bedürfnis nach Suche und Wiederbeginn.

Man wird denken: »Welch unglückliche Frauen!« Ich bin mir hingegen nicht so sicher, ob man wegen ihres schnell vergänglichen Schicksals Mitleid mit ihnen haben soll. Sie selbst wären darüber betrübt und gekränkt. Als ich vor einigen Jahren anläßlich der Einweihung des Denkmals zu Ehren meines lieben Claude die Ehre hatte, ein letztes Adieu an ihn zu richten, standen da nicht drei der Frauen, die mehr oder weniger gleichzeitig sein Leben für eine Weile verschönert hatten, voller Aufmerksamkeit und sogar ein wenig stolz auf der Tribüne?

Debussy et l'amour, »Comoedia«, 4. Juli 1942 *

Unter den feinen Linien seiner grimmigen Maske verbarg sich beinahe schamhaft eine wache und ungewöhnliche Sensibilität, die in jedem seiner Worte klar zum Ausdruck kam. Ich bin stolz darauf, sagen zu können, daß ich ihn besser als irgend jemand sonst gekannt habe. Er besaß das Herz eines Kindes, war stolzer auf eine hübsche Krawatte als auf ein Kompliment für sein Genie – nicht, daß er daran zweifelte, aber ihm schien es zu selbstverständlich zu sein, als daß es überhaupt einer Erwähnung bedurfte. Und wenn, dann allenfalls auf ruppige Art, die wir, die ihn bereits schätzten, bevor er berühmt wurde, schon gut an ihm kannten.

„Hast du gerade gearbeitet?« »Nein.« »Ein bißchen vielleicht doch?« »Ganz wenig.« »Und wie geht's?« »Nicht schlecht, und bei dir?« »Wenn sich deins als ein Meisterwerk herausstellen sollte, werden wir uns kaum darüber freuen können; das wird langsam zu viel.« »Laß gut sein, du Idiot!«

Ich sah ihn das erste Mal, als ich elf oder zwölf war, und zwar bei einem Abendessen bei dem Dichter Maurice Vaucaire, wohin meine Eltern mich mitgenommen hatten. Damals nannte er sich noch Achille. Seine assyrischen Gesichtszüge, die dunkle Hautfarbe, seine abgehackte Sprechweise und sein mythologischer Name flößten mir Angst ein. Er war auf Urlaub von der Villa Medici, aus der er wie aus einem Gefängnis geflohen war, weil er Autoritäten, abgesehen von Mozart und, wie man lange der Meinung war, Wagner, nicht anerkennen konnte. Danach haben sich seine Ansichten gewandelt, aber an jenem Abend spielte er *Tristan* (ich erinnere mich noch an den metallischen Klang seiner Stimme beim Aussprechen des Namens Brangäne) sowie aus der *Walküre* die Feuer-Szene und den Schluß und schließlich noch das Vorspiel zu *Parsifal*.

Man kann sich vorstellen, wie es gewesen war. Er selbst war bewegt und schwieg. Dann wandte er sich plötzlich mir zu: »Gefällt dir das, junger Mann? Gut, ausgezeichnet. Es ist wichtig, daß man schöne Dinge liebt, wenn man sehr jung ist. Auf diese Weise hat man mehr Zeit, ihrer satt zu werden.«

Das war bloß ein Scherz, denn damals schien seiner Wagneritis unheilbar. Da er kein Geld hatte, sprach er davon, die Reise nach Bayreuth zu Fuß zu unternehmen! Man bat ihn, ein wenig Debussy zu spielen. »Ein anderes Mal, wenn es Ihnen recht ist«, antwortete er, »aber wir haben hier noch Carolus Gounod!« Und er begann aus voller Kehle zu singen:

Faîtes-lui mes ave-u . . .

Portez mes voeu . . .

[Siebels Arie vom Beginn des dritten Aktes von Gounods *Faust*]

Die Ideen kamen ihm schnell, aber beim Festhalten dieser Ideen war er umständlich. Er pflegte sich mit Details aufzuhalten. Und er konnte nachts wach daliegen und warten, wie ein wildes Tier auf der Lauer, bis ihm eine Variante in den Sinn kam. Bei ihm war es möglich, daß die Planung von fünf Akten weniger Zeit in Anspruch nahm als die Komposition eines Akkords auf der None an der richtigen Stelle. »Ja, das ist es . . .« Und er würde in seinen gekräuselten Bart hineinlächeln.

Diese Aufmerksamkeit für Einzelheiten teilte sich nicht nur in seiner Musik, sondern auch in seinen Briefen sowie in der Art, sich zu kleiden und sich auszudrücken, mit. Ich empfand solche Bewunderung für ihn, daß ich von seiner Unvergleichlichkeit in allem, was er sich vornahm, überzeugt war, und ich hatte die wunderliche Vorstellung, ihn darum zu bitten, mein erster Lehrer sein zu wollen . . . im Stückeschreiben! Ihm gefiel die Idee; er sagte zu und gab mir etwa achtzehn Monate lang zwei Stunden die Woche. Er war jedoch so ziemlich das Gegenteil von einem Handwerker, und seine Methode, eine Szene zu verlängern, einen Auftritt vorzubereiten oder einen Effekt zu erzielen, hatte nicht viel mit der strengen Technik eines Scribe oder eines Sardou zu tun. Meine ersten Anstrengungen widerspiegelten diese Tatsache schmerzhaft. Ich kann mich noch gut der Verwirrung von Antoine [André Antoine war Direktor des Théatre Libre] entsinnen, die sich bei ihm breitmachte, als er sich drei fertige Akte anhörte. Die Akte besaßen alles, nur nicht daß, was ein »Stück« ausmacht, wofür wir aber nur Verachtung übrig hatten. Antoine schlug einige Verbesserungen vor, die nicht ganz unwesentlich waren, das ist wahr. Aber Debussy hatte nie mehr als flüchtiges Interesse für das Théatre Libre an den Tag gelegt und nahm die Verbesserungsvorschläge, die ich ihm unterbreitete, gleichgültig zur Kenntnis.

Mit dieser Situation nahmen wir zusammen die Idee in Angriff, ein Märchen in vierzehn Szenen zu schreiben. Wir sind jedoch nie weiter als nur bis zum Titel gekommen: *Les mille et une nuits de n'importe où et d'ailleurs* (Tausendundeine Nacht von irgend- und anderswo). Außerdem war noch eine dramatische Satire geplant, von der wir zwei Szenen zustande brachten. Wir nannten sie *Les F.E.A.* (*Les Frères en Art*). Die Geschichte handelte von einem widerlichen Maler, der in hohem Ansehen stand und einen Bund (F.E.A.) gegründet hatte, über den er die absolute Kontrolle ausübte und mit dessen Hilfe er vielversprechende Begabungen unterdrücken und die Frau seines Lieblingsschülers verführen konnte. Dieser Plan wurde mit Begeisterung entwickelt . . . und im Augenblick größter Harmonie, gerade im schönsten Moment von Szene drei, wurden Blicke gewechselt, dann folgte Schweigen, dann gleichzeitiges Lächeln, und mehr oder weniger schloß sich das Manuskript wie von selbst, und zehn beschriebene Seiten verschwanden in der Schublade und wurden dem Staub und der Vergessenheit anheim gegeben.

Für Debussy blieb ich immer derselbe Junge, den er einmal kennengelernt hatte, was die besondere Zuneigung erklärt, die er mir bis ans Lebensende entgegengebracht hat. Ich hatte Narrenfreiheit. Eines Abends sprach ich zu ihm: »Für deine Prahlerei wirst du eines Tages noch einen Orden bekommen . . . Ja, mein Lieber . . . Und du wirst dich darüber freuen . . ., und du wirst Mitglied von dem In-sti-tut sein!«

Er fing so herzhaft an zu lachen, daß ich ihm empört anbot, eine Wette darauf abzuschließen. Spontan unterschrieb er mir drei Zeilen, dem Sinne nach etwa wie folgt: »Ich verspreche, niemals einen Orden anzunehmen und unter keinen Umständen jemals Mitglied der Akademie zu werden.« Sechs Monate später war ihm das rote Band der Légion d'honneur verliehen worden, und er trug es auch. Und er tat recht damit; denn das Band hatte er für *Pelléas* bekommen!

Pelléas brachte aber nicht nur Freude, sondern auch Schmerz mit sich. Bei der Beurteilung anderer Kompositionen scheute sich Debussy nicht, manchmal mit der gleichen Härte zu verfahren, die er auch sich selbst gegenüber besaß, und da ihm Heuchelei fremd war, hatte er einige Übung im Umgang mit Feindseligkeiten. Sein Meisterwerk hörte man sich an, ohne Nachsicht zu üben, und in der fünften Szene fehlte dem Publikum jede Geduld. Dies verdroß Debussy so sehr, daß er sich in Albert Carrés Büro verschanzte. Ich trieb ihn dort auf, und wir gingen nach draußen, spazierten ein Weilchen auf der Straße und redeten über andere Dinge. Die Besprechungen am nächsten Tag vermittelten den Eindruck der Teilnahmslosigkeit und waren, was am schlimmsten war, höflich! Ich habe noch vor Augen, wie bei der dritten Vorstellung der populäre Sänger Paulus das Theater unter Lachanfällen verließ! Dies war das erste sichere Zeichen des Sieges. Eine Woche später war der Komponist, der bis dato nur einem kleinen, auserwählten Kreis bekannt gewesen war, berühmt. *Pelléas* war »angekommen«.

Nur jemandem, der mit Debussy nicht so vertraut war wie ich, konnten die unmißverständlichen Anzeichen entgehen, daß er uns von diesem Moment an zu verlassen begann. Nicht, daß er sich veränderte; aber ungeachtet seiner selbst, ungeachtet unser aller glitt er in eine neue Sphäre des Seins.

Leute, die sich »Debussyisten« nannten, tauchten auf; und wir, die eigentlichen Debussyisten von ehemals, wir gehörten auf einmal einer unbestimmten Vergangenheit an, die ihre raison d'être verloren hatte. Es war seltsam, aber unser Claude, jung und begeistert wie zuvor, begann sich eine Art Patina zuzulegen und hörte auf, auszusehen wie er selbst. Unsere Unterhaltungen glichen nicht mehr den früheren; er war nicht mehr Gott, sondern ein Maître. Das Genie wurde vom Ruhm verschleiert. Und dieser Ruhm gab uns allen nicht das, was wir erhofft hatten, als es noch ein entfernter Traum gewesen war. Zwanzig Konzertagenturen kämpften darum, seine Werke zu spielen, sein Name sprang einem von hundert Plakaten und in doppelter Schriftgröße aus den Zeitungen entgegen. Die Tore des Instituts standen ihm offen, er brauchte nur hineinzugehen, wenn er gewollt hätte; und oftmals mußte ich in dieser Zeit an die zweite Vereinbarung unserer Wette denken.

Wo war der Debussy geblieben, den ich während meiner Jugendzeit kennengelernt hatte, der Debussy, der so schlecht Backgammon spielte, wobei die tadelnswerte Seite seines Charakters so reizend zum Vorschein kam? Und ein schauderhaftes Tennis, das er mit der Hand eines Pianisten und schwerfällig auf den Füßen spielte. Er hatte nicht mehr die Zeit dazu, irgend etwas schlecht zu spielen, jetzt, wo er fortwährend von Reportern, gierigen Verlegern und ekelhaften Verehrern belästigt wurde. Von nun an war es das »enfant terrible« sich selbst schuldig, alles, was es tun wollte, auch gut machen zu müssen. Unterstützt von einer Frau, die er liebte, nahm Debussy die mutige Entscheidung auf sich, sich selbst zu verbannen und, da er nicht länger seinen Freunden gehören konnte, sich von nun an nur noch seiner Arbeit zu verschreiben. Ohne es zu wollen, hatte er sich ein Gefüge geschaffen, und dieses Gefüge hielt ihn nun gefangen! Er begann langsamer zu schreiben . . .

Die Monate verstrichen. Er schrieb mir 1914, als mein erstes Theaterstück *Chiffon* aufgeführt wurde. Ich hatte ihm den ersten Entwurf geschickt, und der gefiel ihm. Dann kam der Krieg. Ich sollte Debussy nur noch einmal wiedersehen.

Das war am 12. Mai 1915, am Tage der Generalversammlung der Société des Auteurs et Compositeurs Dramatiques. Ich war überrascht, ihn dort anzutreffen. Es sollte gewählt werden an dem Tag. Ich werde niemals sein schönes Lächeln vergessen, als er mich begrüßte. Er trug eine schwarze Melone, ein Hut, mit dem ich ihn zuvor noch nie gesehen hatte.

»Was machst du denn hier?« fragte ich ihn.

»Ich bin gekommen, um für meinen Freund Messager zu stimmen.« (Er mochte Messager immer sehr gern und war glücklich, wenn er Messager für all das danken konnte, was er während der Produktion von *Pelléas* getan hatte.) »Aber das ist nun erledigt, wir können gehen und ein bißchen plaudern.«

Er war ein Zauberer. Vom ersten Augenblick an, den ich mit ihm zusammen war, atmete ich nicht mehr die gleiche Luft, hörte und sah nicht mehr die gleichen Dinge. Aber seine schwere Krankheit zeichnete sich schon damals ab. Das Gespräch kam auf seine Verehrer, oder vielleicht sollte ich besser sagen »wandte sich gegen« sie. Beim Abschied wagte ich zu sagen: »Weißt du, Claude, ich ärgere mich sehr über die Debussyisten.« »Sie werden mich noch umbringen«, lautete seine Antwort.

Unsere Wege trennten sich, aber wir versprachen zu schreiben und ein Treffen zu vereinbaren oder zu telefonieren. Aber keiner von uns hat dies Versprechen gehalten.

Du temps d'Achille, »Revue Musicale«, Dezember 1920, S. 159-164 *

»Das große Geheimnis«, sagte Debussy, »besteht darin, den Frauen zu versichern, sie mit großen Gefühlen lieben zu können, und ihnen dabei zu verstehen zu geben, daß du diese aber nur in geringem Maße empfindest. Die Frauen haben mit uns gemein, daß sie gerne unterhalten werden wollen, ohne es dabei immer gleich auf die Spitze zu treiben oder das Leben schwer gemacht zu bekommen. Mit der Methode, die ich dir gerade beschreibe, wird ihr Selbstwertgefühl zufriedengestellt, und die Liebe kann nun mit einem Maximum an Annehmlichkeiten und Arabesken wirken, wie ein Musikstück, das sich von einer Sonate zu einer Symphonie entwickelt – ganz nach Besetzung, Phantasie und Virtuosität der Ausführenden – die nun nichts mehr zurückhält. So ist das, mein lieber Junge, und sage dir das jeden Abend dreimal vor dem Schlafengehen, und nun gib mir eine deiner abscheulichen Zigaretten.«

»Aber angenommen, es passiert wirklich, und man empfindet die ganz große Liebe, die Luxusversion?« wagte ich anzumerken.

Debussy schien lange zu überlegen und sich »in sein Arbeitszimmer zurückzuziehen«, wie er das nannte, um dann, während er eine große Wolke blauen Rauchs ausstieß, zu verkünden: »Das, mein Junge, ist ein Fall, über den ich weder Zeit noch Gelegenheit hatte, nachzudenken. Komm in ein, zwei Jahren wieder, vielleicht werde ich dir dann meine Antwort auf einer etwas größeren Erfahrungsgrundlage geben können. Wie dem auch sei, es ist nicht weiter wichtig.«

Zu Beginn unserer Freundschaft war Debussys Eigenart, von der ich übrigens auch heute noch am meisten beeindruckt bin, seine erstaunliche geistige Reife, diese etwas rauhe Kultiviertheit, die er sich selbst angeeignet, ganz aus seiner Phantasie erschaffen hatte; diese Bestimmtheit, die er bei Fragen des Geschmacks - und bei Ideen allgemein – an den Tag legte und dank derer er niemals sprachlos war. Eines Abends fragte ihn einer meiner Onkel geradeheraus, in diesem saloppen Umgangston, in dem mit Künstlern verkehrt wurde: »Welche Musik lieben Sie, Monsieur?« Debussy antwortete mit fast traumwandlerischer Sicherheit: »Den ganzen Wagner, Schumann und einige Stücke von Bach und Offenbach.« Worauf mein Onkel nicht wußte, ob er dies als Witz auffassen oder daran Anstoß nehmen sollte. Eilig sei hinzugefügt, daß Debussy sehr ernsthaft geantwortet hatte.

Debussy war es, neben Etienne Dupin, der mich in meiner Lektüre leitete: Verlaine, Laforgue, Rimbaud, Edgar Allan Poe, Mallarmé, den er so gut kannte, daß er ihn immer verstand. Er hatte bereits seine Musik zu den *Cinq poèmes de Charles Baudelaire* komponiert, und wie kein zweiter kannte er Shakespeare (den er in der Montégut-Übersetzung und nicht in der von François-Victor Hugo las, die er als zu »romantisch« ablehnte); von Victor Hugos Dramen zog er den *Ruy Blas* gegenüber *Hernani* vor.

Debussy war eine Spieler-Natur, und er war es bis zur Manie. Er ging soweit, aus allem, was er tat, ein Spiel zu machen. Die Geschicklichkeit, mit der er den Tabak für seine Zigarette in einem ungummierten Blättchen rollte, das er dann der Länge nach falzte, ohne es zu benetzen und ohne jemals nur den kleinsten Krümel Tabak auf die Erde fallen zu lassen – das war ein Spiel. Spielend auch die Art und Weise, wie er den Prix de Rome gewann, durch kleine, momentane Zugeständnisse an die alte Schule, denn den Prix de Rome zu gewinnen »macht Spaß!«

Danach drei Jahre nach Rom zu gehen, das konnte er nicht, und sobald sich eine Möglichkeit bot, riß er aus, denn das Spiel hatte nun wirklich aufgehört, nach seinem Geschmack zu sein. Sein Sprachstil ist ebenfalls spielerisch; er jongliert mit der Grammatik, mit Paradoxa, und plötzlich widersprechen unvorhergesehene Ausdrücke wie zum Spaß dem allgemeinen Sinn des Gedankens: »Du hast mich nicht erwartet, hier bin ich!«

Die Arabesken seiner Handschrift bilden ein Spiel – wie beim »Teekessel«, wo durch die Worte magische Schnüre gespannt werden – und man entdeckt im »y« seiner Unterschrift die Anmut einer koketten Lilie, deren überlanger Stiel sich in den unendlichen Wassertiefen verliert. Er liebte den Zirkus, die Clowns, das Reifschlagen und wurde nie müde, das grazile Spiel seiner Katzen zu beobachten, die immer von Angora-Katzen abstammten und graues Fell hatten. Sie bekamen alle, sobald sie ersetzt werden mußten, wenn sie sich – häufigste Unfallursache – aus dem Fenster gestürzt hatten (ich habe drei, die er sehr liebte, auf diese Weise enden sehen), immer denselben »Vornamen«: Line.

Selbst der Flügel wurde unter seinen spachtelförmigen Fingern zum Spielfeld verrücktester Jagden: der Marsch von Chopin wurde zu einer Art entfesseltem Radau, oder es war *En revenat de la Revue*, das in einen Trauermarsch verwandelt wurde ...

Sehr beeindruckend, nicht wahr? Wenn das nicht genügt, dann hier noch ein anderes Beispiel: der Marsch der Garçons bouchers! So nannte er den *Marche Lorraine* von Ganne, und er krakeelte, bis ihm die Stimme versagte: »Nous sommes les garçons bouchers, çons bouchers, çons bouchers . . .« – darüber konnte er wie verrückt lachen.

Eins seiner großen Vergnügen war es, *L'Etoile*, die Operette von Chabrier, zu singen, und sich dabei auf dem Klavier zu begleiten, manchmal vom Anfang bis zum Ende der Partitur, wegen der phantastischen Entdeckungen und des wilden Schwungs der Musik, für die er eine unbändige Begeisterung zeigte.

Eine andere Übung waren *Les lauriers sont coupés*, der wunderbare Refrain einer alten Volksweise, den er am Klavier mit soviel Sinn anfüllte und mit Zärtlichkeit und versteckten Symbolen ausschmückte.

Obwohl er ein Spieler war, mochte er doch keine Kartenspiele, außer »Bezigue chinois«, das ihm der verrückten Zahlenakrobatik wegen gefiel. Er legte seine Pfeife neben sich wie ein Cowboy seinen Revolver, als wäre er bereit, auf jeden zu schießen, der ihm den Sieg streitig machen wollte, der von der Kombination von Damen mit Buben der entgengesetzten Farbe abhing. Er mogelte übrigens ganz offen, indem er ohne Umstände eine Ecke der obersten Karte des Stapels anhob, und wenn er sie für gut befand, war er bei passender Gelegenheit entschlossen, die Hand darauf zu legen, um sie einzuheimsen. Wenn ich dann vorher noch am Zug war, beeilte ich mich, meine beste Karte auszuspielen, bereit, mein ganzes Spiel zu opfern, um ihm diesen Coup zu verderben. »Du, mein lieber Junge«, drohte er nun ertappt, »wenn du noch mal so anfängst, stecke ich dich in den Kohlenkasten!«

Er öffnete seine Ledermappe und zog drei Seiten beschriebenen Notenpapiers heraus, stellte sie sorgfältig auf den Notenständer, rief seine Gesangsschülerin und begann zu spielen. Ich hatte so den Vorzug, zwei Lieder der *Chansons de Bilitis* als erster zu hören: *La chevelure* und *La flûte de Pan*. Nach letzterem erlaubte ich mir, im Feuer meiner Begeisterung folgende einfache Bemerkung einzuflechten: »Du bist ein wenig bissig am Ende. Ich nehme an, daß das Absicht?«

»Am Ende? Was meinst du?«

»Ja, dieser letzte Akkord: ‹Ma mére ne croira jamais que je suis restée si longtemps à chercher ma ceinture perdue . . .›« (Meine Mutter wird mir nie glauben, daß ich so lange fortgeblieben bin, um meinen verlorenen Gürtel zu suchen).

»Das gefällt mir gerade am besten von der ganzen Melodie«, antwortete er sofort streitlustig.

»Ich verstehe, denn es ist bezaubernd. Aber ich finde, es hat etwas Beunruhigendes«, insistierte ich; »spiel es doch einfach noch einmal.«

Von ihm gesungen, gewann das, was ich gemeint hatte, noch an Betonung, wenn nicht an Bissigkeit. Er übertrieb, um meinen Gedanken noch klarer herauszustellen, aber zugespitzt bis zu einer nervenden Quälerei: »Perdue . . .!«

»Du hast recht«, erklärte er, nachdem er die exquisite Dissonanz zwei- bis dreimal wiederholt hatte. »Nun ja, um so besser! Das wird ihr eine Lehre sein, dieser jungen, schlechterzogenen Schülerin aus dem Lied, sich von ihrem Liebsten beim Flötenunterricht küssen zu lassen, und dann ihrer Mutter erfundene Geschichten zu erzählen! Übrigens war ich ihr das schuldig, als Retourkutsche für all das Kopfzerbrechen, das sie mir bereitet hat. Ah! Das kleine Trampeltier, das kleine Trampeltier!«

Eines Tages, kurz nach seinem Einzug in die Rue Cardinet, setzte ich mich während einer Unterhaltung mit ihm in den Sessel, in dem er gewöhnlich saß, um zu arbeiten. Er beobachtete mich mit unruhigem Blick und knurrte dann plötzlich los. Ich schreckte zusammen: »Was ist? Was gibt's?«

»Was los ist? Bist du verrückt? Schau . . .« Er zeigte auf den dicken, weichen Teppich. Einige Millimeter vor den vier Füßen des besagten Sessels waren vier deutliche Abdrücke zu sehen.

»Siehst du nicht?«

»Doch! . . . Ja! . . .«

»Das ist schon nicht sehr hübsch mit diesen Löchern, aber sie sind schließlich unvermeidlich. Du willst doch meinen Teppich nicht in ein Sieb verwandeln?«

Diese vier Abdrücke hatten ein Recht auf Besetzung, und ich mußte aufstehen, damit Claude den Sessel sorgfältig verschieben konnte, bis dessen Füße wieder ihren gesetzmäßigen Platz gefunden hatten. Er atmete auf.

»Sag'«, erlaubte ich mir zu fragen, »passiert es dir im Eifer des Gefechts denn nie, daß du dich wieder hinsetzt, ohne darauf zu achten . . .?«

»Ich setze mich immer auf die folgende Art hin, paß' auf, du wirst sehen, es ist nicht sehr schwer.«

Es war einfach ein Kunststück: Er ergriff mit Geschick die Rückenlehne, kippte das Sitzmöbel nun nach hinten, wodurch er die Vorderbeine anhob und zwischen Sessel und Tisch einen kleinen Zwischenraum schuf, in den sich Claude nun vorsichtig und geschickt hineinlavierte, bis er den Abstand als ausreichend erachtete und erstens den Sessel und zweitens sich selbst fallen ließ. Worauf er nun fragte: »Na, was sagst du dazu?«

»Toll«, antwortete ich mit wirklicher Bewunderung. »Ach! Ich verstehe, daß du *Pelléas* geschrieben hast.«

Diese kleinen Manien verrieten bei Debussy das Baudelairesche Schönheitsideal. Wie oft wurde ich durch ihn an den berühmten Vers erinnert:

»Je hais le mouvement qui déplace les lignes!« (Ich hasse die Bewegung, die die Linien verrückt.)

Ein schief aufgehängtes Bild konnte ihn aus der Fassung bringen. Alles hätte geschehen können: Das großte Ehedrama hätte ihn nicht davon abgehalten, an der Wand die nötige Korrektur vorzunehmen, die für das »Gleichgewicht« seiner Gedanken notwendig war. Er betrachtete sich oft im Spiegel, aus den Augenwinkeln heraus, oder er überraschte sich selbst dabei, wie er es direkt tat; er bildete sich etwas ein auf seine »kleine Nase«, die fein und regelmäßig gewachsen war, und ich glaube ich habe es nie gesehen, daß er auch nur ein einziges Haar die Harmonie seine Haarlocke zerstören ließ, die seine Stirn an der rechten Seite schmückte, noch fand sich je eine unerlaubte Falte in der peinlich genau inszenierten Unordnung seiner Fliege – die meist in einem dunklen Grün gehalten war. Denn Debussy liebte Grün in all seinen Nuancen und zu allen Gelegenheiten: Der Teppich in seinem Arbeitszimmer war blaßgrün, die Tapete flaschengrün und die Einrichtung pflanzengrün (das Ganze bildete ein harmonisches Gesamtkunstwerk), und selbst der Stock, den er an seinem Arm hängend trug, war grün. Eines Tages, als ich selbst eine smaragdgrüne Seidenschleife trug, befahl er:

»Du hast da eine hübsche Krawatte. Wo hast du die ergattert? Gib sie mir«“

»Aber ...«

»Gib sie mir.«

»Wir sprechen mal wieder darüber ... ein anderes Mal.«

»Nein, gleich. Und außerdem ist es mir egal. Wenn ich etwas will, dann habe ich es schon.«

Und dabei blieb es. Zwei Tage später saßen wir mit Lily im Pavillon Chinois bei einem Cocktail, als ich am Hut von Mélisande eine Art gerolltes Band sah, dessen Farbton mich vage an etwas erinnerte. Ich sagte: »Sie haben einen hübschen Hut.«

»Ach! Finden Sie?«

»Mir gefällt vor allem das Hutband. Woher haben Sie das?«

Claude lächelte diabolisch und triumphierend. »Nun ja, ich sagte dir ja, daß ich die Krawatte bekommen würde. Wenn du darauf bestehst, legen wir sie zurück in deine Schublade, ansonsten hattest du eine Lektion in Savoir-Vivre nötig. Herr Ober, noch drei Cocktails bitte, die Runde geht auf meine Rechnung.«

Edmond Bailly, der Besitzer der Buchhandlung Librairie de l'Art Indépendant sagte mir: »Ja, junger Mann, dieser wunderbare Künstler ehrt mich mit seiner Freundschaft. Er ist der Größte, der Erhabenste, und er wird der Berühmteste werden. Sie werden es noch erleben, denn Sie sind noch jung. So wie man im vorigen Jahrhundert von Piccinisten und Gluckisten sprach, so wird man von d'Indyisten und Debussyisten reden.« Da d'Indy zu dieser Zeit schon sehr berühmt war, schien mir die Prophezeiung eine so schöne Huldigung an Claude zu sein, daß ich schnell einen Sprung in die Rue Gustave-Doré machte, um ihm diese Worte zu überbringen. Er zögerte nicht eine Sekunde und antwortete in einem etwas gezwungen überzeugten Ton einfach: »Ich hoffe, von d'Indyisten wird nie die Rede sein!«

Er hatte mit großem Vergnügen Nietzsches *Der Fall Wagner* gelesen, worin zu lesen steht, daß man im Werk des großen Deutschen keine einzige Passage finde, in der das menschliche Herz ebenso heftig schlage, wie im letzten Satz von *Carmen*, als der weinende Don José, verrückt vor Liebe, mit dem Messer in der Hand vor derjenigen steht, die er gerade erstochen hat: »Vous pouvez m'arrêter, c'est moi qui l'ai tuée. O Carmen, ma Carmen adorée!« (»Sie können mich festnehmen, ich bin es, der sie getötet hat. Oh, Carmen, meine geliebte Carmen!«)

»Zeig' doch mal, wie sich das auf dem Klavier anhört«, bat ich ihn aus plötzlicher Neugierde heraus. Claude hatte meinen Wunsch vorausgesehen. Mit einer Stimme, die das Gefühl noch schöner und schmerzvoller machte, interpretierte er die Zerrissenheit Don Josés.

Ich war von Kopf bis Fuß ergriffen, und er weinte, wirklich, er weinte. Seine Stimme und auch seine Augen weinten. »Siehst du, du verstehst es. Manchmal glaube ich in meiner Musik ein wenig von diesem Gefühl zu spüren, von dieser Farbe! Sag' mal, unter uns, das mag ja nur französische Musik sein, aber dein kleiner Freund aus Bayreuth muß sich noch anstrengen, bevor er uns derart das Herz anrührt!«

Aber es war zwei Uhr morgens, etwas spät, um eine Diskussion zu beginnen. Ich brach auf. »Guten Abend. Meine Empfehlung an deine Hühner! Was werde ich mir morgen von meinen Nachbarn anhören müssen, wegen der nächtlichen Ruhestörung!«

Als ich die dunkle Treppe tastend hinunterging, folgte mir langsam, Stufe für Stufe ein Echo. Dort oben beweinte die Stimme des unseligen Don José erneut, ganz für sich, noch einmal die untreue Carmen, bevor Debussy schlafen ging.

Zweimal wöchentlich kam Satie zu Debussy, um sich zu zerstreuen. Er kam zum Kaffee, rauchte, sprach über Musik, war überglücklich und ging wieder nach Hause, um sich – wenn es Winter war – »in seiner kalten Ecke aufzuwärmen«, um den wunderbaren Ausdruck zu verwenden, den er bei Claude entliehen hatte – übrigens das einzige, was man ihn jemals hat borgen sehen. Kurz gesagt, ein Modell an einfacher, strenger Philosophie. Ich konnte feststellen, daß er diesbezüglich die Bewunderung Claudes besaß, und war er auch nicht unbedingt ein Parasit, so stand er doch in Claudes Schuld – und wir werden später sehen, wieweit dies ging. Gab er Debussy hingegen nicht das glückliche Gefühl, der eigenen Misere zu entkommen, indem er ihn plötzlich zum Wohltäter machte? Claude zeigte so, ohne es zu wollen, einen seiner ganz zu Unrecht unbeachteten Charakterzüge: eine Art stolzer Güte, die er sogar vor sich selbst unter einem Deckmantel von Rauheit und Despotismus versteckte (der ihm auch am geeignetsten erschien, sein wahres Ich zu verdecken).

Er schrieb mir in bezug auf Siegmund und Sieglinde: »Sie lieben sich . . . very wälse!« (Wälse ist, wie allgemein bekannt, der Name des Vaters dieser beiden Liebenden) »und er lädt sie à la wälse ein, worauf sie zum Mittagessen einlädt: helles Ale und wälse-rarebit!« (Wortspiel mit »welsh rarebit« = überbackene Käseschnitte)

Debussy und Reynaldo Hahn waren zwei sehr unterschiedliche Musiker, und ihr großer Antagonismus lag in ihrer Natur; es war vor allem ein starkes gegenseitiges Mißtrauen, das nicht den Gefühlen entsprang, die sie füreinander hegten, sondern denen, die sie im anderen zu wecken glaubten. Jeder redete sich ein, daß der andere ihn nicht mochte und daß sie per definitionem völlig unterschiedliche Persönlichkeiten seien und daher einander feindselig gesinnt und dazu verurteilt, sich gegenseitig zu zerfleischen. Diese Antipathie zwischen den beiden Künstlern wurde trotz allem, was man dagegen unternahm, so groß, daß beide – obwohl sie doch dieselbe Kunst liebten, wenn auch jeder auf seine Weise – überzeugt waren, daß sie sich gegenseitig verachteten und verabscheuten. Ihre Begrüßungen wurden kürzer, dann immer beiläufiger, und schließlich vermieden sie sie ganz. So entstanden zwei bedauerlicherweise getrennte Gruppen, die sich gegenseitig ignorierten.

Marcel Proust hingegen unterhielt eine oberflächliche, aber höfliche Beziehung zu Debussy. Man weiß, wie gesellig er eigentlich war. Eines Abends fuhr er Debussy sogar in seinem Wagen, der ihn stets vor der Tür erwartete, bis nach Hause. Proust fand, daß Debussy ihm nicht richtig zugehört hatte, ihm in der Verknüpfung seiner Gedanken, seinen subtilen und tiefsinnigen

Bemerkungen schlecht gefolgt war; Debussy wiederum fand Proust etwas langatmig, historisierend, spitzfindig und ein wenig »geschwätzig«. Man muß sagen, daß Proust zu dieser Zeit literarisch noch nicht in Erscheinung getreten war, abgesehen von einem reizenden kleinen Band, der von Madelaine Lemaire illustriert worden war, und daß außer dem Charme seiner Unterhaltung noch nichts auf den erstaunlichen Menschen hinwies, als der er sich eines Tages zu erkennen geben sollte. Er lud Claude sogar zu einer kleinen Zusammenkunft mit einigen interessanten Freunden, Künstlern und anderen unterhaltsamen Menschen ein, die er extra zu seinen Ehren einladen wollte, aber Claude lehnte einfach ab: »Wissen Sie, ich bin ein alter Brummbär. Ich ziehe es vor, daß wir uns weiterhin im Café sehen. Seien Sie mir nicht böse, aber ich bin schon so geboren!«

Man konnte stolz darauf sein, wenn man zu ihm nach Hause eingeladen wurde, um ein paar Würstchen und Rühreier – die er perfekt, saftig und goldfarben, zubereitete – mit ihm zu teilen, oder wenn man ihn zum Pferderennen begleiten durfte. Man bekam das Gefühl, in seinen Augen sei man wer. Er sagte dann etwa: »Hast Du die häßlichen Waden dieser Kleinen gesehen?« Es hätte nicht viel gefehlt, und man hätte ihm gedankt für die Macht und Autorität, die er ausstrahlte. Deshalb glaubte er auch nicht an Gott – es sei denn im Sinne einer großen, blinden Macht, ohne Bewußtsein für die Rolle, die ihr zukam –, weil ein übergeordneter Wille ihn erniedrigte und ihm mißfiel. Er zog den Tod und das Nichts als Jenseitsvorstellung dem Gedanken vor, in einem zukünftigen Leben nur eine »Nummer« zu sein. Es reichte schon, dies auf der Erde ertragen zu haben! Und dann – wen würde man da oben noch treffen? Durch Perfektion verweichlichte, vor Glückseligkeit schwerfällig gewordene Freunde und Frauen, die nicht einmal mehr kokett wären ...

»Und dann«, sagte er, »was wäre, wenn Gott keine Musik mag?«

»Oh, da mache ich mir keine Sorgen«, antwortete ich, »denn ich stelle mir vor, daß die wahren und die falschen Tugenden, auch die echten und die unechten Talente, auf ihren rechten Platz gerückt werden.«

»Also, daraus würden sich einige personelle Änderungen und eher befremdliche Berichtigungen ergeben ...«

Am Morgen nach seiner Ernennung zum Mitglied der Légion d'Honneur hielt Debussy unter einem leichten Überzieher die Anstecknadel an seiner Weste versteckt und nahm eine Droschke in Richtung der guten alten Vorstadt, in der sein Elternhaus stand. Sein ehrwürdiger Erzeuger stand hemdsärmelig auf dem Rasen des kleinen Gartens, in der Rechten eine Schuhbürste, die Linke in einem großen Schuh verborgen, den er gerade abbürstete. Er bemerkte seinen Sohn zunächst nicht, der ihn mit einem lauten »He!« aufblicken ließ. »Ach, du bist's, mein Kleiner! Welch eine Überraschung!« Und er kam aus dem Staunen gar nicht wieder heraus: Claude ging auf ihn zu, und, ohne ein Wort zu sagen, öffnete er plötzlich seinen Mantel. Debussys Vater sprach ebenfalls kein Sterbenswörtchen, kein Aufschrei entfuhr seinem Mund. Er blieb unbeweglich stehen und wurde kreidebleich. Zwei große Tränen, in die sich zwanzig Jahre versteckte Enttäuschung mischten, ergossen sich in seinen Bart, bevor er wieder zu sich kam und Claude plötzlich voller Zärtlichkeit umarmte: »Ach, mein Kleiner! Ach, mein Kleiner!« stammelte er immer wieder, während der Rücken des neugebackenen Chevaliers der Ehrenlegion viele harte Schläge einer gerührten Schuhbürste und eines dankbaren Schuhs hinnehmen mußte.

Claude liebte es, diese Geschichte zum besten zu geben. »Siehst du«, sagte er mir während eines einfachen, aber ausgezeichneten Abendessens, das der Wetteinsatz um die Ablehnung dieser Auszeichnung gewesen war, »ich habe in diesem kurzen Augenblick den Stolz gefühlt, zu etwas gut gewesen zu sein! Das war wohl eine verlorene Wette wert!«

Er hatte zu allen Fragen des Lebens sehr festgelegte Meinungen und Prinzipien, von denen er nur ungern abwich: Beispielsweise meinte er, daß oberflächliche Güte oft nur Feigheit sei, daß man sich für einen uninteressanten Schuldner meist nur aus Befangenheit verbürge, eine Befangenheit, die man empfindet, wenn man abweist oder sich sorgt, als geldgierig zu gelten (er war übrigens sehr großzügig mit seinem Geld, wenn er welches besaß); daß ein Mann, der eine Idee gegen die Meinung aller anderen verteidigt, zwangsläufig im Recht sei aufgrund der Fehlbarkeit selbst, auf der die Definition des menschlichen Geistes gründet, woraus resultiert, daß, je mehr Menschen sich über eine Sache einig sind, die Gefahr umso größer werde, daß sie irren (sah er bereits die Kämpfe, die er zu bestehen hatte, und den Triumph, der schließlich seine Anstrengungen krönen sollte, voraus?); daß es gut sei, sich vor dem Zubettgehen ausgiebig die Nase zu putzen (was er geräuschvoll und manchmal mehrmals hintereinander tat, bis die Nasengänge völlig frei waren), »um nicht zu schnarchen« – eine Handlung, die ihm zufolge die größte Unhöflichkeit darstellt, wenn man nicht allein schläft – und so hatte er, so hieß es, den Schlaf eines Kindes. Er fand außerdem, daß es Unsinn sei, mit einer Zigarettenspitze zu rauchen – ebenso unsinnig, wie eine

Frau per Telefon auf den Mund zu küssen (dies ist wörtlich das Bild, das er benutzte); daß seine Zigaretten selbst rollen zu können Teil der elementarsten Bürgerpflichten sei. Er glaubte ferner, mit seinen Händen ungeschickt zu sein, verweise auf einen wenig umsichtigen und minderwertigen Charakter, wie das Tragen von fertig gebundenen Krawatten oder auch die Benutzung mechanischer Rasierapparate (da er einen Bart trug, war es ihm ein leichtes, dies zu sagen), und so entschied er auch, daß derjenige, der sich damit brüste, weder Alkohol noch Tabak probiert zu haben – wie ein zeitgenössischer wichtiger Komponist –, bar jeder Neugierde sei, eine Neugierde, die unabdingbar für einen Künstler sei, der gewillt sein muß, alles auszudrükken und daher auch verpflichtet sei, alles ausprobiert zu haben. Selbst wenn der Künstler ein großes Talent besitze, wie es hier der Fall war, müsse er für einen armen Mann gehalten werden, einen »marheureux«, wie er spaßhaft sagte, es sei denn, es handle sich um einen simplen Lügner, was Debussy sehr viel lieber gewesen wäre.

Niemals, auch nicht unter den schlimmsten Umständen, nicht unter dem Eindruck größter Gefühle, hat man Debussy dabei überrascht, einen Brief oder ein Paket zu öffnen, ohne sich dabei eines langen Messers zu bedienen (das er, auch als es zerbrochen war, noch lange behielt), das er in den winzigen Schlitz am oberen Ende des Umschlags einführte – auf keinen Fall am unteren Ende. Mit allergrößter Vorsicht und mit einem feinen Ritschen öffnete er den Brief. Diesen faltete er daraufhin auseinander und stürzte sich nun auf den Inhalt. Bei einem Päckchen, das mit einem Netz aus Schnüren und unendlichen Knoten bedeckt war, rückte Claude als ordentlicher und gewissenhafter Künstler dem Knotengewirr mit einem kleinen Taschenmesser zu Leibe, drehte und hob das Messer an, dreht es erneut, bis nur noch die Schichten dicken Papiers zu durchkämpfen waren, die selbstverständlich eine nach der andern abgeschält und mit der Hand auf dem Tisch glattgestrichen wurden, wonach das Geheimnis des Päckchens endlich gelüftet werden konnte. Für mich, der ich der ganzen Sache beiwohnte, war es eine Qual. Ich sagte zu Claude: »Warum zum Teufel reißt du es nicht einfach auf?« Er antwortete: »Weil das Unglück bringt.«

Claude wäre nie bereit gewesen – ich weiß nicht, ob er später diesen Aberglauben abgelegt hat –, zu Bett zu gehen, ohne sich zuerst kräftig die Nase geputzt und die Pantoffeln so hingestellt zu haben, daß die Schuhspitze von ihm fort wies. Denn bekanntlich bringt es andersherum Unglück. Wenn er ein schwarzweiß geschecktes Pferd sah, was einen Wunsch auszusprechen erlaubt, der große Aussicht auf Erfüllung hat, wenn man dazu einen Reim auf »i« findet, so sprach er laut, gemäß der Regel: »Cheval pie, donne-moi des louis!« (»Geschecktes Pferd, bring mir Geld«), was ihn zu Wortspielen wie »Cheval pie, donne-moi Pierre Louÿs!« und anderen Scherzen veranlaßte. Aber nie verzichtete er auf seinen Wunsch.

Warum er »marheureux« statt »malheureux« sagte? Wahrscheinlich aus demselben Grund, aus dem er »bolhomme« statt »bonhomme« sagte, oder, wenn er eine Arbeit beendet hatte und sie für gelungen erachtete: »Je crois que c'est assez soi-soi.« (ein Kinderwort für »soigné« = sorgfältig), oder »c'est chic anglais« – beziehungsweise als Kritik an jemandem: »mâs il est fou«. Diese Verschmelzung von »ai« zu »â« schien dem Wort mehr Energie zu geben, wurde aber nur von ihm und nur in diesem einzigen Ausdruck benutzt. »Mâs il est fou«, das bedeutete, er ist wirklich »fou«, also nicht nur ein bißchen verrückt, sondern ganz und gar. Und der Ausdruck wurde in der dritten Person benutzt, auch wenn die Person anwesend war, an die sich Claude damit wandte. Er schien seinen Gesprächspartner zu ignorieren und den Himmel als Zeugen für diese Verrücktheit anzurufen, die sich in einem Wort, das ihm gar nicht gefallen hatte, oder in einem Scherz, den er unangebracht fand, äußern konnte. Wie oft bin ich nicht selbst dieser Mißfallenskundgebung zum Opfer gefallen! Seine kindische Ader war eine seiner ausgeprägtesten Eigenarten.

Nichts war schöner, als diesen immer besorgten und tiefsinnigen Künstler solche Kindereien aussprechen zu hören, die aus seinem Bart zu kommen schienen und die daher einen eigentümlichen und diabolischen Klang annahmen!

Er liebte Kinderbücher und Bilder. Er versicherte, daß nichts spannender sei, als dumm zu sein – was er zu keiner Zeit war, aber ich verstand sehr wohl, was er sagen wollte! Wenn er müde war und trotzdem ruhelos, war es besser, sich mit seichtem Zeitvertreib zu beschäftigen, als gar nichts zu tun; ansonsten langweilte er sich oder bekam Hunger. Die unschuldigen Spielchen ließen ihn vor sich selbst entfliehen, weshalb Claude auch nicht böse war, wenn ich gewann. Er sagte, nachdem wir eine Partie beendet hatten: »Danach ist mein Kopf wie aufgeräumt.« Naive Bücher haben auf unsere Manie, immer denken zu müssen, dieselbe Wirkung wie schwedische Gymnastik auf zu große nervliche Anspannung. Aus diesem Grund liebte Claude die Märchen von Hans-Christian Andersen, die ihn ebenso stärkten wie Tolstoi oder Schopenhauer. Aus demselben Grunde verließ er Mussorgsky manchmal zugunsten leichter Musik, wobei dies selbstverständlich nie ohne Rückfahrkarte geschah.

Hingegen mochte er lange Zeit Dumas père nicht, was mich sehr erstaunte. Das lag daran, daß Debussy nicht romantisch war, ihm gefielen Ausschmückungen nicht. Selbst Victor Hugo, dessen Schönheit er respektierte – die ihm aber immer fremd blieb –, schien ihm ein wenig zu »prunkvoll«. Ich bezweifle sehr, daß Debussy am Abend von *Hernani* unter den Rotröcken gewesen wäre. Was Gautier anbelangt, so sollten wir lieber schweigen... Er verstand nicht, wie Baudelaire, mit seinem Geschmack, Gautier die *Fleurs du Mal* hatte widmen können. Er vermutete einen Akt purer Höflichkeit mit Blick auf die Hilfe, die der Name des Wortzauberers Gautier aufgrund seiner allgemeinen Bekanntheit in der Presse dem verborgenen, großen Mann leisten könnte, der wie alle armen Dichter Angst hatte, nicht gelesen zu werden. Er hielt *Mademoiselle de Maupin* für ein irritierendes Beispiel unterdrückter Laster zum Gebrauch für minderjährige Mädchen. Gerade noch entschuldigen konnte er, wegen ihrer Anmut und ihrer Offenheit, die *Chansons de Bilitis* – wenn auch nicht alle. Ihm mißfielen die *Liaisons dangereuses*. Wie viele Streitgespräche führten wir über dieses Werk, die einzigen vielleicht, bei denen ich mir erlaubte, nicht nachzugeben! Für ihn waren es nur Bettgeschichten, die durch Nervenkrieg kompliziert wurden und die mit Psychologie, der wirklichen, nichts zu tun hatten. »Was soll mir das schon ausmachen, daß dein Valmont seine Présidente bekommt? Eine Frau mit solchen Mitteln, solchen Strategien, solch haarspalterischen Aktionen zu gewinnen, würde mir, wenn dann der Tag gekommen wäre, das Gefühl geben, daß alles nicht der Mühe wert war. Erzähl mir lieber von Eugénie Grandet oder von der einfachen und reinen Coralie . . .«

Balzac? Ich glaube, er hatte fast alles von ihm gelesen, was eine enorme Leistung darstellt, wenn man die Mühe bedenkt, die er auf sich nahm, um das kleinste Detail herauszuschälen, zu wiegen und wiede zurückzulegen. Er mochte vor allem *Die Lilie im Tal, Die Erforschung des absoluten Prinzips* und *Die Geheimnisse der Prinzessin von Cardignan* – das Buch der Balzac-Verehrer, so wie *Bérénice*, ich weiß übrigens nicht warum, das Buch der Racine-Anhänger ist. Ihm gefielen auch das *Mädchen mit den Goldaugen* und *Vater Goriot* sehr gut, das versteht sich von selbst. Weniger gut gefiel ihm *Glanz und Elend der Kurtisanen*, das seiner Meinung nach etwas in Richtung Trivialroman abglitt.

Sein guter alter Freund war Dickens. Er paßte zu jeder Stimmung, unfehlbares Gegengift und unermüdliches Heilmittel gegen alle Übel. Der Spleen konnte mit einer guten Dosis Pickwick, Sam Weller und seinem Kutschervater, Micawber, dem Seewolf in *Dombey und Sohn* und vielen anderen geheilt werden; eine schlechte Meinung über Frauen und die Liebe konnten Bella,

Dora und selbst die gute und vernünftige Agnes aus *David Copperfield* kurieren; Menschenscheu wurde durch die Familie Boffin mit ihrem Herz aus Gold, Jarndyce und den erstaunlichen Theorien von Mr. Skimpole abgebaut. Debussy zeigte sich irritiert über eine Art Geringschätzung, die manche Engländer, wenigstens solche aus der »guten Gesellschaft« ihrem großen Nationaldichter gegenüber zeigten. Er fand, daß Dickens – im Gegensatz zu Proust – Thackeray überlegen war, welcher sich, jedenfalls in England, unter den vornehmen Leuten einer viel größeren Beliebtheit erfreute. Sicherlich ist Dickens nicht unfehlbar. Es fehlt ihm manchmal an Tiefe, und man kann ihm vor allem die Armut, den mangelnden Zusammenhang und die Verzettelung seiner Handlungsstränge vorwerfen. Diesbezüglich hielt Claude *Bleakhaus* für sehr viel besser als alle anderen Werke von Dickens und der so »gewagte« Charakter der älteren, adeligen Lady schien ihm fast heftige, unerwartete und verwirrende Züge zu tragen; und das bei einem Autor, der an anderer Stelle oft zu ignorieren schien, daß auch außerhalb süßlich-sentimentaler Idyllen und ehelicher Bande Liebe existiert. Aber welch eine Schönheit und Schwung!

Er bekräftigte, daß durch den *Raritätenladen* ein antiker Hauch sophokleischer Inspiration wehe, vor allem, wenn der alte Trödelhändler, vom Spiel ruiniert, und seine Enkelin Nelly beschließen, den schlechtgehenden Laden und die schwierigen Kunden aufzugeben, um auf der Straße betteln zu gehen – endlich frei, trunken von der reinen Luft –; oder als sie im Dorf ankommen und Nelly fühlt, daß sie bald sterben wird und glücklich ist ... Debussy meinte, daß dies wunderbare Ende an jenes von *Ödipus* erinnere, nur daß hier die Rollen vertauscht seien, und es nicht mehr der umherirrende Alte, sondern Antigone sei, die die Befreiung und die Ruhe des Todes erfahre. Und diese Passage in *Dombey*, als der Geldwechsler mit schon grausamer Kälte seine süße und ihn liebende Tochter empfängt, die gekommen ist, um sein Herz zu erweichen und ihn um Verzeihung dafür zu bitten, daß sie nicht der Sohn ist, den er sich gewünscht hatte. Er verabschiedet sie wie eine Fremde, einen Eindringling, und sie läßt ihren Kopf in ihre Hände fallen und stößt einen langen, durch Mark und Bein gehenden Schrei aus. Hier zögert der Schriftsteller, selbst außer sich, nicht auch einen langen Schrei der Ungerechtigkeit und der Auflehnung auszustoßen. Er zerstört mit einem Schlag das Ende seines Buchs, indem er vorwegnimmt was geschehen wird, doch was macht das? Es muß uns gesagt werden, daß eine solch verabscheuungswürdige Härte bestraft wird ... »Laß ihn sich in diesem Raum erinnern, Jahre später. Der Schrei verklang in der Luft, noch bevor er die Stille brach. Er hoffte, daß er ebenso schnell aus seiner Erinnerung vertrieben würde, doch der Schrei war noch immer da. Laß ihn sich in diesem Raum erinnern, noch viele viele Jahre!« Claudes Stimme versagte, wenn er diese Stelle laut vorlas.

Es schien, als treffe ihn das Unrecht, das an einem Kind begangen wurde, besonders schwer. Er spürte eine Verbitterung und ein fast physisches Unwohlsein, denn er verabscheute die Unterdrückung des Schwächeren durch den Stärkeren. Außer auf Kinder erstreckte sich sein Mitleid auf jedes Wesen, das ungerecht und ohne sich wehren zu können litt. Es versteht sich daher von selbst, daß er sehr tierlieb war.

Als er eines Morgens arbeitete, schlich seine Katze um ihn herum. Zuerst schenkte er dem keine Aufmerksamkeit. Die Katze miaute. »Aber ja, Sie sind die Schönste, Madame, die Schönste!« sagte Debussy und streichelte sie, ohne von seiner Arbeit aufzuschauen.

Erneutes Miauen. »Ja, nun ist gut!«

»Miau!«

»Line, Sie gehen mir auf die Nerven. Du raubst mir den letzten Nerv!«

Ruhe trat ein. Die Katze schlich zurück auf ihr Kissen und schlief erneut ein. Claude schaute nicht von seinen Noten auf. Es klopfte.

»Herein!«

Ins Zimmer trat die Zugehfrau, die das Mittagessen ankündigen wollte, aber stattdessen entfuhr ihr ein Schrei: »Oh, dieses Schmutzvieh!«

»Wie? Was?« sagte Claude. »Was ist passiert?«

»Da, Monsieur! Oh! . . .«

»Oh!« entfuhr es Claude nun ebenfalls. »Mein Teppich!«

Die empörte Putzfrau wollte die Katze schlagen. »Und wenn Sie sie schlagen, bringt das die Sache wieder ins Lot? . . .und meinen Teppich?« bemerkte Claude plötzlich ganz ruhig. »Das arme Tier hatte mich gewarnt, so gut es konnte, und ich habe nicht reagiert. Sie hatte ihre kleine Schale nicht, es ist nicht ihr Fehler. Ich würde gern wissen, was Sie täten, wenn Sie eingesperrt wären und nicht ihr Schälchen hätten!«

Claude Debussy, Paris 1931, S. 11f, 30, 39ff, 47f, 52f, 56ff, 69, 72, 98f, 102f, 109f, 141f, 155–162 *

Madame de Saint-Marceaux
(1850–1930)

Madame de Saint-Marceaux führte einen Salon, der um die Jahrhundertwende zu den bedeutendsten von Paris zählte. Regelmäßige Gäste waren unter anderem Maurice Ravel und Gabriel Fauré.

> Der junge Engländer Cyril Scott hat ein enorm selbstsicheres Auftreten. Er hat ein musikalisches Gefühl, aber in seiner Musik herrscht eine Unordnung, daß einem beim Zuhören ganz schwindelig werden kann. Debussy sagte, nachdem er eins dieser Stücke gehört hatte: »Ich mag diese fünfstöckigen Gebäude nicht.«
>
> Madame de Saint-Marceaux, Tagebucheintragung vom 22. Januar 1904, in: »Cahiers Debussy«, a.s. 3, 1976, S.9 *

Victor Segalen
(1878–1919)

Der Diplomat und Schriftsteller Victor Segalen besaß ein ausgeprägtes Interesse für exotische Kulturen. Auf Debussys Vorschlag hin wurde seine Untersuchung über die Musik der Maori, *Voix mortes: musiques maori* 1907 in der Zeitschrift »Mercure musical« veröffentlicht. Es ist schade, daß sein *Orphée* Debussy am Ende doch nicht reizen konnte, Musik dazu zuschreiben. Folgende Gesprächsaufzeichnungen und Briefe sandte Segalen seiner Frau.

Gespräch zwischen Debussy und Segalen vom 8. Oktober 1907.

Debussy: Wie geht es Ihnen?

Segalen: Guten Tag. Danke gut, und Ihnen?

Debussy: Nicht schlecht.

Segalen: Sie sind also aus Dieppe zurück.

Debussy: Wir wollen nicht davon reden ... Ein absurder Aufenthalt ... Können Sie an Bord, auf dem Meer, arbeiten?

Segalen: Ich kann fast überall arbeiten.

Debussy: Sie Glücklicher!

Segalen: Das liegt sicherlich daran, daß ich mein Leben nicht so führe, wie ich es gern täte, und so habe ich mich ihm unbewußt angepaßt ...

Victor Segalen und Gilbert de Voisins bei Ausgrabungen in China (1910)

Debussy: Ich bedaure, nicht wie Sie eine Karriere zu haben, die völlig abweicht von meinen üblichen Beschäftigungen.

Segalen: Oh! »Bedauern« ist wohl zuviel gesagt ...

Debussy: Oh doch! Das hätte mich nämlich davor bewahrt, ständig mit mir selbst zu leben. Es hätte nicht viel gefehlt, und mein Vater hätte mich für die Seefahrt bestimmt. Dann traf er jemanden ... Ich weiß nicht mehr, wie es passierte. »Ah! das spielt er. Sehr schön – man muß dem Kind Musikunterricht geben ...« Also setzte sich mein Vater in den Kopf, mich ganz der Musik zu verschreiben, er, der überhaup nichts davon versteht.

Segalen: Ich weiß nicht, was ich daran bedauerlich finden soll. Es würde bedeuten, Ihre ganze Vergangenheit zu verneinen, die sehr wünschenswert war, denn sie hat Sie zu dem gemacht, was Sie heute sind ...

Debussy: Sie sagen das, weil Sie mich nicht kennen.

Segalen: Ich weiß einige unwiderlegbare Tatsachen über Sie.

Debussy: Ja. Aber Sie kennen meine Schwächen nicht. So ist alles an mir instinktiv, unüberlegt. Ich bin nicht Herr meiner selbst. Und dann gibt es Momente, in denen ich nichts schaffen kann, ich stehe dann wie vor einer Mauer und frage mich, ob ich sie überwinden werde oder nicht.

Segalen: Diese Momente mögen in der Vergangenheit schwierig gewesen sein, als Sie die unvermeidliche Phase durchlebten, in der man sich fragt, ob man jemals etwas erreichen wird und wenn ja, was. Aber heute gibt es doch keine Zweifel mehr.

Debussy: Ganz genau! Ich habe *Pelléas et Mélisande* geschrieben. Und? *Pelléas* langweilt mich! Ich frage mich, ob ich ihn nicht bis in alle Zeiten wiederholen werde. Das möchte ich ganz bestimmt nicht.
Es würde mich lähmen, ihn von neuem zu erschaffen oder etwas Ähnliches zu schaffen. Ich muß weiter gehen. Sonst würde ich lieber . . . Bauer sein.

Segalen: Der Zweifel ist doch bereits eine Antwort – ambivalent, aber günstig. Und solche Momente durchleben doch alle Künstler, alle instinktiv Handelnden. Schweigen.

Debussy: Mir hat ihre Novelle sehr gut gefallen. Und ich habe Ihnen noch gar nicht für ihr Buch gedankt und dafür, daß Sie eine meiner Marotten berücksichtigt haben und es mir in einer Ausgabe auf bestem Papier gegeben haben.

Segalen: Wie steht es mit *Tristan*?

Debussy: Mourey hat mir den ersten Akt vorgelesen, der in Ordnung ist. Und er wird mir morgen die Fortsetzung vorlesen. Hier der erste Akt in drei Bildern:
1) Im Zimmer des Königs. Der Zwerg Froncin enthüllt, daß Tristan der Liebhaber der Königin ist. Die Prüfung. Der Beweis. Man nimmt sie fest. 2) Die Leprakranken. Isolde ausgesetzt unter den Leprakranken. 3) Der Hohlweg. Tristan, unbewaffnet, befreit Isolde. Sie fliehen.
Zweiter Akt: Im Wald. Das entflohene Paar ist traurig und müde der Entbehrungen.
Dritter Akt: Das weiße Moor . . .

Vierter Akt: 1) Isolde in den Weißen Händen. 2) Tristan verfällt dem Wahn. 3) und 4) Der Verrat Isoldes der Weißen Hände. Der Tod Tristans. Und was ausgezeichnet ist: »Mein Leben ist zuviel, um es zu ertragen.« Die Prosa Gabriel Moureys ist nicht sehr lyrisch und viele Passagen verlangen nicht gerade nach einer musikalischen Umsetzung.

Segalen: Haben Sie schon begonnen?

Debussy: Nein. Ich habe noch einige Dinge zu beenden, die nicht enden wollen. Symphonische Stücke, die mir nicht gelingen wollen. Ich habe bisher noch nie etwas unvollendet gelassen. Ich will es nicht!

Segalen: Sie sind einer der wenigen, mit dem ich über Musik spreche und dem ich von mir erzähle. Ich sage das nicht aus Eitelkeit. Selbst mit meiner Frau spreche ich nicht über Musik. Oder wenn, dann sind es Musikanekdoten.

10. Oktober 1907.

Debussy: Sie baten mich um eine Zeile Musik ... (er kopiert sorgfältig eine Zeile aus *Pelléas* und achtet darauf, daß das Papierformat das richtige für die Partitur ist). Hier bitte. Ich gebe nur selten einmal etwas her. Ich bekomme so viele Anfragen. Ich habe Lust, welche zu fälschen und sie zu verteilen. Man hat mir Postkarten aus Buenos Aires geschickt, und eine Amerikanerin hat in ihren Brief fünfhundert Francs für eine Antwort gelegt. Ich habe die fünfhundert Francs behalten und die Antwort – aber für Sie, das ist etwas ganz anderes. Wenn ich Ihnen etwas zu den Dialogen sagen soll in *Orphée*, dann etwas, was sich sehr unklar anhört: Passen Sie auf, was die Personen sagen.

Segalen: ???

Debussy: Damit meine ich, was die Charaktere, Orpheus und Eurydice, sagen, muß sehr an das angepaßt sein, was das Dekor, die Situation vorgibt. Sonst merkt man sofort, daß man sich in der Oper befindet.

Segalen: Und was ist mit den Charakteren, die nicht verstehen, den Priestern, Kriegern, die nicht hören, was Orpheus sagt?

Debussy: Oh! Die muß man wie Conciergen sprechen lassen. Ich verspreche, über das Projekt mit niemandem zu reden.

Segalen: Ich wollte Sie gerade fragen, wie Sie es mit diesen gemeinsamen Projekten halten.

Debussy: Ich verspreche, zu niemandem darüber ein Sterbenswörtchen zu sagen.

Segalen: Ich verspreche es ebenfalls.

Debussy: Ich tue es ein wenig, um nicht von allen Seiten überrollt zu werden mit Fragen wie »Sie haben einen *Orphée* geschrieben? Die Rolle paßt genau zu meiner Statur! Reservieren Sie sie mir.«

12. November 1907.
Debussy: Orpheus spricht zu Beginn natürlich nicht. Er singt. Er sollte sogar ohne Worte singen, während des ganzen Stückes. Aber leider ist das eine nicht zu verwirklichende Utopie.

14. November 1907.
Debussy: Ich habe heute den ganzen Morgen mit jungen Leuten verloren, die gekommen sind, um mir meine eigenen Stücke vorzuspielen, zum Beispiel *La soirée dans Grenade*. Ein Spanier unter vielen. Wissen Sie, wie er das spielt? Als wäre es ungarische Musik. Er ist sprachlos, als ich ihn bitte, es spanisch zu spielen. Ich sagte ihm: »Sie dürfen nicht zuhören.«

(Ich bat ihn diskret um eine Vorspiel von *L'Isle Joyeuse*. Und fragte, woher die Inspiration zu diesem Stück, das voller Freude sei, käme.)

Debussy: Frei erfunden. Aber ich muß Ihnen sagen, daß ich nicht ausreichend fingerfertig bin für dieses Stück.

6. Mai 1908.
Der Maître nimmt *Orphée* aus einem roten Kartoneinband und blättert zehn Minuten lang ohne etwas zu sagen darin herum. Schließlich sagt er: »Im vierten Akt ist zuviel ... zuviel ...« Die Hände vollenden seinen Gedanken.

Segalen: Zuviel Stoff?

Debussy: Ja ... Nein, nicht zuviel Lyrisches. Es ist sehr viel, aber das ist gut. Aber ich sehe nicht, welches Ohr das jemals alles ertragen kann. Zuerst habe ich es von einem Ende zum anderen durchgelesen und gedacht »es ist sehr schön«. Und erst hinterher, als ich mir die Realisierung vorgestellt habe, sah ich die Überfülle.

Segalen: Aber es ist dazu bestimmt, gekürzt, komprimiert zu werden.

Debussy: Ja, aber das ist unglücklich, es ist sehr ärgerlich, etwas herauszunehmen, denn das meiste ist gut . . .

Segalen: Doch würde die Kürzung fast von selbst geschehen, da bin ich sicher, und wäre es beim Schreiben. Das Vorliegende ist das Ergebnis von zwei oder drei übereinandergelegten Entwürfen.

Debussy: . . .

Segalen: Sie selbst könnten mich doch beraten, denn Sie haben durch *Pelléas* große Erfahrung mit lyrischer Prosa.

Debussy: Nein, keine Erfahrung, gar nicht. Instinkt, das ist alles.

Segalen: Sie werden sicherlich mit Librettos überhäuft.

Debussy: Ja. Es ist langweilig. Und man verliert sehr viel Zeit damit. Man kann nicht alle Leute abweisen. So habe ich gerade neulich einen Herrn, einen Bretonen, getroffen, der vorhatte, ein Libretto aus den Unterlagen über seine Familie zu ziehen und es dem »Po-eten« Jean Aicard zu überantworten – der es mir dann geben sollte. Aber jetzt erkläre ich immer allen, daß ich schon Arbeit für mindestens die nächsten zwanzig Jahre habe. Ich habe auch einen professionellen Librettisten, Georges Cain, den ich früher häufiger zu treffen pflegte, wiedergesehen. Er sagte mir: »Du hast *Pelléas* gemacht, das ist gut. Aber jetzt habe ich genau das, was wir brauchen...« Ich wollte nichts davon wissen. Das war das Ende unseres Vorhabens, das Drama in drei Arbeitssitzungen noch einmal zu lesen.

Über die Erziehung von Mädchen im allgemeinen und seiner Tochter Miss Chouchou im besonderen.
Debussy: Man macht aus den jungen Mädchen zweideutige Wesen, die halb den Engel, halb die schamlose Maid spielen, das ist beunruhigend. Ich werde versuchen, meiner Tochter etwas Loyalität und auch etwas Güte zu geben. Aber dafür muß ich sogar gegen ihre Mutter kämpfen.

Paris, 8. Mai 1908.
Segalen an seine Frau:
Debussy hat michzunächst ganz mit Beschlag belegt, denn von elf Uhr bis um halb drei hielt er mich auf. Der dritte Akt ist jetzt überarbeitet und sehr nach seinem Geschmack. Der ekstatische Tod Eurydikes gefällt ihm. Er beglückwünscht dich für das »Er weiß nicht, daß sich alles in mir ändern kann . . ., wenn er will«, von dem er weiß, daß es von Dir ist.

Der vierte Akt scheint ihm jetzt besser strukturiert.

Was das Diner anbelangt, so gab es nichts Neues. Madame Debussy und Miss Chouchou gleichbleibend freundlich. Nach dem Essen erreichte ich eine Vorführung von drei *Images*, deren Wichtigkeit innerhalb seines Werks ich jedoch nicht sehen konnte. Trotzdem gewinnt *La lune descend* . . . sehr durch seinen Vortrag.

Sein Verhältnis zu Messager, »der sich darum kümmern wollte, sein Leben zu regeln und seinen Platz zu finden«, ist sehr abgekühlt. Trotzdem mag er ihn immer noch sehr.

Gespräch vom 12. Mai 1908, über Rameau und *Hippolyte et Aricie* . . .
Debussy: Keine gute Opernproduktion. Wird dem Rhythmus des Werkes nicht gerecht. Dabei braucht man doch nur ein Porträt von Rameau anzusehen, um zu begreifen, wieviel Klarheit und Strenge es braucht. Und dann spielen Sie es nicht jener Zeit angemessen, mit diesem Element von Zauberwelt und Konvention, sondern als spiele es in unseren Tagen. Ein guter Tenor mit einer gut klingenden Stimme, der keine Tragik erzeugt, wenn keine angebracht ist, und selbst an den tragischen Stellen noch den Geschmack wahrt. Aber der Rest spielt, als wäre es Gluck.

Das Werk ist urfranzösisch, was seine Gerechtigkeit und die exakte Ausgewogenheit anbelangt. Das Libretto ist ohne Zweifel dümmlich. Aber man ist gezwungen, es zu akzeptieren, da Rameau es gewählt hat. Seit Rameau haben wir alle französischen Qualitäten verloren: diesen so schön gesetzten Ausdruck, so klar, so ganz angemessen und das mit so einfachen Mitteln – vor allem im vierten Akt, der besonders bewegend ist, als Hippolyte stirbt. Die einfachen Worte »Hippolyte n'est plus« hat er mit einem einzigen ausdrucksvollen und wunderbaren Takt unterlegt und nicht mit unzähligen übereinandergeschichteten Themen!

Nicht daß ich die ausländischen Schönheiten nicht bewunderte, die Deutschen oder andere, aber ich erachte sie als fremd. Bewahren wir uns die unsrigen!

Gespräch vom 17. Dezember 1908, über Orchestration.
Debussy: Die Musiker können den Klang nicht mehr trennen, ihn nicht mehr rein wiedergeben. In *Pelléas* ist die sechste Geige

ebenso wichtig wie die erste. Ich versuche, jedes Timbre in seiner Klarheit zu benutzen; so wie Mozart es beispielsweise tut. Daher kommt es auch, daß keiner mehr Mozart spielen kann. Wir haben uns zu sehr angewöhnt, die Timbres zu vermischen; sie den Schatten oder den Massen zu entreißen, ohne sie ihrem Eigenwert entsprechend zu spielen – Wagner ist darin sehr weitgegangen. Er verbindet seine Instrumente meist zu Paaren oder Dreierkombinationen. Am weitesten geht Strauss, er hat alles hingeworfen. Er verbindet die Posaune mit der Flöte. Der Klang der Flöte geht verloren, die Posaune bekommt einen merkwürdigen Klang. Ich hingegen bemühe mich, die jeweilige Klangfarbe rein zu erhalten und an ihren wahren Platz zu stellen. Das Orchester von Strauss ist nur ein Gemisch, wie ein amerikanischer Drink, den man aus achtzehn verschiedenen Zutaten mischt; alle Einzelgeschmacksrichtungen verschwinden. Es ist ein Cocktailorchester.

Segalen: Eine von Debussys besonderen Sorgen ist die Unzulänglichkeit der Schlaginstrumente (Anmerkung: Bringen sie aus dem Fernen Osten Gongs und Zimbalen mit). Eine andere Sorge: die Chöre. Ihre Lächerlichkeit. Aber es ist unmöglich, die Leute zu bitten, in acht oder zehn Stimmen zu singen und zu spielen, die nur auf dem Papier funktionieren. Er hat einen Plan: Er versucht einen Weg zu finden, eine Chornotation, die »stilisiert« und gleichzeitig ganz einfach ist.

Debussy: Ricardo Viñes – zu trocken. Ich habe nur zwei gute Pianisten gehört: meine alte Klavierlehrerin, eine kleine dickliche Frau, die mich zu Bach drängte und die ihn spielte, wie man ihn heute nicht mehr spielt, nämlich indem sie ihre ganze Seele hineinlegte (war es vielleicht, weil Bach eine Perücke trug, daß er auch seine Musik »verkleidete«?) Der zweite Pianist war Liszt, den ich in Rom gehört habe.

Was die Orchesteranordnung anbelangt, so sollten die Saiteninstrumente nicht als Barriere zu den anderen Instrumenten aufgestellt werden, sondern einen Kreis um diese bilden. Die Holzinstrumente sollten verteilt werden. Die Fagotte mit den Violoncelli vermischen, die Klarinetten und die Oboen mit den Geigen; damit ihr Einsatz anders klingt als der der Aufprall eines gefallenen Pakets.

Paris, 5. September 1913.
Segalen an seine Frau.
Mittagessen mit Debussy, der vertrauensvoller und offener denn je ist, aber auch ein wenig traurig. Er schreibt fast nur noch kleine Dinge, Auftragsarbeiten, die ihn langweilen: *Khamma*, ein ägyptisches Ballett für Maud Allan, eine Nackttänzerin. *Crimen amoris*, nach Stücken von Verlaine, die von Charles Morice

zusammengeflickt wurden. Er kann nicht einmal mehr seine zwei kleine Dramen nach Poe beenden. Er überlegt, in die Vorstadt zu ziehen, um mehr Ruhe zu haben und ein weniger teures Haus ... Er gibt mir alle Befugnisse für die Veröffentlichung von *Orphée*, das, mit einem Vorwort nach meinem Gutdünken bei Crès, wenn ich es ihm gebe, erscheinen wird.

Victor Segalen, Annie-Joly Segalen und André Schaeffner (Hg.), *Segalen et Debussy*, Monaco 1962, S. 70f, 74f, 77f, 80f, 83f, 96–100, 107f, 134f *

Maggie Teyte
(siehe Seite 106)

Es ist nicht leicht, den Eindruck, den Debussy auf einen machte, zu beschreiben. Er besaß eine so ungewöhnliche Persönlichkeit. Bei den meisten Genies ist es so, daß ihre Arbeit, ihre Träume die andere Seite ihres Lebens mitbestimmen. Bei ihm verhielt es sich anders. Eher so, als ob jemand ein Stückchen Genie genommen hätte, es in eine Schachtel gelegt und diese kräftig gegen seinen Kopf geschleudert hätte. Sie blieb haften, ja, aber nicht als ein Teil von ihm selbst, seines täglichen Lebens, seiner Gedankenwelt. Sehen Sie, was ich meine?

In seinem privaten Leben, in seiner Art und Weise, mit den Problemen des Lebens fertig zu werden, war Debussy primitiv, selbstbezogen, unbarmherzig und mitleidslos wie das Leben selbst. Andererseits »verkörpert« seine Musik geradezu das Wesen der exotischen Raffinesse. Er hält sämtliche Farbnuancen des modernen Lebens in seiner Hand, als seien sie die Saiten eines Klaviers. Manchmal knufft er und manchmal haucht er zarte Arpeggios dahin, aber immer in der Dissonanz der feinen Harmonien der Modernität – nie des Primitiven, Barbarischen.

Er hatte eine sehr bemerkenswerte Art zu atmen, es klang eher wie ein Pfeifen. Ich habe keine Ahnung, ob es durch Herzbeschwerden verursacht wurde, oder es einfach die Nerven waren, doch versetzte es einen in erhöhte Spannung. Man war sich ständig der Kontrolle bewußt, die von seiner starken, nervösen Kraft ausging. Bei all seiner Nervosität und Reizbarkeit war er äußert fair und bereit, sich überzeugen zu lassen. Ich erinnere mich daran, wie ich einmal eine Passage ein bißchen anders gesungen hatte, als es angezeigt war. Er blickte schnell auf, überlegte einen Augenblick und sagte dann: »Sie haben recht, ganz recht; das ist es, so sollte man es singen.« Dann fuhr er fort, ohne weiteren Kommentar.

Wenn Sie sich Debussys Portrait anschauen, werden Sie sofort sehen, was ich damit meine, wenn ich sage, daß seine Erscheinung nicht von seinem Genie durchdrungen ist, daß das Genie etwas anderes, davon Unterschiedenes ist. Sein Kopf war irgendwie verbeult, richtige kleine Höcker hier und da, die Augen dunkel, braun, glaube ich, sehr schmal und durchdringend. Insgesamt vermittelte er den Eindruck, als verfüge er über riesige Körperkräfte und über eine urwüchsige Vitalität. Seine ungewöhnliche Geistigkeit verriet sich in der Liebe zu seiner kleine Tochter; sie war sozusagen die zentrale Nabe, um die sich das Rad seiner Zuneigungen drehte, und alles andere in seinem Leben hatte sich diesem starken Gefühl zu beugen.

Ich glaube, wenn Debussy wohlhabend gewesen wäre, dann hätte keiner auf der Welt jemals von ihm gehört, da er Auftritte in der Öffentlickeit übermäßig haßte. So wußten wir immer, wann er Geld brauchte; denn er trat nur auf, wenn er sein Haushaltsbudget aufzubessern wünschte. Damit will ich nicht gesagt haben, daß er arm war; denn er besaß ein entzückendes Zuhause in Paris, aber er war nicht ein vermögender Mann im gewöhnlichen Sinne, nämlich eine Menge Geld zu haben und damit anfangen zu können, was man will.

Zu seinen Eigenheiten gehörte, daß er es absolut nicht leiden konnte, wenn man ihn porträtierte; allein der Gedanke war ihm unangenehm, und so war ich wirklich sehr stolz, als er einmal auf meine ganz ernste Bitte hin für mich Modell saß.

Wußten Sie, daß Debussy Wagner leidenschaftlich haßte? Für mich gehörte das zu seinen Widersprüchen – nämlich, daß er Wagner haßte, Mozart dagegen bewunderte. Er hatte sich als Erklärung zurechtgelegt, daß Wagner, wenn er viel herrliche Juwelen an Einfällen zusammengetragen hatte und sich anschickte, sie in Musik umzusetzten, von irgend etwas, das zufällig des Weges kam, am Ellenbogen gepackt und geschüttelt wurde – und Debussy waren die Leute, die sich am Ellenbogen rütteln ließen, gleichgültig.

Debussy, the man, as Maggie Teyte knew him, »Musical America«, 13. April 1918 (Interview mit May Stanley)

Pasteur Valléry-Radot
(Daten unbekannt)

Der Arzt Pasteur Valléry-Radot betreute sowohl Debussy als auch Ravel während ihrer tödlichen Krankheiten.

Die Seele eines anderen Menschen ist wie ein dichter Wald, und man muß Vorsicht walten lassen, wenn man darin spazierengeht.

Debussy, zitiert in: Pasteur Valléry-Radot, *Claude Debussy et le culte de l'amitié*, »Revue Musicale«, 258, 1964, S. 107

V
Der Pianist und Lehrer

Bald nach *Pelléas* hörte Debussy damit auf, regelmäßig Klavierstunden zu geben, war aber immer bereit, Künstlern, die er begabt und sympathisch fand, seine Hilfe anzubieten. Von Zeit zu Zeit gab er öffentliche Konzerte mit seiner eigenen Musik, obgleich die einhellige Meinung war, daß seine Klavierspiel die beste Wirkung zweifellos in privatem Rahmen entfaltete.

Emile Vuillermoz
(siehe Seite 64)

All diejenigen, denen die Gunst zuteil wurde, eines seiner Werke unter seinen Händen hervorsprudeln zu hören, wissen, was für ein wunderbar begabter Pianist er war. Ich habe für meinen Teil nie ein geschmeidigeres, eleganteres und samteneres Spiel gehört. Er erzeugte auf dem Flügel weiche und volle Klänge, die die Ecken und Kanten seiner kühnen Kompositionen glätteten. Er hatte die adäquate Fingertechnik entdeckt, nach der sein Harmoniesystem verlangte. Wer ihn nie, in einem Akkord, die Umrisse einer nicht aufgelösten Appoggiatura hat sanft modulieren hören – um den spannenden Charakter und die andeutende Funktion zu unterstreichen –, der hat keine Ahnung von den bezaubernden Effekten, die mit dieser Art eines zarten Anschlags, der den Ton nur streift, statt ihn voll zu treffen, erreicht werden können. Debussys Spiel war eine ständige Lektion in Harmonielehre.

Ich werde nie das erfahrene und subtile Gleichgewicht vergessen, mit dem er die schönen, vollen und saftigen Akkorde seiner *Sarabande* spielen konnte, dem zentralen Stück der Sammlung *Pour le piano* und dasjenige, das in der Suche nach neuartigen Resonanzen und unerwarteten Folgen am weitesten ging; wobei er gleichzeitig den Rahmen des namengebenden Hoftanzes beibehielt; dieses Meisterwerk vertikaler Schreibweise, das den Kraftakt wagt, eine archaische Klangfarbe mit den harmonischen Mitteln eines auf die Spitze getriebenen Modernismus zu erzeugen. Er spielte die *Sarabande* mit der »getragenen und langsamen Eleganz«, um die er seine Ausführenden zu Beginn des Stückes ersuchte, ohne die Nuancen oder Akzente zu übertreiben, um Takt für Takt mit der vornehmen Einfachheit eines guten Tänzers aus dem 16. Jahrhundert das Dekor einer untergegangenen Zivilisation wieder aufleben zu lassen. Und niemand konnte wie er einen dissonanten Akkord in ein kleines, bronzenes oder silbernes Glöckchen verwandeln, dessen harmonischer Klang sich in alle vier Himmelsrichtungen ausbreitet.

Claude Debussy, Paris 1962, S. 54–57, 80f *

Harold Bauer
(1873–1951)

Harold Bauer war ein amerikanischer Pianist, der einige Jahre lang in Frankreich lebte. Maurice Ravel widmete ihm 1908 das Klavierstück *Ondine*.

Trotz der Begeisterung und der Zartheit der Empfindung, die er sowohl verbal als auch in seiner Musik auszudrücken imstande war, konnte er der unerbittlichste und brutalste Kritiker sein, dem ich je begegnet bin. Über Wagner machte er sich lustig, Brahms verachtete und haßte er, Beethoven griff er so erbittert und sarkastisch an, daß man sich darüber aufregen konnte.

Einmal hörte ich ihn erwähnen, er sei den Abend zuvor aus einem Konzert »geflohen«, als man ein Quartett von Beethoven spielte, und zwar genau in dem Augenblick, als »der taube Alte« (»le vieux sourd«) mit der »Entwicklung eines Themas« begonnen habe. In der Stimme schwang ein derartiger Haß mit, daß ich mich empört erhob und ihn für die Respektlosigkeit, mit der er den Namen eines großen Genies behandelte, zurechtwies. Das Ergebnis war, wie ich leider gestehen muß, daß unsere Beziehung auf der Stelle zu Ende war und erst viele Jahre später wieder aufgenommen wurde.

Ein gemeinsamer Freund, der verantwortlich war für eine jährliche Konzertserie, die jeweils dem Werk eines Komponisten gewidmet war, kam irgendwann im Jahr 1908 mit der Bitte zu mir – er gab vor, sie käme von Claude Debussy selbst –, ob ich nicht auf einem dieser Konzerte eine gerade fertig gewordene kleine Suite mit dem Titel *Children's Corner* spielen könne. Ich war gerührt und sagte erfreut zu. Als ich die Stücke einstudiert hatte, schrieb ich an Debussy und bat darum, ihm die Stücke vorspielen zu dürfen. Er gab mir einen Termin, und ich fuhr zu ihm nach Hause.

Anders als ich erhofft und auch erwartet hatte, verlief unser Treffen recht förmlich. Ich spielte ihm die Stücke vor, und er bekundete sein Einverständnis. Die Situation entspannte sich erst, nachdem ich das letzte Stück, *Golliwog's Cakewalk*, gespielt hatte, und er die Bemerkung machte: »Heute scheinen Sie nichts gegen die Art, wie ich Wagner behandle, einzuwenden zu haben.«

Ich begriff überhaupt nicht, was er damit meinte, und bat ihn um Erklärung. Er wies auf das respektlose satirische Zitat der ersten Takte von *Tristan und Isolde* hin, das er in der Mitte von *Cakewalk* eingefügt hatte. Mir war die Anspielung vollkommen entgangen. Ich mußte herzlich lachen und gratulierte ihm zu seinem gelungenen Streich.

Schließlich kam der Tag des Konzerts. Der Saal war voll. Zu meinem Kummer war Debussy selbst nicht anwesend. Ich spielte die Suite und ging anschließend nach draußen, in den Hof des alten Hauses, dessen Salon man in einen Konzertsaal umfunktioniert hatte. Dort stieß ich auf den Komponisten, der mit mürrischem Gesicht auf und ab ging. Er kam auf mich zu und sagte: »Eh bien! Wie hat man's aufgenommen?«

Spontan empfand ich großes Mitleid mit ihm. Ich erkannte, daß dieser große Mann, der so lange um die Anerkennung für die neue Ausdrucksweise, um die er unsere Kunst bereichert hat, hatte kampfen mussen, nervos war, geradezu Todesangste litt bei dem Gedanken, sein Ansehen könne kompromittiert werden, weil er vielleicht etwas Belangloses geschrieben habe.

Ich sah ihm direkt in die Augen. »Sie haben gelacht«, sagte ich kurz.

Ich sah, wie er vor Erleichterung aufatmete. Er brach in ein befreites fröhliches Gelächter aus, schüttelte mir herzlich die Hand und sagte: »Wissen Sie, ich danke Ihnen vielmals!« Das genügte. Wir waren Freunde.

Harold Bauer, *His Book*, New York 1948, S. 82, 141f

Maurice Dumesnil
(1886–?)

Maurice Dumesnil studierte am Conservatoire bei Isidor Philipp Klavier. Später unternahm er ausgedehnte Tourneen durch Europa und die Vereinigten Staaten.

Die Szene: ein riesiges Wohnzimmer, durch schöne Vorhänge in blaugrauem Faltenwurf – passend zur Farbe der schweren Wandteppiche – in diskretes Licht getaucht. Louis-Quinze-Möbel; ein Bücherschrank, der in feines Leder oder Stoffe gebundene Bände enthält; auf einem niedrigen Tisch mit einer Platte aus Marmor eine Sammlung von kostbaren kleinen Gegenständen aus Kristallglas, Jade oder fein ziseliertem Gold. Fast in der Mitte des Raumes der schwarze Blüthner-Flügel, frei von Noten, Büchern oder Photographien. Die ganze Atmosphäre entspricht dem kultivierten Lebensstil der aristokratischen Nachbarschaft des Bois de Boulogne.

Debussy begrüßte mich mit ruhiger Höflichkeit. Er sprach nicht viel, aber was er sagte, hatte Gewicht. Irgendwie vermittelte er den Eindruck, als lebe er nicht auf dieser Welt, als seien seine dunklen Augen auf überirdische Horizonte gerichtet. Er balancierte eine Zigarrette zwischen den Fingern und streifte die Asche sorgfältig in einem kleinen Aschbecher aus China-Porzellan ab. Auf seinen Flügel war er stolz, und er zeigte mir, bevor ich zu spielen begann, die neue Konstruktion, die Blüthner erfunden hatte: eine extra Saite, die über den anderen angebracht war. Obwohl von den Hämmerchen nicht berührt, fängt sie die Schwingungen der Obertöne ein, wodurch die Vibrationen erhöht und die Klangfülle bereichert werden. Diesen Flügel hatte er sich einmal während eines Aufenthalts in Bournemouth gemietet, und, da er ihm so gut gefiel, schließlich gekauft und nach Paris verschiffen lassen.

Ich begann auf diesem wunderbaren Instrument mit der *Hommage à Rameau*. Weit kam ich jedoch nicht, denn schon nach den ersten beiden Zeilen unterbrach mich Debussy: »Die Triolen sind nicht im Takt«, sagte er. Ich versuchte es erneut und zählte im Geiste mit, um mich der richtigen Notenwerte zu vergewissern. Aber er war damit nicht zufrieden. Er legte seine Hand auf meine Schulter und schob mich sanft beiseite. Dann setzte er sich ans Klavier und spielte. Offengestanden, so aufmerksam ich auch hinhörte, konnte ich nicht den geringsten Unterschied zwischen seiner und meiner Spielweise der Triolen wahrnehmen. Aber es dämmerte mir der Gedanke, daß seine Wahrnehmungsfähigkeit bestimmt außergewöhnlich gut entwickelt und von der anderer Menschen unerreichbar war.

Vermutlich war er am Ende wohl doch zufrieden, denn es ging weiter. Bald jedoch wurde ich wieder unterbrochen: »Beginnen Sie noch einmal von vorn. In diesen ersten Takten hätte ich gern die rechte Hand ein wenig stärker betont als die linke. Die Oktaven klingen schal, wenn sie von beiden Händen mit der gleichen Lautstärke gespielt werden.« Eine Weile spielte ich weiter, ohne unterbrochen zu werden. Hinter meinem Rücken spürte ich jedoch seine Gegenwart: wie er über seine prachtvollen Orientbrücken auf und ab ging und dabei seine ewigen Zigaretten rauchte. Als sich das crescendo dem Höhepunkt näherte, mit ff bezeichnet, blieb er neben mir stehen: »Bitte dieses crescendo nicht zu stark. Es klingt zu dramatisch; fangen Sie etwas sanfter an und Sie werden den gleichen Effekt erzielen, ohne die Qualität Ihres Tones zu beeinträchtigen.« Schließlich setzte Debussy sich noch einmal an den Flügel, um das ganze Stück in Passagen zu wiederholen. Er entlockte dabei dem Blüthner einen Klang, wie ich ihn lieblicher, leichter und zarter niemals gehört hatte. Wie machte er das? Ich beobachtete, daß er stellenweise, vor allem in weichen Akkordpassagen, seine Finger beinahe flach hielt. Er schien die Tasten zu liebkosen, indem er sie mit einer schrägen Bewegung sanft nach unten strich, anstatt sie in gerader Linie herunterzudrücken. Ich versuchte es ihm nachzumachen, und er war darüber offensichtlich erfreut, denn er sagte: »Bien.«

Nun, wo das *Clair de lune* so furchtbar beliebt geworden ist, ist es durchaus denkbar, daß es Debussy, wäre er noch am Leben, ähnlich wie Rachmaninow mit seinem Präludium in cis-Moll ergangen wäre, daß er seiner nämlich überdrüßig geworden wäre. Aber damals war es noch unbekannt, und ich spielte es ihm bloß vor, weil es zufällig die Nr.3 der vorzüglichen *Suite bergamasque* war. Wieder kam die Angelegenheit mit den Triolen zur Sprache. Diesmal fand er sie zu streng im Takt gehalten. Es sei zwar in Ordnung gewesen, sagte er, aber sie müßten in »eine allgemeine Flexibilität« eingebunden werden. Er riet mir, die beiden Pedale vor Beginn herunterzudrücken, so daß die Obertöne sofort bei Berührung mitschwingen würden. Eingedenk seiner vorherigen Bemerkungen über das Dramatisieren, versuchte ich, die gemäßigte Mitte einzuhalten. Aber vermutlich übertrieb ich es immer noch: »Nein«, sagte er, »Sie übertreiben sowohl das Crescendo als auch das Rubato. Das letztere muß die ganze Phrase hindurch gehalten werden, niemals nur auf einem einzelnen Taktschlag.« Und der Ausdruck müsse würdevoll bleiben. Alles, was an eine Klimax à la Mascagni oder Leoncavallo erinnere, müsse vermieden werden. Debussy dachte oft in den Begriffen der Orchestrierung. Bezüglich des zweiten Abschnitts von *Claire de lune* sagte er: »Die Arpeggios mit der linken Hand sollten flüssig, zart und wie vom Pedal ertränkt klingen, so als würden sie von einer Harfe vor dem Hintergrund von Streichern gespielt.« Aber er ließ keine Vermischung durchgehen und bestand auf der Reinheit der einzelnen harmonischen Muster. In der Wiederholung sollte das Ces der linken Hand herausgebracht werden, um so den Wechsel der Klangfarbe zu betonen. Was *Clair de lune* als Komposition selbst anbetrifft, schien Debussy dem keine besondere Bedeutung zuzumessen, jedenfalls nicht so wie den *Estampes* oder den *Images*. Unter den letzteren zog er, meinem Eindruck nach, *Reflets dans l'eau* und *Poissons d'or* vor.

Seine Anmerkungen zu *Reflets dans l'eau* waren erhellend. Von Anfang an sollte der Akkord-Hintergrund gedämpft gehalten werden, gespielt mit seitlich sich bewegenden Fingern, wiederum übertönt durch Pedalgebrauch. »Ich höre die Glocken nicht«, bemerkte Debussy. Ich erhöhte das Klangvolumen, aber die Qualität stimmte nicht. »Halten Sie vom Handgelenk an die linke Hand ganz entspannt. Dann fallenlassen und die Spitze des dritten Fingers diese Noten spielen lassen«, wies er mich an. Er gab mir auch eine Stunde lang wunderbaren Anschauungsunterricht im Pedalgebrauch in schnellen Passagen. Ich weiß, wieviele Interpreten von dem berühmten Verschleierungseffekt, der so oft mit Debussys Klaviermusik in Verbindung gebracht wird, in die Irre geführt werden. Er wollte das Pedal in langen, harmonischen Stößen gebraucht wissen, ohne Unterbrechung oder Störung. Gelegentlich erlaubte er, daß das Pedal um den Bruchteil einer

Debussy am Ufer der Marne

Winzigkeit aus einer Harmonie in die nächste eingriff, ähnlich der Fünf-Finger-Übung C,D,E,F,G – legato gespielt: Wenn man nämlich jeden Finger erst einen kurzen Moment, nachdem man die nächste Taste niedergedrückt hat, anhebt. Auf jeden Fall sollte der Verschleierungseffekt nur spezifisch eingesetzt werden und mit äußerstem Feingefühl.

Dieser Verschleierungseffekt war natürlich ausschlaggebend dafür, daß man Debussy einen Impressionisten genannt hat. Fiel dieser Ausdruck jedoch in seiner Gegenwart, wurde er ärgerlich und wollte davon nichts wissen. Er behauptete, seine Vorfahren seien ganz im Gegenteil die französischen Cembalisten des 18. Jahrhunderts.

Bei *Poissons d'or* war es wirklich schwierig, Debussy zufriedenzustellen. »Jouez plus librement«, sagte er wiederholt. Ich glaubte, ich spielte schon sehr frei, aber es reichte noch nicht.

Dann diese Figuren in der Anfangsbegleitung – sie mußten viel leichter, nahezu körperlos klingen, so als würde man »zwei Klarinetten« hoch oben hören. Im Mittelteil sagte er wieder: »Plus gracieux, plus élégant.« Aber wenn ich dem nachkommmen wollte, warf er wieder ein: »Jouez plus simplement.« Schließlich kam ich auf die Idee, daß Debussys eigene Vorstellung von diesem Werk vermutlich schon eins geworden war mit der Interpretation von Ricardo Viñes, dem *Poissons d'or* gewidmet ist. So nahm ich diese zum Modell und erhielt endlich seine Zustimmung.

Es wäre ein Fehler zu glauben, daß Debussy Begriffe wie Weichheit, verzögerter Zugriff, doppelter Pedaleffekt usw. ständig im Mund führte. Bei der *Suite Pour le piano* zum Beispiel ging es um etwas ganz anderes. Hier forderte er eine ganz andere Konzeption, eine robuste Genauigkeit. Das gleiche gilt für *L'isle joyeuse*, *Masques* und die Studie *Pour les octaves*, um nur ein paar zu nennen. Einige seiner Anmerkungen sind in diesem Zusammenhang in Hinsicht auf das Prelude aus der Suite interessant, weil man es oft ohne Sinn für seinen Stil gespielt hört. Debussy wollte das Eröffnungsthema und dessen Wiederholung später in großen Akkorden taktgebunden gespielt haben, also ohne jegliches Rubato. Er forderte, daß die im Glissando gespielten Tonleitern virtuos hingefegt werden sollten, geradewegs bis zum abschließenden C, mit einem Ausschwingenlassen der Bewegung, vergleichbar der Motorik eines Tennisspielers nach einem kraftvollen Treibschlag. »Als ziehe D'Artagnan gerade sein Schwert«, kommentierte er einmal lächelnd. Ein weiterer Rat bezüglich der Glissando-Tonleitern: sie niemals bloß bis zum B spielen, absetzen und das C mit einem anderen Finger anschlagen. Das zerstöre den Effekt vollkommen. Die *Sarabande* sollte in der gleichen Weise gespielt werden wie die *Hommage à Rameau* und die *Toccata*, schnell, aber nicht zu schnell. »Il faut que cela reste clair«, sagte er. Klarheit war ihm mit Sicherheit eines seiner wichtigsten Anliegen. Außerdem der schlichte Ausdruck. »Pas d'affectation, surtout!« Keine Affektiertheit, keinen Manierismus. Hier hat man noch einmal ein Echo der großen Cembalisten und ihres Glaubensbekenntnisses, vom exquisiten Geschmack eines Rameau, Couperin, Lully, Dandrieu, Chambonnière, Daquin und anderer.

Es gab eine Zeit, da interessierte sich Debussy stark für Pädagogik und spielte mit dem Gedanken, eine eigene Klavierschule zu schreiben, weil er die schon vorhandenen als unzufriedenstellend, wenig befruchtend, langweilig und mechanisch erachtete. Es ist schade, daß dieses Vorhaben niemals in die Tat umgesetzt wurde. Wieviel hätte man von dieser praktischen Umsetzung seiner Theorien lernen können!

Da fällt mir eine lustige Geschichte über Paderewski ein. Der berühmte Pole hatte einmal das Stück *Reflets dans l'eau* in sein Programm aufgenommen. Aus Neugierde ging Debussy zu diesem Solokonzert. Er war überrascht, als Paderewski dieses Stück zart und mit Charme spielte, mit Verfeinerung und einer perlenden Technik, die besser zu einer Reihe von Hadyn- oder Mozart-Variationen gepaßt hätte. »Es war reizend«, ließ er Paderewski nach dem Konzert wissen. »Überhaupt nicht, was ich mir vorgestellt hatte, aber bitte ändern Sie Ihre Interpretation nicht um ein Jota!«

Debussy spielte selten in der Öffentlichkeit. Aber wenn er es einmal tat, wie zum Beispiel bei der Société Nationale oder den Concerts Durand, geriet der Auftritt stets zu einer ausgezeichneten Demonstration seiner Prinzipien. Einmal spielte er in der Salle Erard einige seiner *Préludes*. Wie immer erschien zunächst ein Saalangestellter, um den Deckel des Flügels hochzustellen. Das erste jedoch, was Debussy tat, bevor er zu spielen begann, war, den Deckel flacher zu stellen. »C'était pour mieux noyer le son«, erläuterte er. Den Ton ertränken ... wie wunderbar ihm gerade das in *La cathédrale engloutie* gelang. Es war wirklich unvergeßlich.

Obwohl Debussy *Children's Corner* auf einem Festival in Budapest einmal komplett gespielt hat, wollte er dies Unterfangen in Paris nie wiederholen. Ein paar Erinnerungen an Debussys Kommentare zur Interpretation von *Children's Corner* sollen im folgenden wiedergegeben werden:

Doctor Gradus ad Parnassum: »Pas trop vite (nicht zu schnell), mit einem Schuß Humor, der auf den guten alten Clementi abzielt. Zum Ende hin schneller und strahlender.«

Jimbo's Lullaby: »Jouez plus gauchement (etwas linkischer) auf der ersten Seite. Die ‹falschen› Akzente betonen.«

Serenade for the Doll: »Délicate et gracieux, nichts soll an die Leidenschaft eines spanischen Ständchenbringers erinnern.«

The Snow is Dancing: »Sowohl ein Stimmungs- als auch ein Klangbild. Es muß ‹brumeux, triste, monotone› (unklar, traurig, eintönig) und darf nicht zu schnell – überhaupt nicht schnell – gespielt werden.«

The Little Shepherd: »Man muß deutlich unterscheiden zwischen der Improvisation des Hirten auf seiner Flöte und dem Tanzmotiv.«

Golliwogg's Cakewalk: »Den ersten und dritten Abschnitt ‹très rythmé› in einem starken, scharfen Rhythmus. Als Gegensatz dazu muß der mittlere Teil sehr frei gespielt werden. Der Abschnitt, der mit der Anmerkung ‹avec une grande émotion› versehen ist, deutet eine Posaune an. Man soll hier nicht ängstlich sein und kann das ruhig übertreiben.«

Zeitweilig sprach er von Lockerung, Entspannung; unter den Pianisten wurde dies zur Mode, die sie bis ins Extrem trieben. »Es ist nicht ratsam, diese Entspannung ständig zu verwenden«, sagte er. »In den pianissimo gespielten Akkorden zum Beispiel benötigen die Finger eine gewisse Festigkeit, damit die Töne zusammenklingen. Aber es muß die Festigkeit von Gummi sein, ohne jede Steifheit.«

Man hat immer wieder beobachtet, daß Debussy extrem wenig Pedalzeichen gesetzt hat. In der Tat verhält es sich so, daß ihr Vorkommen in den Kompositionen für Klavier an den Fingern beider Hände abgezählt werden kann. »Der Pedalgebrauch kann nicht schriftlich angeordnet werden«, erklärte er. »Er ändert sich mit jedem Instrument, mit jedem Raum oder Saal.« Somit überließ er die Angelegenheit seinen Interpreten: »Faîtes confidence à votre oreille.« (»Vertrauen Sie Ihrem Ohr.«) Diese Bemerkung dürfte bei einem Musiker, für den die Schönheit des Klanges stärker im Vordergrund stand als strenge Regeln und pädagogische Pedanterie, eigentlich nicht überraschen.

Coaching with Debussy, »The Piano Teacher«, Evanston, USA, Nr. 5, September/Oktober 1962, Teil 1, S. 10-13

George Copeland
(siehe Seite 141)

Pünktlich um elf wurden wir in Monsieur Debussys Salon geführt. Der Raum selbst bereitete mir eine erste Überraschung. Er war sehr lang, sehr konventionell eingerichtet, sauber und aufgeräumt; ich hatte vielmehr erwartet, in die Welt eines Bohemien abzutauchen. Kurz darauf öffnete sich die Tür, und ich bekam einen zweiten Schock.

Ich hatte in der Vorstellung geschwelgt, mein Gastgeber habe das dünne, nervöse, ausgezehrte Gebaren eines Habitués des Pariser Nachtlebens – ganz gewiß unordentlich und nachlässig in der Kleidung, kurz: Ich hatte mich auf einen typischen Bewohner des Montmartre eingestellt. Zu meiner Überraschung sah ich mich einem großen, dunkelhaarigen, untersetzten und tadellos gekleideten Mann gegenüber, der den Eindruck von gelassener, beinahe katzenhafter Kraft vermittelte und der einen derart durchdringenden Blick besaß, wie ich ihn niemals zuvor erlebt hatte – seine Augen glänzten schwarz wie Pechkohle.

Señora d'Alvarez sprach die ersten Worte: »Dies, Monsieur Debussy, ist Mister George Copeland, der Pianist, der Ihre schöne Musik in Amerika bekannt gemacht hat.«

»Vraiment!«, lautete die lakonische Antwort, und Monsieur Debussy durchquerte mit einem kurzen Blick in meine Richtung der Länge nach den Raum und setzte sich auf ein steifes, grünes Sofa, das in der hintersten Ecke des Zimmers stand. Augenscheinlich war er ebensowenig erpicht darauf, mich kennenzulernen, wie ich ihn; und obwohl er durch seinen Verleger Durand über die Tatsache informiert sein mußte, schien es ihm völlig gleichgültig zu sein, ob seine Musik in Amerika gespielt wurde oder nicht.

Da eine Unterhaltung auf diese Entfernung hin unmöglich war, schlug ich Señora d'Alvarez vor, doch lieber wieder zu gehen.

»Unsinn!« gab sie zurück. »Du mußt ihm vorspielen.« »Aber er hat mich nicht darum gebeten«, erwiderte ich verärgert. »Vielleicht will er mich gar nicht anhören.« »Natürlich möchte er das! Geh hin und frag ihn« antwortete Nina im Flüsterton.

So stand ich auf und kam mir wie ein Schuljunge vor, als ich linkisch den Raum durchquerte und auf das Sofa zuging, auf dem er kerzengerade saß. »Möchten Sie, daß ich Ihnen etwas vorspiele, Monsieur Debussy?« fragte ich umständlich. Der Komponist betrachtete mich ruhig. »Mais oui«, antwortete er. Ich wartete, aber es folgte keine weitere Bemerkung. »Soll ich Ihnen etwas spanische Musik vorspielen?« fragte ich, da dies ein Spezialgebiet von mir war.

»Spanische Musik!« rief er überrascht aus. »Mais non! Warum sollten Sie mir spanische Musik vorspielen? Das interessiert mich überhaupt nicht.« Dann fuhr er mit leiserer Stimme fort, als denke er laut: »Nein, die einzige Musik, die mich interessiert, ist die von Bach und meine eigene, aprés tout, Bach hat schon alles gesagt, was man in Musik ausdrücken kann – der Rest von uns sagt dasselbe nochmal, lediglich in unterschiedlichen Formen!«

Der Flügel stand am äußersten Ende des Raumes, zugedeckt mit einem Seidentuch, das von einer schweren Cloisonné-Vase gehalten wurde. Ich bat um die Erlaubnis, die Vase wegnehmen zu dürfen, um den Klavierdeckel aufklappen zu können.

»Absolument non!« antwortete er offensichtlich verärgert. »Nicht berühren! Ich erlaube niemandem, mein Klavier zu öffnen. Meine Musik wird sowieso immer zu laut gespielt.«

Ich spürte, daß jeder weitere Versuch sinnlos wäre, setzte mich also an den Flügel und spielte die kürzeren Stücke für Klavier durch: *Reflets dans l'eau, La cathédrale engloutie, Suite bergamasque, L'isle joyeuse, Pagodes, Hommage à Rameau, Poissons d'or, Voiles, Pucks Tanz.*

Monsieur Debussy hatte sich, kurz nachdem ich mit dem Spielen begonnen hatte, von seinem Platz erhoben und sich nahe an den Flügel gesetzt. Als ich zu den Schlußtakten von *Reflets dans l'eau* kam, erhob er sich sichtlich bewegt von seinem Stuhl, deutete mit dem ausgestreckten Finger auf mich und rief aus: »Warum haben Sie die letzten beiden Takte so gespielt?« »Ich weiß nicht«, erwiderte ich verwirrt. »Vielleicht weil ich sie so empfinde.«

»Komisch«, sagte er nachdenklich, »ich empfinde sie nicht so.« Aber als ich daraufhin vorschlug: »Dann werde ich sie so interpretieren, wie Sie sie empfinden«, antwortete er mit einem klaren »Nein, nein! Spielen Sie sie so, wie Sie's getan haben.« Er sagte nichts mehr, bis ich zum Ende gekommen war und mich von der Klavierbank erhoben hatte. Dann verkündete er mit einem hörbaren Seufzer: »Ich mache niemandem Komplimente. Ich kann nur sagen, daß ich im Traume nicht daran gedacht hätte, zu Lebzeiten meine Musik auf diese Weise einmal zu hören.« In diesem kurzen Augenblick hatte sich unsere Beziehung grundlegend verändert.

Señora d'Alvarez und ich verabschiedeten uns fast unmittelbar darauf, und als ich gehen wollte, bat mich Monsieur Debussy, am nächsten Tag um elf Uhr wiederzukommen. Wie betäubt sagte ich zu und rief, sobald ich wieder im Hotel war, die Dampfschiffgesellschaft an, um meine Rückfahrt abzusagen. Ich blieb während der nächsten vier Monate in Paris mit Claude Debussy in engem, täglichem Kontakt.

Morgens besuchte ich ihn immer zur gleichen Zeit, und wir verbrachten den Tag in fast trauter Gemeinschaft, lasen oder machten Musik – und machmal wechselten wir während des ganzen Vormittags kein Wort miteinander. Wenn Debussy beim Lesen auf etwas Provokatives stieß oder auf etwas, von dem er meinte, es könnte mich interessieren, stand er auf und zeigte schweigend darauf. Er war überzeugt davon, daß Konversation unwichtig sei; es sei denn, es gebe etwas Wesentliches mitzuteilen. Auch ich habe das übliche Geschwätz nicht vermißt.

Ein grundlegender Bestandteil von Claude Debussys Genie war, denke ich, die Fähigkeit, Offensichtliches, Unwichtiges und Triviales zu eliminieren und auf diese Weise viel Lebendigkeit zu bewahren. Er war in keiner Hinsicht ein Menschenhasser; dazu fühlte er sich seinen Freunden viel zu sehr verbunden, aber er interessierte sich in keiner Weise für den Menschen an sich. Er glaubte, daß nur wenige überhaupt soetwas wie Reife erlangten, und er mied die Dummen und die Gewöhnlichen. In seiner Musik erreichte er (mit nur ein paar Ausnahmen) fast vollständig die Auslöschung von Persönlichem und betrachtete sich selbst (als Musiker) als eine Art Klangtafel, die der Natur entgegengehalten wird. Zu diesem Zweck mußte er sich von störenden äußeren Einflüssen freihalten; und zweifellos hörte er Klänge, die andere Leute niemals gehört haben.

Debussys Arbeitszimmer war äußerst schlicht eingerichtet. Es enthielt ein oder zwei gute Bilder und jene Tierfiguren aus Jade und Stücke aus Chinaporzellan, denen offensichtlich seine persönliche Vorliebe galt und über deren Erwerb seine Biographen viele Geschichten, ob wahr oder erfunden sei dahingestellt, erzählt haben. Im Zimmer stand ein Pleyel-Klavier, das er für seine Arbeit an Manuskripten, zum Komponieren und Korrigieren benutzte.

Ich erzählte ihm von meinem Wunsch, einige seiner Orchesterwerke für Klavier zu transkribieren – Musik, die ich vom Charakter her als pianistisch empfand. Er war zunächst skeptisch, erklärte sich schließlich aber doch einverstanden und war mit dem Ergebnis vollauf zufrieden. Vor allem gefiel ihm meine Klavierversion von *L'Après-midi d'un faune*, und er gab mir darin recht, daß in der Orchesterfassung das kontinuierliche Voranschreiten der Episoden zerstört sei. Dies war für mich immer die schönste, die entrückteste und für Debussy charakteristischste Musik gewesen, weil ihr eine schreckliche Antiquiertheit eigen ist, weil hier eine Art von Begierde in Musik umgesetzt wird, die in keiner Hinsicht körperlich ist.

Gerne ließ Claude Debussy in ein Gespräch mit einfließen, was er von anderen Komponisten hielt. Von seinen Zeitgenossen gefielen ihm am besten d'Indy, Chausson und Ravel, obwohl er die Orchestrierungen des letzteren zu üppig fand. Er hegte große Bewunderung für César Franck und bezeichnete ihn liebevoll als »einen Mann ohne Arg und von vertrauensseliger Offenheit«. Was auch immer Franck sich »vom Leben ausgeliehen hat«, sagte Debussy, »gibt er der Kunst mit einer Bescheidenheit zurück, die schon beinahe an Selbstlosigkeit grenzt.«

Über Scarlatti sagte Debussy, es sei unverzeihlich, daß man den Komponisten vergessen habe. Er beschrieb seine *Johannespassion* als »ein kleines chef-d'oeuvre von schlichter Feinheit und Schönheit, dessen Chormusik stilistisch wie das Blaßgold dieser schönen Hintergrundmalerei der Marienbilder in den Fresken aus seiner Zeit erscheint.«

Über Grieg hingegen machte er sich lustig, indem er dessen Musik als einen »mit Schnee gefüllten rosaroten Bonbon« bezeichnete. Und Saint-Saëns tat er mit dem Ausruf ab: »Ich verabscheue Sentimentalität, und ich kann nicht vergessen, daß sie Saint-Saëns heißt!«

Debussy mochte Mozart und war überzeugt, daß auch Beethoven ungeheuerlich tiefe Dinge zu sagen hatte, nur nicht wußte, wie er sich ausdrücken sollte, weil er sich in einem Gespinst aus unaufhörlichen Neuformulierungen und deutscher Aggressivität verfangen hätte.

Wagner haßte er bald so sehr, wie er ihn anfangs verehrt hatte. Seine Musik beschrieb er als »seltsam, schön, verführerisch und unrein«. Und über eine Aufführung von *Das Rheingold* äußerte sich einmal folgendermaßen: »Sie dauerte zwei Stunden, die man hin- und hergerissen verbrachte, nämlich zwischen dem Wunsch, den Saal zu verlassen, und dem Wunsch, einzuschlafen!« Debussy selbst plante einmal, eine Oper über das Thema *Tristan und Isolde* zu komponieren, die sich stilistisch ganz und gar von der Version Wagners unterscheiden sollte. Wieviel er davon verwirklich hat, wissen wir bisher noch nicht.

Der Komponist, dem er vermutlich am meisten Bewunderung entgegengebrachte, und dem er am ehesten, wenn überhaupt, einen Einfluß auf seine Werke zugestanden hätte, war Rameau, dessen Genie, bestehend aus Feingefühl, Charme und Zurückhaltung, er als in der wahren französischen Tradition stehend betrachtet. Es ist durchaus wahrscheinlich, daß Rameau ihm, wenn vielleicht auch nur einen Spaltbreit, die Tür zu jener Musik einer anderen Dimension öffnete, die Debussy entdeckt und so ausgiebig erforscht hat und deren Hohepriester er schließlich wurde.

Was Musik anging, verfügte Debussy über hochsensible Sinne. Er konnte nicht nur Klänge wahrnehmen, die kein anderes Ohr registrierte, er fand auch einen Weg, Dinge auszudrücken, die üblicherweise nicht gesagt wurden. Beinahe fanatisch vertrat er die Überzeugung, daß eine Musikpartitur nicht mit dem Komponisten beginne, sondern aus dem Zeitraum der Jahrhunderte hervortrete, an ihm vorbeigehe ohne anzuhalten, um sich in der Ferne (so, wie sie gekommen war) wieder zu verlieren, ohne Bewußtsein für endliche Begrenztheit.

Als ich ihn fragte, weshalb es so wenig Leute gebe, die seine Musik spielen könnten, erwiderte Debussy nach einiger Überlegung: »Ich denke, weil sie versuchen, sich der Musik aufzudrängen. Es ist aber notwendig, sich selbst völlig aufzugeben und die Musik mit einem machen zu lassen, was sie will – als sei man ein Gefäß, durch das sie hindurchgeht.«

Debussy, the man I knew, »The Atlantic Monthly«, Januar 1955, S. 35ff

E. Robert Schmitz
(1889–1949)

Robert Schmitz war ein französischer Pianist, der in späteren Jahren in den USA Karriere machte. Als Gründer der Gesellschaft Pro Musica war er für die Einladung einer Reihe von wichtigen französischen Musikern, u.a. von Ravel, nach Amerika verantwortlich.

Debussy war kein Heide, der sorglos der Sinneslust frönte, der sich vom Wind der Inspiration treiben ließ, in welche Richtung auch immer der gerade blies. Er »haute« seine Stücke nicht hin, so wie vielleicht ein Diamantschleifer einen Flecken Diamantstaub abschilfert. Er setzte sich nicht ans Klavier, schloß die Augen und komponierte ein verwirrendes Durcheinander an Noten. Er war vielmehr ein typischer Franzose, und zwar ein Bourgeois – geschmackvoll, präzise, mit einem wunderbar klaren Verstand und der Gewohnheit folgend, über alles, was er tat, genau nachzudenken.

Selbst in seiner äußerlichen Erscheinung bewies Debussy Geschmack und Methode. Er war ziemlich groß und trug meist schwarze Anzüge, die immer schön gebügelt waren. Sein Bart war stets ordentlich gestutzt, das Haar gekämmt, die Krawatte gut gebunden. Ohne gewandt oder elegant zu erscheinen, vermittelte er den Eindruck, Wert auf gute Kleidung und Sauberkeit zu legen. Wenn nicht diese seltsam geformte Stirn gewesen wäre, die sich hervordrängte, als wolle sie vor Verstand und Ideen bersten, hätte er in jeder Hinsicht einem typisch französischen Kaufmann oder Akademiker ähneln können. Er sprach nicht viel, aber was er sagte, war gut durchdacht und sachdienlich. Er besaß eine tiefe und ruhige Stimme. Er war höflich, und die exquisiten Umgangsformen eines Franzosen aus guter Familie waren ihm selbstverständlich. Er war kein Phrasendrescher oder einer, der wilde Behauptungen von sich gab.

Alles um ihn herum mußte sich in guter Ordnung befinden und perfekt sein. In seinem von einem Garten umgebenen Haus abseits des lauten Square du Bois-de-Boulogne ging es immer ruhig und gemächlich zu. Er lud selten Gäste ein. Es sah fast so aus, als befürchtete er, daß zuviele Besucher die heitere Ordnung, die in seinem Haus herrschte und die für kreative Arbeit unentbehrlich war, zerstören könnten. Das Arbeitszimmer, die »heilige Kammer des Hauses«, war typisch für seinen Herren und Meister. Es war weder groß noch vollgestopft mit irgendwelchen Sachen, wie man es sich landläufig bei einem fleißigen Komponisten vorstellt. Alle Dinge darin waren schön und schienen sorgfältig ausgesucht. Obwohl er ein belesener Mann war, standen im

Zimmer nicht mehr als etwa hundert Bücher, und zwar handelte es sich dabei lediglich um die Lieblingsautoren Debussys: Rossetti, Maeterlinck, François Villon in einer alten Ausgabe, Mallarmé. In einer Ecke zwischen den großen und hohen Fenstern stand ein kleines Klavier, auf dem Schreibtisch waren mehrere winzige, aus Holz geschnitzte Tiere sowie ein Glas mit schönen Goldfischen aufgebaut. Gedämpfte Farben, praktisches Mobiliar. Nur ein paar wertvolle Drucke und Aquarelle schmückten die Wand.

Debussy besaß ein ganz eigenartiges Verhältnis zu diesem Zimmer und den Dingen darin. Er konnte nicht richtig arbeiten, wenn ein Bild schief hing oder wenn eines der Holztiere auf dem Schreibtisch an der falschen Stelle stand. Am besten illustriert diese Eigenart vielleicht folgender Vorfall, der mir in Erinnerung geblieben ist: Einmal begleitete ich während einer Probe die Sopranistin Miss Maggie Teyte auf dem Klavier. Debussy stand dicht neben dem Instrument. Immer wieder unterbrach er uns, indem er sagte: »Nein, nein, das ist nicht richtig.« Obwohl wir bei den Proben mit Debussy an endlose Unterbrechungen und Korrekturen gewöhnt waren, schien er uns an jenem Morgen besonders unruhig. Schließlich sollten wir wieder einmal aufhören, und er stand lange Zeit schweigsam da. Wir warteten auf ein Zeichen zum Weitermachen, stattdessen bückte er sich plötzlich und hob eine Nadel – ein einzelne glatte Nadel – vom Teppich auf, legte sie in eine kleine Schachtel und steckte die Schachtel in seine Hosentasche. Erleichterung zeigte sich daraufhin in seinem Gesicht, und er bedeutete uns, fortzufahren. Alles war wieder in Ordnung.

Debussy besaß auch eigenartige Arbeitsgewohnheiten, nicht nur Eigenarten in seinem persönlichen Lebensstil. Er schrieb sehr langsam, und er gab niemals einem Verleger etwas in die Hand, bevor er sich nicht jeder einzelnen Note ganz sicher war. Er weigerte sich monatelang, das Passepied zur *Suite Bergamasque* zu geben, nur weil die vier letzten Takte nicht ganz stimmten. Und dies, obwohl er dem Verleger das Stück schon lange vorher versprochen hatte.

Immer wieder habe ich ihn beobachten können, wie er mit leicht geneigtem Kopf auf ein vollbeschriebenes Notenblatt starrte, wissend, daß irgend etwas falsch war. Er wußte nur noch nicht genau, was es war. Dann kam ihm plötzlich die Idee, der rettende Einfall. Er beugte sich nach vorn, sein Gesicht erhellte sich, und er änderte – eine einzelne Note. Ich besitze Originalausgaben seiner *Preludes*, die er immer noch zu korrigieren beabsichtigte, obwohl sie längst veröffentlich waren. In seiner zierlichen, äußerst gewissenhaften Handschrift gehen die Korrekturen in lavendelblauer Tinte quer über alle Seiten – und illustrieren Debussys rastloses Trachten nach Perfektion.

Für Debussy bedeutete die Nuance, die Schattierung, alles. Aus diesem Grunde liebte er Miniaturen. Er konnte unendlich lange und mit viel Geduld die feine Arbeit einer Miniatur betrachten. Er wußte, daß große Kunst Zeit erfordert und daß dem großen Künstler Geduld aberverlangt wird. Er setzte die erste Note erst aufs Papier, wenn er das gesamte Konzept im Kopf hatte.

Debussy hatte ein überempfindliches Ohr, wenn jemand anders seine Musik interpretierte. Einmal besuchte er eines der Konzerte, die ich in Paris gab, als ich damals das dortige Orchester dirigierte. Wir spielten seine *Damoiselle élue*. Bei der Probe traf eine Oboe einen falschen Ton. Debussy sagte nichts dazu; aber sobald die Probe beendet war, kam er auf die Bühne, griff sich die Partitur und durchblätterte sie ohne hinzusehen. Scheinbar aufs Geratewohl nahm er seinen Finger herunter und zeigte mit der anderen Hand auf den Oboenspieler: »Sie haben das hier falsch gespielt.« Als ich über seine Schulter blickte, stellte ich fest, daß sein Finger genau auf der Stelle ruhte, wo der Oboist den Fehler gemacht hatte. Debussy wußte sogar, wie sich die einzelnen Seiten seiner Partitur anfühlen mußten.

Nur einmal habe ich miterlebt, wie Debussy völlig die Geduld verlor – und zwar bei einer Probe im Théatre des Champs Elysées, als Nijinsky dort Debussys neues Ballett *Jeux* vorbereitete. Nijinsky hatte die Choreographie für dieses Ballett ausgearbeitet, in deren Mittelpunkt die Idee eines Tennisspiels stand. Aber Debussy hatte das Ballett so konzipiert, daß verschiedene Spiele dargestellt werden sollten, die durch jeweils unterschiedliche Rhythmen charakterisiert wurden.

Als er Nijinskys Choreographie das erste Mal sah, war er entsetzt. Er forderte ihre sofortige Umarbeitung, doch Nijinsky weigerte sich. Wütend über die falsche Interpretation seiner Musik forderte Debussy die Partitur zurück. Nijinsky verwies ihn an den Dirigenten. Debussy stapfte zum Orchestergraben und verlangte, beinahe außer sich vor Wut über die Mißachtung seiner Idee, vom Dirigenten die Partitur zurück. Er spielte derart verrückt, daß Nijinsky, sehr verärgert über die Unterbrechung seiner Tanzprobe, anordnete, den eisernen Vorhang herunterzulassen. Schließlich gab Debussy nach. Aber zur Aufführung des Balletts erschien er nicht.

Wenn mir diese Erinnerungen durch den Kopf gehen, dann steigt mir unweigerlich der Ärger über die unsorgfältige, schlampige Art auf, mit der Debussys Musik, die ich um mich höre, gespielt wird. Aber dies ist noch nicht alles. Ich erinnere mich auch an den hohen Standard, den Debussy im Klavierspiel erreicht hatte und an den er mich in jahrelangem Training auch heranführte.

Ich traf mit Debussy häufig zusammen, weil ich regelmäßig jene Sänger auf dem Klavier begleitete, die er auch für seine Oper *Pelléas et Mélisande* einsetzte. Von der Gesangsbegleitung ging ich dazu über, auch seine Klavierstücke vorzutragen. Allerdings mußten zur Einstudierung jedes dieser Stücke oder einer Begleitung Stunden, wenn nicht Wochen harter Arbeit aufgewendet werden – Debussy führte einen endlosen Kampf um Vollkommenheit. Ich habe eine Woche lang bei ihm an einer bestimmten Passage gearbeitet – vielleicht waren es nur ein oder zwei Takte. Ich habe seinen Ärger über die – und sei es nur ganz geringe – Abweichung von seinen Vorstellungen vernommen. Ich habe ihn vornübergebeugt dasitzen und die Musik korrigieren sehen. Er legte die Phrasierung von beinahe jeder Note fest, damit es sich meinem Verständnis einprägen möge.

Zu Debussys Obsessionen im Klavierspiel gehörte damals das Crescendo. Er favorisierte die leichten Crescendos, ein ppp, das lediglich in ein pp übergeht. Derart subtile Veränderungen waren für seine Kunst bedeutungsvoll und wichtig. So gibt es heutzutage viele Pianisten, die seine Crescendo-Zeichen einfach übersehen. Bei dem Zeichen ppp mit folgendem Crescendo denken sie selten daran, auf das Lautstärkezeichen am Ende des Crescendos zu achten. Sofort legen sie los und steigern sich bis zu einem fff. Durch diese mangelnde Sorgfalt klingt die Klaviermusik Debussys oftmals holperig und geschwollen und nicht sanft fließend und sehnsuchtsvoll, ununterbrochen dahingleitend, so wie sie von ihm ursprünglich gedacht war. Ebenso lag Debussy die richtige Art und Weise am Herzen, wie ein Ton auf dem Klavier anzuschlagen sei. »Er muß auf ganz besondere Weise angeschlagen werden«, pflegte er zu sagen, »weil sonst die unterstützenden Schwingungen der anderen Töne in der Luft nicht wahrgenommen werden.«

Debussy betrachtete das Klavier so, wie die balinesischen Musiker ihr Gamelan-Orchester. Er interessierte sich nicht so sehr für den einzelnen Ton, den man klar beim Anschlag vernahm, sondern vielmehr für den Resonanzbogen, den ein Ton um sich herum errichtet. Viele seiner Stücke bauen vollständig auf dieser klavierakustischen Besonderheit auf. Schlecht gespielt, ohne Rücksicht auf den zarten, fast unhörbaren Hintergrund der Obertöne, wirkt die Musik wie ein bloßes Skelett. Die warme, nicht zu bestimmende, sensible, innere Schönheit – das, was die wahre Musik Debussys ausmacht – fehlt gänzlich.

Mit Hilfe von starkem, überschwenglichem Pedalgebrauch läßt sich dieses Manko nicht ausgleichen. Man kann, um den exquisiten, beschwörenden Charme dieser Musik zu erhalten, nicht doppelt so schnelle Tempi, überstürzt gespielte Phrasen oder regellose Interpretationen anbringen. Man muß einfach lernen, die Musik so zu spielen, wie Debussy selbst es getan hat: jeden Ton wie eine Glocke anzuschlagen und der jeden Ton umschwirrenden Gruppe von mitschwingenden Ober- und Untertönen nachzulauschen.

A Plea for the Real Debussy, »The Etude«, Dezember 1937, S. 781f

Alfredo Casella
(siehe Seite 114)

Gegen Ende meines Aufenthalts in Paris spielte ich mit dem Gedanken, ein Wohlfahrtskonzert für das italienische Rote Kreuz zu veranstalten. Ich bat Debussy, daran teilzunehmen. Er war ein paar Monate zuvor in Rom gewesen, und die ganz besonders dankbaren Erinnerungen ans Augusteum und an die ungewöhnlich intensiven Orchestervorbereitungen, die Molinari seinem Konzert gewidmet hatte, waren noch frisch. So war er begeistert über die Aktion für Italien und stimmte meinem Vorschlag sofort zu. Wir beschlossen, *Iberia* auf zwei Klavieren spielen. Ihm gefiel diese Transkription, wenn richtig ausgeführt, genausogut wie die ursprüngliche Orchesterfassung. Für unsere Proben ließ er das Bechstein-Klavier aus seinem Arbeitszimmer ins Wohnzimmer bringen und neben dem Flügel aufstellen. Eine ganze Woche verbrachten wir damit, *Iberia* einzustudieren, aber nicht nur das; wir lasen eine ganze Menge Musik für zwei Klaviere: Bach, Mozart, Chabrier sowie verschiedene symphonische Gedichte von Liszt. Debussy genoß diese Treffen in vollen Zügen, und ich habe durch sie die stärksten und nachhaltigsten Eindrücke meines Lebens erhalten.

Music in my time: The Memoirs of Alfredo Casella, Oklahoma 1955, S. 126

Marguerite Long
(1878–1966)

Marguerite Long wurde in Nîmes geboren und studierte am Conservatoire beim jüngeren Marmontel Klavier. Im Jahre 1920 wurde sie dort dann ihrerseits Professorin für Klavier.

Oftmals kann man in Debussys Musik Bilder einfacher Landschaften entdecken, beschreibende Poesie, in der Zärtlichkeit, Humor und feierliche Würde auf spielerisch-kämpferische Art und Weise ineinander verwoben sind. Wie können solche ursprünglichen und schönen Vorstellungen umgesetzt werden? Die Klaviervirtuosen können das nicht verstehen; alles, was ich höre, überzeugt mich nicht. Deren verschiedene Auslegungen vertiefen sogar noch den Graben, der sie vom Komponisten trennt. Wenn Debussy seine Musik spielte, war es wunderbar, unvergleichlich. Ich konnte es einfach nicht begreifen.

Ich selbst hatte fast alle großen französischen Klavierwerke gespielt, einige sogar uraufgeführt. Daß seine Werke auf meinen Programmen fehlten, störte Debussy, und ich wußte das. Hin und wieder und wie nebenbei ließ er die Bemerkung fallen: »Es gefällt Ihnen wohl nicht, was ich mache?« oder etwas ähnliches. Und eines Tages fragte er plötzlich: »Sie wollen meine Musik einfach nicht spielen, nicht wahr?« »Sie irren sich. Ganz im Gegenteil, ich bewundere sie viel zu sehr. Aber sie ist zu schwierig.«

»Zu schwierig? Aber für Sie ist es ein Kinderspiel!« »Ja, die Noten an sich schon«, erwiderte ich. »Aber ich spüre die gleiche aufwühlende Beunruhigung, die ich angesichts von *Pelléas* empfand, nur jetzt vor einer neuen Klavierkunst – und als Interpret fühle ich mich außerstande, mich Ihren Gedanken zu nähern, nicht einmal aus der Ferne. Ich stehe, wie es scheint, vor einer Wand.«

»Mal angenommen, ich könnte Sie dazu bringen, daran zu arbeiten – richtig zu arbeiten?«

»Ja, dann ...«

Um meine Begeisterung noch zu vergrößern, sagte Debussy mir seine Unterstützung für ein Wohltätigkeitskonzert zu, das ich im Mai 1914 im Saal des Conservatoire geben sollte. Rose Féart sollte eines seiner (Debussys) *Chansons* singen und ich drei Klavierkonzerte spielen. Diese Art von Konzert war mir nicht gänzlich unvertraut, aber so ein Programm war damals selten und sollte der Prüfstein für ein Karriere werden.

An dem Abend dirigierte Camille Chevillard Faurés *Ballade*, Saint-Saëns' drittes Kalvierkonzert und Vincent d'Indys *Symphonie sur un chant montagnard français*, bei denen ich jeweils die

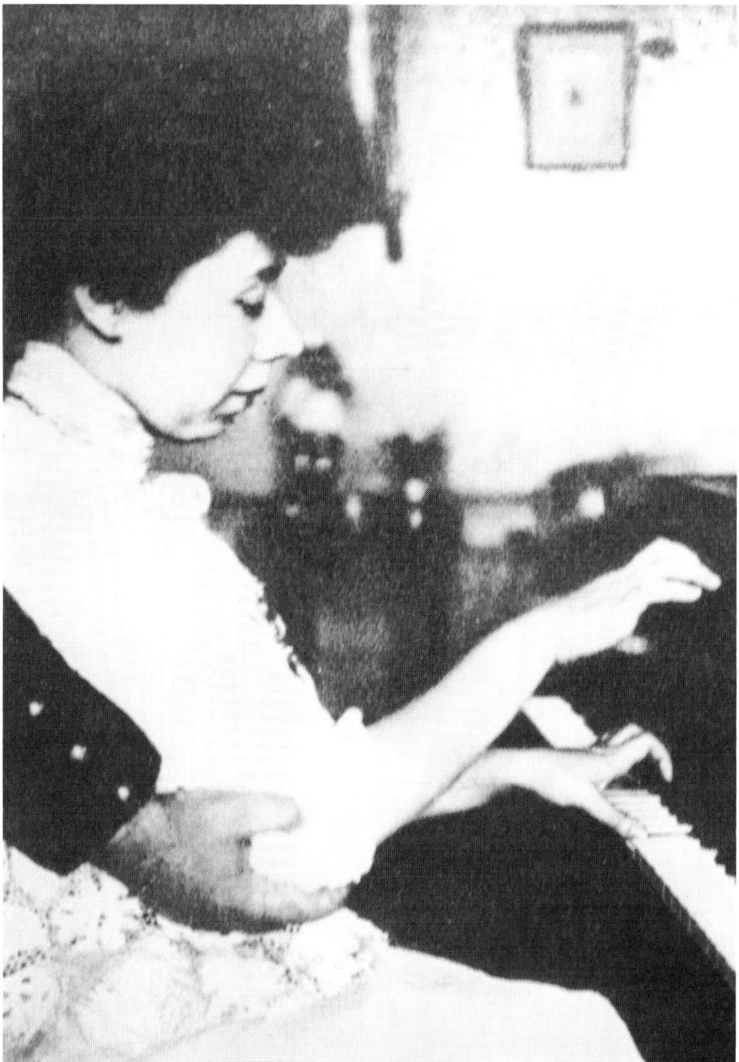

Marguerite Long

Solistin war. Wie er versprochen hatte, begleitete Debussy die *Chansons* auf dem Klavier. Seine persönliche Ausstrahlung breitete einen Heiligenschein über diesen wundervollen Liedern aus, die *Le Promenoir des deux amants* und vor allem *Crois mon conseil, chère Climène* miteinschlossen; vielleicht war letzteres ein Hinweis darauf, daß meine Initiation nun beginnen sollte! Äußerst geschmeichelt darüber, daß er aus so vielen ausgerechnet mich ausgewählt hatte, machte ich mich unverzüglich daran, das Programm, das er für mich zusammengestellt hatte, einzustudieren.

Ende Juni 1914 blieb, wie alles andere, auch die Musik von den internationalen politischen Spannungen nicht verschont. Am 28. Juni, als Erzherzog Ferdinand in Sarajevo ermordet wurde, spitzte sich die Lage zu. Jetzt drohte Europa und vielleicht der ganzen Welt der Krieg. Aufgrund dieser tragischen Ereignisse wurde ich von großer Sorge um meinen Mann ergriffen, der Hauptmann bei der Infanterie war. Wie lange noch mochte die Gnadenfrist für die Soldaten, für die Zivilisten, für die ganze Jugend Frankreichs andauern? Einen ganzen Monat lang lebte ganz Paris intensiver als je vorher. Am Tage nach dem serbischen Attentat wurde an der Opéra-Comique zum letztenmal in der Frühjahrs-Konzertsaison *Pelléas* gespielt. Wir beschlossen hinzugehen. Pelléas sang:

Hörst du das wilde Meer?
Es ist der Wind, der sich erhebt.
Laß uns einen Weg nach unten suchen.
Willst du mir deine Hand geben?

Man würde sich einschiffen, ohne zu wissen wohin, und nicht mehr zurückkehren.

Die Musik ließ unvergeßliche Tage wieder aufleben und besaß dennoch eine geheimnisvolle Austrahlung, die einem fast Schmerzen bereitete. Kündigte die Oper *Pelléas*, die für uns immer Freiheit und Zuflucht vor dem Wagnerianischen Feuer bedeutet hatte, nun wirkliches, echtes Drama an? Würde die Kunst die Zerstörung, die auf uns zukam, überleben?

In der Pause verließ mein Mann die Loge. »Im Gang traf ich Debussy«, berichtete er, als er zurückkam. Und als Antwort auf meinen fragenden Blick erwiderte er schlicht: »Was hätte ich ihm schon sagen sollen?«

Schönheit und Gefühle lassen sich manchmal nicht angemessen ausdrücken. Das Schweigen meines Mannes an diesem Abend half mir später, Debussy von unserer Bewunderung für seine Musik zu überzeugen. So seltsam es klingen mag, aber als der Komponist von *Le martyre de Saint-Sébastien* einmal hörte, wie ich das Werk eines anderen Komponisten als »schön« bezeichnete, klang es bitter, was er laut dachte: »Nie hat jemand das zu mir gesagt – es ist schön.«

Zuerst war ich ganz verdutzt. Dann bemerkte ich, daß Debussy trotz seines Ruhmes nichts an Sensibilität verloren hatte und sehr verletztlich war. Es gelang mir, ihm zu erklären, daß sich die Empfindung, die durch Schönes verursacht wird, manchmal wortlos, in Schweigen äußert.

Oft hat Debussy in seiner Musik den Sonntag heraufbeschworen, immer wieder Tage, die sich dem Gedächtnis stark eingeprägt haben: *Dimanche sur les villes*, *Dimanche dans les coeurs*, *Je suis née un dimanche*, *Un dimanche à midi*. An zwei schwülen Sonntagen im Juli 1914 fuhr ich mit dem Programm, über das wir uns geeinigt hatten, zu ihm nach Hause. Er war glücklich, aber ich zitterte vor Aufregung.

»Spielen Sie als erstes *L'isle joyeuse*«, bat er mich. »Ich bin neugierig zu hören, was eine Künstlerin wie Sie daraus machen wird.«

Einen Augenblick lang schaute ich auf die stumme Tastatur und auf seine Hände – Hände, die alles, was er wollte, machen konnten, die Hände eines Zauberers. Ich hätte ihm zehn Jahre meines Lebens geopfert, wenn er mir dafür sein Geheimnis offenbarte und mich die Interpretation eines solchen Werkes lehrte.

»Oh, ich werde es nicht spielen. Erwarten Sie keinen Vortrag von mir. Sie werden sich neben mich setzen – und nach dem zweiten Takt werden Sie mich unterbrechen.« Er mußte darüber lachen, und wir machten uns an die Arbeit, die den ganzen Tag in Anspruch nahm.

Diese Sommermonate von 1917 könnte man als ein Geschenk der Vorsehung betrachten: einem Mann, der so krank wie Debussy war, eine so große Liebe zum Leben zu erlauben! »Hören Sie das Meer?« fragte er mich. »Von Angesicht zu Angesicht, allein mit der Großartigkeit des Ozeans, das allein ist Musik.« Sein Mut im Leiden war in seiner Dauerhaftigkeit und seiner Entschlossenheit beispielhaft. Die Musik verlieh uns beiden Linderung und wurde mir allmählich zum einzigen Lebensinhalt.

Debussy ist mit mir nicht sämtliche seiner Werke durchgegangen, aber er hat mich zumindest mit ihrem Stil vertraut gemacht. Mir ist die Zeit mit ihm unvergeßlich geblieben, nicht nur in rein pianistischer Hinsicht, sondern auch wegen meiner Zuneigung für ihn und seine Familie, die mir in schweren Stunden sehr beigestanden hat. Wir führten viele Gespräche, und ich spielte seine Musik und die jener Komponisten, die ihn besonders interessierten. Zu den großen Meistern, denen er Bewunderung entgegenbrachte, zählten Bach, Liszt und Chopin – vor allem

Chopin, dessen Musik er nie müde wurde. Er war, wie es schien, durchdrungen von der Musik dieses Komponisten und suchte all das zu vermitteln, was seinem Verständnis nach von dem großen polnischen Meister ausging.

Ich habe das Klavier in diesem Sommer drei Monate lang nicht verlassen, aber die Erfahrungen und die Wohltaten des täglichen Umgangs mit Debussy entschädigten mich unermeßlich.

In seinem Tagebuch schreibt Eugène Delacroix: »Nicht ein einziges Detail ist im Spiel Chopins uberflussig und darf vernachlässigt werden.« Debussy unterstrich Chopins große musikalische Ideen mit unglaublich präziser Genauigkeit. So pflegte er zu sagen: »Vier Sechzehntelnoten bedeuten vier Fermaten. Die Hände sollen dabei nicht über dem Klavier schweben, sondern in es eindringen.«

Einmal blickte Debussy mich mit klaren und glänzenden Augen an. »Der fünfte Finger des Virtuosen, das ist die reinste Pest!« Er meinte damit, daß man zu oft nur die Melodie hämmert, ohne der ganzen Harmonie genügend Aufmerksamkeit zu schenken; seiner Auffassung nach durfte die Harmonie niemals der melodischen Idee geopfert werden. Die Harmonie steht innerlich im Zusammenhang mit der Melodie, die im allgemeinen eine Art verdeckter Hilfe darstellt. »Man muß vergessen, daß das Klavier Hämmerchen hat«, war eine seiner häufigsten Redewendungen.

Chopin pflegte auf diese Art mit seinen Schülern zu reden; und einer dieser Schüler war Madame Mauté de Fleurville, die wiederum die erste Lehrerin von Debussy wurde. Sie lehrte ihn Anschlag und Sanftheit, die er wiederum seinen Interpreten abverlangte.

Debussy hat uns alle Zeichen, die für die Interpretation seiner Werke möglich waren, angegeben. Für ihn war das eine Angelegenheit, die der allergrößten Sorgfalt bedurfte, und er konnte ihretwegen manchmal fast wild werden. Ich habe oft gehört, wie er – etwas verärgert – folgende Geschichte erzählte: Einmal kam ein Pianist zu ihm und spielte mehrere seiner Stücke vor. Mitten in einer Passage brach er plötzlich ab und sagte: »Maestro, ich bin der Meinung, daß dies ‹frei› gespielt werden müßte.« Die Erzählung dieses Vorfalls schloß Debussy mit der Bemerkung: »Es gibt diejenigen, die Musik schreiben, und diejenigen, die sie verlegen, und dann gibt es noch diesen Herrn, der nur macht, was ihm paßt.« Ich fragte ihn, was er damals denn geantwortet habe. Er sagte verächtlich: »Oh, nichts. Ich schaute bloß auf den Teppich, aber er wird ihn niemals wieder betreten.«

Ravel, der ebenfalls bestrebt war, seine eigenen Intentionen durchzusetzten, ließ mich diese Geschichte oft erzählen. Sie illustriert die gleiche unversönliche Haltung, der auch Debussys Antwort entsprang, als ihm für die Rolle der Mélisande eine geniale Sängerin angeboten wurde: »Ein gewissenhafte Interpretin genügt mir vollkommen.«

Folgende Szene macht deutlich, wie sehr er darauf besand, daß man seinen Gedanken die größte Aufmerksamkeit zukommen ließ. Ich kam an einem heißen Morgen wie gewöhnlich zum Frühstück ins Wochenendhaus, um dort den Tag mit Arbeit zu verbringen; Debussy stand vor mir mitten in der prallen Sonne.

»Haben Sie's bemerkt?«

Ich stutzte, da ich nicht wußte, was er meinte.

»Wissen Sie, das Gis muß piano gespielt werden. Ich habe die ganze Nacht darüber nachgedacht.«

Ich verstand ihn immer noch nicht, und er war ob meiner Verständnislosigkeit leicht verblüfft. Dann wandte ich schüchtern ein: »Aber mein lieber Maestro, ich bin verwirrt. Entschuldigen Sie, aber ich weiß nicht, um welches Gis es sich handelt. Wo? Was?«

Gemeint war das Gis in *Mouvement*, dem dritten Stück aus der ersten Serie der *Images*. Debussy hatte lediglich die Schattierung eines Akkords verändert.

Ich erwähnte bereits, daß ich ihn an einem Tag des letzten Sommers in Saint-Jean-de-Luz auf einem seiner Spaziergänge begleitete. Als wir die Steilküste erreichten, drückte er meinen Arm. »Das Meer, hören Sie es? Das Meer – es gibt nichts, was so musikalisch ist wie das Meer. Alles, was man sich musikalisch nur wünschen kann.«

Dann wechselte er plötzlich das Thema. »Für morgen müssen wir uns *Général Lavine* [*Douze Préludes* II, Nr. 16] vornehmen. Dieser ‹hölzerne Mann› war eine Genie und er war musikalisch.«

Debussy redete da keinen Unsinn. Er erhielt die Inspiration zu der Musik von *Général Lavine*, *eccentric* von einem Clown, einer Art Grock der Jahrhundertwende, aus dem Zirkus Médrana. Dieser Seiltänzer, dieser »hölzerne Mann«, verbarg unter der Maske seiner Drolligkeiten und Pirouetten ein übersensibles Herz. Debussys Beschwörung des Clowns zeichnet unbewußt ein Bild der unterschiedlichen Stimmungen des Komponisten selbst.

Nun, da ich Debussy besser kannte, kristallisierten sich Zärtlichkeit und Ironie deutlich als zwei seiner Wesenszüge heraus. Er neigte stark zu Zynismus, der jetzt durch enge Freundschaft, Alter und Krankheit zwar gemildert war, in seiner Jugend aber als Verteidigung gegen das Leben gedient haben muß, so wie *Général Lavine* seine Clownerien benutzt.

Es gab keinen zweiten Pianisten, der so spielte wie Debussy. Die Geschmeidigkeit und die liebkosenden Gesten, mit denen er die Tasten berührte, sind mir unvergeßlich. Er glitt mit einer merkwürdigen, nachdrücklichen Sanftheit über die Tasten und erzielte dadurch eine außerordentliche Ausdruckskraft. Hier lag der Schlüssel zum Geheimnis, zu der pianistischen Rätselhaftigkeit seiner Musik. Dies machte Debussys individuelle Technik aus. Die Sanftheit, verbunden mit ständigem Druck, verlieh dem Klang die Farbe, die nur er dem Klavier zu entlocken vermochte. Er spielte meist mit halb-schattierten Tönen, aber gleichzeitig, wie Chopin, ohne Härte im Anschlag. Gänzlich eingenommen von Chopins Methode, vor allem von Chopins Art der Phrasierung, behauptete er gern, er nutze sich die Hände ab an der postum herausgegebenen *Étude* in As des polnischen Meisters, den er mit Bach und Liszt auf eine Stufe stellte. Die Skala der Abstufungsvielfalt in der Lautstärke reicht von einem dreifachen pianissimo bis forte, und zwar ohne Beeinträchtigung der Klangfülle, ohne Verlust der harmonischen Feinheiten. Wie Chopin betrachtete er den Pedalgebrauch als eine Art »Atemvorgang«. Er hatte diese Technik in ihren Feinheiten auch bei Liszt festgestellt, den er in Rom spielen hörte.

Irgendwann im Jahr 1917 besuchte Debussy ein Konzert, bei dem ein berühmter Pianist die *Suite Pour le piano* spielen sollte.

»Wie war's?« fragte ich ihn bei seiner Rückkehr.

»Grauenvoll. Er hat sich nicht einmal verspielt.«

»Aber das müßte Sie doch zufriedenstellen. Gerade Sie, der Sie doch auf unfehlbare Präzision bestehen.«

»Oh, doch nicht so . . ., nicht so!«

Wie paradox! Wie schwer zufriedenzustellen! Hin und wieder kommen mir seine beißenden Kommentare in den Sinn, derer er sich sogar bei den bekanntesten Virtuosen nicht enthalten konnte, wie zum Beispiel: »Er spielte wie ein im Brunnenschacht knarrendes Seil!« Oder: »Er spielt wie ein Wasserträger!« Und doch, wie freundlich war er während unserer ganzen Zusammenarbeit, die mich in das Geheimnis so vieler Meisterwerke eingeweiht hat.

In Saint-Jean-de-Luz wurde Debussy ständig von Müdigkeit und Krankheit geplagt, aber er legte eine unendliche Courage an den Tag. »An manchen Morgen«, sagte er, »ist das Ankleiden eine Herkules-Arbeit; und ich warte nur auf etwas – ich weiß nicht genau auf was, auf eine Revolution, ein Erdbeben –, das diese Anstrengungen unnötig werden läßt.«

Trotz allem kleidete sich Debussy jeden Morgen an und ging zum Frühstück mit seiner Familie nach unten. Fast jeden Tag gesellte ich mich dazu, bevor wir unsere Arbeit im Chalet Habas aufnahmen. Wenigstens konnte ihn dieses Haus aufheitern: »Es ist baskischen Ursprungs mit Pergola und Blick auf ein paar bescheidene Berge.« Das Anwesen strahlte englische Behaglichkeit aus, denn es gehörte einem Engländer, Oberst Nicoll. »Ich denke immer, jeden Moment kommt S. Pickwick Esq. die Treppen herunter«, scherzte Debussy.

Manchmal, wenn er sich für einen Augenblick erholte und mit mir plauderte, ließ er seiner Ironie freien Lauf und zog über Leute her, auf die er meinte, gut verzichten zu können. Zum Beispiel murmelte er eines Tages: »Ich verabscheue die Konzerte von Mozart«, und fügte hinzu, »aber noch mehr die von Beethoven.«

Ich spürte, wie wichtig Debussy seine beiden Sammlungen mit *Études* waren. Sie haben bisher noch nicht die Anerkennung in der Welt des Klaviers gefunden, die ihnen eigentlich zusteht; sie müßten mit den unsterblichen *Études* von Chopin im gleichen Atemzug genannt werden. Debussy hatte zunächst die Absicht gehabt, dieses Werk der Erinnerung an Couperin zu widmen, aber er überlegte es sich anders und entschied sich schließlich für Chopin, den er so hoch verehrte.

Aus diesem Grund standen beim letzten internationalen Marguerite Long/Jacques Thibaud-Wettbewerb Debussys *Études* neben den von Liszt und Chopin auf dem Programm. »Chopin ist von allen der größte«, verkündete er oft. »Denn allein mit dem Klavier hat er alles schon entdeckt.«

So war für den berühmten Musiker die Vergangenheit ebenso ein Forschungsgebiet wie die Zukunft. Auch die weniger gelungenen Aspekte einer Vorstellung ließ er im Geiste noch einmal Revue passieren. »Sie kennen meine Ansichten über die Angaben für das Metronom«, schrieb er einmal. »Sie sind im Takt so ordentlich wie Rosen am Morgen.« Mir bereitete es immer wieder Vernügen festzustellen, wie oft der Komponist sich selbst widersprach. Wie oft rief er: »Zum Metronom, zum Metronom!« Doch wie sagte Talleyrand: »Nur Dummköpfe ändern niemals ihre Meinung.« Die folgende Anekdote mag dies belegen.

Im Vorwort zu den *Études* wird angemerkt, daß keine weiteren Angaben über Fingersätze, die Debussy für gewöhnlich als sehr wichtig erachtete, gemacht worden seien. Der Pianist möge selbst die Entscheidungen treffen. »Man wird am besten bedient, wenn man sich selbst bedient.« Doch zu der letzten Übung von Buch I, *Pour les huit doigts*, merkt Debussy an, daß »die die Position häufig wechselnde Hand den Gebrauch der Daumen ungünstig erscheinen läßt. Die Ausführung würde an Akrobatik grenzen.« Die Versuchung wurde für mich jedoch zu stark, und da ich das Resultat des Daumengebrauchs als zufriedenstellend erachtete, wurde ich schnell ungehorsam. (Lautete doch das Motto aus dem Vorwort: »Wir finden unseren eigenen Fingersatz.«) Vor vollendete Tatsache gestellt, blieb dem Komponisten nichts anderes übrig, als zuzustimmen. Er entschloß sich daraufhin, den Gebrauch der Daumen zuzulassen.

At the piano with Debussy, London 1972, S. 6–9, 12–15, 19, 24, 36, 44f

Jane Bathori
(1877–1970)

Die französische Sopranistin Jane Bathori, mit bürgerlichem Namen Jeanne-Marie Berthier, spezialisierte sich vor allem auf zeitgenössische Musik. Begleitet von Ricardo Viñes sang sie am 14. Januar 1911 bei der Uraufführung von drei Liedern Debussys mit dem Titel *Le promenoir des deux amants*. Vier Jahre zuvor hatte Ravel sie bei der Uraufführung seiner *Histoires naturelles* begleitet.

Ich hatte das große Glück, Debussy im Jahre 1904 kennenzulernen. Er wohnte damals in der Rue Cardinet 58, und ich ging zu ihm, um ihm vorzusingen. Ich spielte zunächst einige Solostücke für Piano und sang dann sein Lied *Mandoline* in eigener Begleitung. Er unterbrach mich bereits nach den ersten paar Takten und belehrte mich: »Es sollte doppelt so schnell gespielt werden.« Dann sang ich die *Chansons de Bilitis*. Es war eine Freude, mit ihm zu arbeiten. Sein geschärftes Empfinden für die französische Sprache, für die feinsten Nuancen und deren angemessenen

Jane Bathori

Ausdruck kam auch mir zugute. Als ich an das Ende von *La Chevelure* kam, mahnte er mich: »Vor allem kein romantischer Schauer!«

Er vereinte in sich all jene Qualitäten, die ich in der Musik für wichtig halte – Eleganz, Raffinesse, Witz und Abwechslungsreichtum -, und er besaß einen natürlichen guten Geschmack, der ihn an schönen Dingen Gefallen finden ließ. Raymond Bonheur, der einige Male mit Debussy in die Sommerfrische gefahren war, berichtete, daß Debussys Wahl stets unfehlbar auf Dinge von Wert falle. Und dies Gefühl für Qualität sei nicht kulturell anerzogen, sondern angeboren. Er umgab sich gerne mit schönen Dingen, und das fand seinen Widerhall in seiner Musik. Das kleine Kätzchen aus Kopenhagen, das ich 1904 auf seinem Klavier stehen sah, wich später einer mächtigen, türkisfarbenen Kröte, die er Arkel nannte. Alles was raffiniert, fein gearbeitet, mehrdeutig und außergewöhnlich war, erregte sein Interesse. Aus diesem Grund konnte er sich auch für den neuen Stil der Präraffaeliten und für die *Nocturnes* von Whistler begeistern.

Als Klavierbegleiter trat Debussy nur ungern öffentlich auf. Er schützte seine Nervosität vor, die so stark sei, daß seine Beine zitterten, was ihn seines Verstandes beraube. Ich denke, mit dieser Ausrede wollte er den zahllosen aufdringlichen Bitten aus dem Weg gehen und sich seine Zeit frei halten. Dennoch traf ich ihn eines Nachmittags in dem wunderschönen Anwesen in Boulogne, am Ufer der Seine, das Otto Kahn gehörte und »Maison du tour du monde« genannt wurde. Hier waren Studenten untergebracht, die ihr Studium bereits vollendet hatten. Debussy war gekommen, um sich den japanischen Garten anzuschauen, der ihn sehr interessierte. An diesem Tag war die Stimmung hervorragend, und ich wurde gebeten, extempore zu singen. Debussy setzte sich an den Flügel und begleitete mich in den *Chansons de Bilitis* mit natürlicher und bezaubernder Bescheidenheit.

Les musiciens que j'ai connus: II., Debussy, »Recorded Sound«, I, Nr. 6, Frühjahr 1962, S. 176, 178f

Maggie Teyte
(siehe Seite 106)

Maggie Teyte antwortete 1962 in einem Interview für die Zeitschrift »Music an Musicians« auf die Fragen von Frank Granville Barker:

Hat Debussy Sie mit seinem mürrischen Wesen erschreckt?

Oh nein. Sehen Sie, ich bin durch und durch englisch – ich war immer ziemlich kühl und gelassen und habe das nicht weiter beachtet. Und ich wußte, was ich zu tun hatte. Ich war immer auf Draht, zu allem bereit, und er hatte eigentlich nie Grund, bei mir Fehler zu suchen. Aber er konnte sich anderen gegenüber schrecklich aufführen. Ich erinnere mich, wie einmal ein sehr bekannter Begleiter zu ihm nach Hause kam, um mit mir dort ein paar von seinen Liedern zu proben. Der arme Kerl hatte kaum den ersten Takt gespielt, als Debussy sich auch schon nach ihm umdrehte und ihn beinahe vom Klavierhocker geworfen hätte. Sein Gesicht war weiß vor Wut, und erst, nachdem er erklärt hatte, wie er diesen Eröffnungstakt gespielt haben wollte, beruhigte er sich wieder.

Ich erinnere mich noch an ein Konzert, wo Debussy mich beim Vortrag einiger seiner Lieder begleiten sollte. Vor unserem Auftritt stand zunächst noch sein Streichquartett auf dem Programm. Während wir in der Garderobe warteten und dem hervorragenden Quartett zuhörten, merkte ich, wie Debussy sich langsam in einen seiner Wutanfälle hineinsteigerte. Schließlich klang die Musik aus, und der Leiter des Quartetts kam in die Garderobe. »Wie fanden Sie es, Maître?« fragte er und erhielt lediglich die wütende Antwort: »Sie haben gespielt wie ein Schwein!«

Nun, die Franzosen, die uns glauben machen möchten, daß Debussy der vollkommenste Gentleman des Jahrhunderts war, werden natürlich das hier gezeichnete Bild ihres nationalen Genies nicht akzeptieren. Aber es ist wahr. Seine Wutausbrüche lassen sein Genie um nichts geringer erscheinen, aber er neigte nun einmal zu diesen fürchterlichen Ausbrüchen; er war aber dennoch auch ein ruhiger, nachdenklicher Mann.

Können Sie sich an andere besondere Eigenarten von ihm erinnern?

Er war fanatisch, was Ordnung anbetraf, und in allem, was er tat, sehr genau. Die Liebe zur Präzision spiegelt sich natürlich in seiner Musik wider – in jeder Note. Unendlich waren seine Genauigkeit und Pedanterie. Ich erinnere mich, wie er eines Tages am Klavier saß, um mit mir eines seiner Lieder einzustudieren. Er war gerade im Begriff, die Hände auf die Tasten zu legen, als er zufällig einen kleinen Baumwollfaden auf dem Teppich entdeckte. Ganz langsam zog er seine Hände von der Tastatur zurück, ganz langsam bückte er sich, um das unverschämte Fädchen aufzuheben. Dann formte er bedächtig ein winzig kleines Knäuel daraus und begann sich umzusehen, ob er nicht etwas fände, um es aus dem Weg zu schaffen. Nach mehreren Minuten, die mir wie Stunden vorkamen, da ich darauf wartete, mit dem Singen beginnen zu können, mußte er schließlich feststellen, daß er es nirgends sonst als auf dem Klavier ablegen konnte. Sanft legte er das Knäuelchen also aufs Klavier – und begann mit dem Lied.

Konnte er gut begleiten?

Oh ja, er war hervorragend – perfekt. Mein Maßstab für einen guten Begleiter ist, daß man nichts von dessen Anwesenheit merkt. Hört man aber den Begleiter, dann ist etwas nicht in Ordnung. Mit Debussy war es so, wie ich es später wieder mit Cortot erlebt habe. Wir haben uns so vollkommen verstanden, daß ich nie auch nur eine Sekunde lang an einen Gedanken an sein Spiel vergeuden mußte.

War er ein guter Lehrer?

Ich kann von ihm natürlich nur als Lehrer seiner eigenen Musik sprechen, aber darin war er großartig. Er lehrte mich die Mélisande zu singen, so »wie er sie gern haben wollte«, und glücklicherweise stimmten wir dabei in unseren Auffassungen überein. Er fand an meiner Interpretation oder an der musikalischen Umsetzung der Rolle selten etwas auszusetzen; er bat mich lediglich, eine Passage vielleicht etwas weicher oder schneller zu singen.

Memories of Debussy (Maggie Teyte im Gespräch mit Frank Granville Barker), »Music and Musicians«, August 1962, S. 16

Ninon Vallin
(1886–1961)

Ninon Vallin war in der ersten Hälfte dieses Jahrhunderts eine der berühmtesten und besten Sopranistinnen Frankreichs. Nach ihrem Studium am Konservatorium von Lyon sang sie 1911 bei der Premiere von *Le martyre de Saint-Sébastien* die Erigone. Zwei Jahre später schrieb Debussy, »ihre Stimme versteht die Bögen, die die Musik durch Worte erzeugt . . ., sie ist äußerst schön und ganz schlicht.« Am 21. März 1914 begleitete er sie bei der Uraufführung seiner Lieder *Trois poèmes de Stéphane Mallarmé.*

Seine Gewohnheit, sich selbst ständig bedeckt zu halten, die gespannten, abrupten Gesten und schon der Klang seiner Stimme haben mich bei unseren gemeinsamen Proben erschreckt – damals war ich ein kleines Mädchen aus der Provinz, und er stand auf der Höhe seines Ruhms. Es war schwierig, ihn zufriedenzustellen, er forderte viel. Wenn es »langsam« hieß, dann wollte er es auch langsam ausgeführt haben; »lebhaft« und »heiter« bedeuteten bei ihm nicht »schnell«. Die zahlreichen Ausdruckszeichen, die er in seine Texte einfügte, mußten mit peinlicher Genauigkeit beachtet werden. Nuancen, Akzente, Pausen, Tempowechsel, plötzliche »pianos« – nichts von dem, was für Debussys Schreibweise so charakteristisch ist, durfte beschönigt werden. Sein scharfes, sensibles Ohr litt, und schon bei dem kleinsten Fehler sprang er vom Stuhl hoch. Er pflegte zu sagen: »Bevor ich eine Betonung oder eine besondere Schattierung einsetze, brüte ich darüber manchmal mehrere Tage und denke über die schönen Wörter nach, die den Text meiner Lieder bilden.«

Die Double und Triolen, die so oft in der Melodieführung von Debussys Liedern auftauchen und die fast immer der rhythmischen Bewegung der Begleitung entgegengesetzt sind, mußten genau ausbalanciert werden. Er gab kaum jemals irgendwelche Kommentare, er bestand lediglich darauf, daß der Ausführende genau beachtete, was er geschrieben hatte. Wenn er mir Unterricht gab, hatte er gern seine kleine Tochter dabei.

»Hör zu, Chouchou, hör zu; so sollen die Lieder deines Vaters gesungen werden.«

O Klod Debyussi, »Sovetskaya Muzyka«, Januar 1936, 4/1, S. 61ff, zitiert nach der englischen Übersetzung von Henry Thompson

Désiré-Emile Inghelbrecht und Ninon Vallin

François Gillet
(Daten unbekannt)

François Gillet war bei der Uraufführung von *La mer* am 15. Oktober 1905 der erste Oboist des Lamoureux-Orchesters, das unter der Leitung von Camille Chevillard spielte. Gillet erinnerte sich später daran, was Debussy während einer Probe zum Dirigenten gesagt hatte:

> »Un peu plus vite ici . . .« Darauf Chevillard. »Mon cher ami, das Tempo, das wir heute gespielt haben, haben Sie mir gestern vorgegeben.« Debussy schaute ihn mit nachdenklichem Blick an und sagte: »Aber ich empfinde die Musik nicht an jedem Tag gleich.«

Brief vom 17. März 1974 an Marie Rolf (abgedruckt mit freundlicher Genehmigung von Dr. Rolf)

Désiré-Emile Inghelbrecht
(1880–1965)

D.-E. Inghelbrecht begann seine Karriere als Dirigent 1908 in Paris. Bei der Premiere von *Le martyre de Saint-Sébastien* im Jahr 1911 wirkte er als Chorleiter mit. Später dirigierte er die Ballets Suédois und leitete abwechselnd beide Pariser Opernhäuser. 1931 gründete er das Orchester des Französischen Rundfunks.

> Orchestermusiker schämen sich entweder ihres Berufes oder geben damit an und sind bis zum Exzeß kleinlich bei dessen Benennung. Debussy erzählte, daß er zu der Zeit, da er noch »kein sehr großes Ansehen bei den Interpreten genoß«, eines Tages zu Beginn einer Probe die Bemerkung fallen ließ, daß ein Musiker fehle. Was ihm aus dem Orchestergraben sofort die erbitterte Entgegnung eintrug: »Hier, Monsieur, gibt es keine Musiker, hier gibt es nur Künstler!« Worauf Debussy erwiderte: »Das ist sonderbar, ich hatte nicht die Absicht, Ihre Gefühle zu verletzen. Ich bin immer geschmeichelt, wenn man mich einen Musiker nennt!«

Diabolus in Musica, Paris 1933, S. 156 *

> Während der zehn Jahre, die ich Debussy kannte, war es lediglich zu einer zufälligen Begegnung und einem kurzen Treffen gekommen. Erst, als wir gemeinsam die Uraufführung von *Le martyre de Saint-Sébastien* vorbereiteten, kamen wir uns näher und lernten uns besser kennen.

Im Jahr darauf wurde das Théâtre des Champs Elysées gegründet. Bem Einweihungskonzert hatte Debussy *L'après-midi d'un faune* dirigiert, und wir wollten in Kürze die *Nocturnes* aufführen, zu denen sich die Tänzerin Loie Fuller eine Choreographie ausgedacht hatte.

Eines abends, als der junge Dirigent und das Orchester gerade bei der Arbeit waren, öffnete sich plötzlich die Tür und herein kam der Komponist.

»Warum haben Sie mich nicht früher gerufen?«

»Ich wollte Sie nicht wegen eines einfachen Partitur-Durchgangs behelligen . . .«

»Aber ich habe eine ganze Reihe von Veränderungen in dieser Partitur vorgenommen, die Sie noch berücksichtigen müssen, bevor Sie weitermachen.« Das war noch vor der Veröffentlichung der Endfassung. »Außerdem haben Sie schon einmal ein Werk von mir hier gespielt, ohne mich dazu eingeladen zu haben.«

Er meinte den *Marche écossaise*, der seinerzeit von einem berühmten Akrobaten auf der Violine gespielt worden war. Ich gestand ihm, daß ich es damals nicht gewagt hätte, ihm das übrige Programm des Konzerts zuzumuten, und er fügte in etwas melancholischer Weise hinzu: »Sehen Sie, mein lieber Junge, ich habe ihn noch nie gehört.« Das sagte er 1913, und der *Marche écossaise* war 1891 komponiert worden! Damals konnten die großen Komponisten noch warten. Die Probe der *Nocturnes* wurde auf der Stelle abgebrochen, und man spielte das seinem Komponisten unbekannte Stück vor. Dieser war tief bewegt und sagte: »Aber das ist doch recht hübsch!«

Wenige Wochen später war das Eis gebrochen, und Debussy fühlte sich hier wie zu Hause. Jeder hatte nun auch den Mut, Debussy seine Begeisterung offen zeigen. Loie Fuller besaß mehr Mut als alle anderen. Eines Tages ging sie hoch zu ihrem Komponisten und vertraute ihm auf geheimnisvolle Weise an: »Wenn Sie nur wüßten, Herr Debioussy! Wenn Sie nur wüßten, wie die Kinder die Miusik von den *Noctiurn's* lieben . . . Kommen Sie doch bitte mal mit . . .« Und sie öffnete die Tür zur Haupttanzfläche, wo in einem Gewühl von buntem Taft die Sirenen und Wolken Stullen und Orangen verschlangen. Loie rief gebieterisch: »Kinder! Herr Debioussy!« Und die Kinder begannen mit ihren piepsigen Stimmchen das Lied der Sirenen zu singen:

Wir hatten es uns zur Gewohnheit werden lassen, jeweils zu Beginn der Saison Chabriers *Ode à la musique* zu spielen. Nach den kurzen Ferien, die der Einweihung des Theaters folgten, begann das erste Konzert, das fast völlig der Musik Debussys gewidmet war, deshalb mit dem »bezaubernden Chor der jungen Damen«. Während der Proben saß Debussy im Auditorium und hörte aufmerksam zu. Ganz allmählich sahen wir, wie Leben in ihn kam, dann stand er auf und kam singend auf das Orchester zu – so, als wäre es ihm gar nicht bewußt – mit dieser innigen Stimme, die er in solchen Momenten hatte und die so rührend war. Schließlich sprach er, und die Worte kamen gedrängt und schnell, und seine Anregungen waren so vielfältig, daß er auf einer andere Ebene aufzusteigen schien. Er wurde zu demjenigen, dem Musiker und Sänger in stillschweigendem und allgemeinem Einvernehmen folgten ... Anschließend entschuldigte er sich in dem kleinen, gemütlichen Büro, wo er die Probenpausen verbrachte, ganz verwirrt für »seine Aufdringlichkeit«.

Bei diesem Konzert war er selbst anwesend, um *Ibéria* zu dirigieren. Die Partitur hatte von den dreißig Proben noch profitiert, und Debussy war noch so freundlich anzumerken: »Ich kann Ihnen versichern, daß ich nicht derjenige sein werde, der Ihre Musiker kontrollieren wird, wenn sie ihre Griffe nicht beherrschen!« Da der Komponist bei den letzten Proben nicht mit dem Musiker zufrieden gewesen war, der die Schellen schlug, stellte ich mich neben den Mann, um ihm seine Einsätze zu geben. Als der Tag kam, an dem das Konzert stattfinden sollte, war ich glücklich, daß soweit alles in Ordnung war, und freute mich darauf, endlich *Ibéria* vom Saal aus hören zu können. Doch da hielt Debussy mich an und sagte mit gequälter Stimmen: »Oh nein, bitte gehen Sie nicht ... Ich habe mich so daran gewöhnt, Ihren kleinen Kopf da oben zu sehen ...«

Dann brach der Krieg aus. Für den Anfang versuchten wir, Orchester und Chor des Theaters neu zu formieren, zumindest mit denjenigen, die nicht einberufen worden waren, um so das Schweigen, in das die Musik gestoßen worden war, zu brechen. Debussy kam zu uns ins Palais de Glace, um wieder die *Ode à la musique* zu hören, die eine neue Saison ankündigte. Aber dieses Unternehmen hielt nicht lange durch, und die wenigen Konzerte, die wir für die Verwundeten geben durften, waren für Debussy die letzten Gelegenheiten, Orchestermusik zu vernehmen. Gemeinsam stellten wir die Programme auf, und es ist mir unvergeßlich, wie er sich für Lalos *Namouna* und für die Jagdhörner in der *Parade de foire* begeistern konnte.

Mouvement contraire, Paris 1947, S. 185 und (mit seiner Frau Germaine) *Claude Debussy*, Paris 1953, S. 229ff, 233f

Pierre Monteux
(1875–1964)

Pierre Monteux studierte Violine und Komposition am Pariser Conservatoire und war als Bratschist an der Premiere von *Pelléas* beteiligt. Seine erfolgreiche internationale Karriere als Dirigent wurde von Serge Diaghilew in Gang gebracht, der ihn bat, die Ballets Russes zu dirigieren, unter anderem die Uraufführungen von *Daphnis et Chloé, Jeux* und *Sacre du printemps.*

> Debussy stand hinter mir, als wir *L'après-midi d'un faune* für die Ballets Russes spielten, weil er nicht wollte, daß mit Rücksicht auf den Tanz auch nur das kleinste Detail in seiner Partitur geändert wurde. Als wir zu einem forte kamen, mahnte er mich: »Monteux, das ist ein forte, spielen Sie also auch ein forte!« Er wollte nichts undeutlich Verschwommenes. Und er legte Wert darauf, daß alles genau im richtigen Tempo gespielt wurde.

Pierre Monteux in einem Interview mit John Amis, BBC, 28. Juni 1961

VI
Zu Hause

Seit 1899 lebte Debussy mit seiner ersten Frau, Lily Texier, zusammen. 1904 verließ er sie wegen Emma Bardac, der Mutter eines Klavierschülers, die auch als Sängerin dilettierte. Im Herbst 1904 zogen er und Emma in die Avenue du Bois de Boulogne 80 (heute Avenue Foch). Am 30. Oktober 1905 kam Debussys Tochter Claude-Emma (Chouchou) zur Welt. Debussy und Emma Bardac heirateten am 20. Januar 1908.

Louis Laloy
(1874–1944)

Der Herausgeber der Zeitschrift »Mercure musical«, Louis Laloy, wurde 1914 zum Geschäftsführer der Opéra ernannt. In dieser Funktion diente er nach dem Krieg als Zielscheibe für Saties Spott. Er interessierte sich für die Kultur des Fernen Ostens und verfaßte ein Buch über die chinesische Musik. Das Treffen, über das im folgenden berichtet wird, fand Ende des Jahres 1902 statt, kurz nachdem Laloy einen Essay über die ersten vier Takte von *Pelléas* veröffentlicht hatte.

Es war nicht ohne Beklemmung, daß ich das erste Mal die etwas dunkle Treppe in der Rue Cardinet 58 hinaufstieg, wo Debussy damals in einer kleinen Wohnung in der fünften Etage wohnte.

Sein Arbeitszimmer lag rechts vom Eßzimmer; ein Tisch stand vor dem Fenster und ein Klavier aus Palisanderholz dahinter. Etwas später schenkte ihm das Haus Pleyel – immer großzügig zu den Künstlern – einen schönen Mahagoni-Flügel, den er mir mit Freude vorführte. Der Besuchersessel stand links davon und fast direkt dem seinen gegenüber. Dort ließ er mich Platz nehmen, und indem er den Kopf etwas senkte, um meine Proteste abzuwehren,

Louis Laloy und Debussy lassen einen Drachen steigen

begann er mir Komplimente zu machen. Ich fühlte mich gleich sehr wohl, zunächst einmal weil sein kurviges Gesicht mich an den Fernen Osten denken ließ, dessen Ruhe aus der Höflichkeit geboren ist. Vor allem aber fühlte ich mich gut, weil ich bei ihm jene Zurückhaltung spürte, die der meinen glich und die darin besteht, den Fremden nicht zu verletzen und nicht weiter zu gehen, als das Einverständnis des anderen reicht.

Er sprach mit tiefer und klarer Stimme, in kurzen Sätzen, oder in einem Zug; ohne jemals nach Worten zu suchen, konnte er plötzlich ein schönes Bild in seine Rede einflechten. Er hatte den Geist eines Poeten. Ich weiß nicht, ob es stimmt, daß er – wie einige seiner alten Freunde sich verpflichtet fühlten mitzuteilen – auf dem Conservatoire noch überhaupt nicht mit der Literatur vertraut war. Aber es ist sicher, daß er die verlorene Zeit besser als jeder andere wieder aufgeholt hat. Und es ist daher kein Zufall, daß er nach seiner Rückkehr aus Rom der einzige seiner Kameraden war, der den Kontakt zur Elite der Schriftsteller suchte und sich beispielsweise von Henri de Regnier bei seinem Text zu *Proses lyriques* beraten ließ, anstelle von Catulle Mendès, der nur allzu bereit gewesen war, dies zu übernehmen. Er war der einzige der Rompreisträger, der den für Normalsterbliche unerreichbaren Kreis um Stéphane Mallarmé frequentierte, in den meines Wissens kein anderer Musiker je Aufnahme fand.

Bald nahm ich – auf seine Bitte hin – die Gewohnheit an, ihn fast jede Woche am Samstagnachmittag zu besuchen. Wir blieben allein, nur einmal nahm auch Jean Marnold, den ich bis dahin noch nicht kannte, an unserem Gespräch teil, ohne die vertraute Atmosphäre zu stören. Wir sprachen über François Couperin, den wir alle drei wegen der Schätze seiner reichen Phantasie sehr liebten.

Aber es war nicht der Geschmack allein, der mich mit Debussy verband. Auch wenn wir sehr unterschiedliche Leben führten, sowohl was die Umstände als auch die daraus resultierenden Gefühle anging, so konnten wir und zumindest über den späteren Nachhall dieser Gefühle verständigen, der bei beiden von uns übereinstimmte. So tauschten wir also keine Geheimnisse aus, sondern Reflexionen, auf die Schweigen folgte, währenddessen jeder sie auf seinen persönlichen Fall übertrug, um dann eine andere Bemerkung, die ihm dazu in den Sinn kam, auszusprechen, die meist ebenfalls die Zustimmung des anderen fand.

Wir schämten uns auch nicht – wenn wir in einer anderen Stimmung waren –, die tiefgründigen Gedanken von uns zu schieben, um uns nur über Tagesereignisse, das Lächerliche an einer Person in unserem Bekanntenkreis oder über unseren Lieblingstabak zu unterhalten. Manchmal gingen wir gemeinsam aus, um Einkäufe zu machen, um etwa bei einem Konditor in der

Nachbarschaft den Kuchen für den Dessertgang des Abendessens zu kaufen. Er war für das opulente Leben wie geschaffen, aber bis zu dieser Zeit mit einer Armut geschlagen, der zu entrinnen er nicht mehr zu hoffen gewagt hatte. Ich sah wohl, daß er darunter litt, aber er wahrte das Gesicht, und manchmal passierte es trotz allem, daß er sich völlig glücklich wähnte. Ich stimmte mit ihm in diesem Sinne überein, und ich glaube, er wußte es zu schätzen.

»Es ging mir wie jedem anderen in Bayreuth«, sagte Debussy, »auch ich habe mein Quantum an Tränen bei *Parsifal* vergossen. Aber bei meiner Rückkehr hörte ich *Boris Godunow* zum erstenmal, und das hat mich geheilt.« Doch konnte Mussorgsky Debussy, der sehr auf die Reinheit des Stils und die Ausgewogenheit der Proportionen achtete, nicht voll und ganz gefallen. »Es ist nie ganz fertig«, urteilte er ein wenig verächtlich. Aber er fand bei Mussorgsky ein Beispiel für eine Musik voller Gefühl, wie auch für volkstümliche Einfachheit der Melodien und ein Rezitativ, das dem Klang der Rede folgt, ohne den Gesang zu unterbrechen. Wagner wurde ihm nun widerlich mit seiner Emphase und der Aufdringlichkeit seiner rechthaberischen Helden, die sich nicht damit begnügen, ihre Leidenschaften zu verkünden, sondern sie mit früheren Fällen aus der Legende, mit Moralprinzipien, kosmogonischen Argumenten oder durch Beweise der Nichtexistenz einer Außenwelt zu begründen suchen. Debussy, der Spitzfindigkeiten verabscheute, fand diese Zurschaustellung der Beweggründe infam. »Sehen Sie«, sagte er zu mir, »wie niedrig und wie feige man bei Wagner leidet.«

An dem einzigen Tag, an dem ich Debussy einmal nicht antraf, wurde mir die Tür von einer schlanken und blassen Frau geöffnet, die in ihrem Haar ein Haarband trug, wie es der damaligen Mode entsprach. Sie schien schüchtern und hatte es eilig, mich wieder loszuwerden. Und so ging ich wieder, ohne die baldige Ankunft meines Freundes Debussy abzuwarten.

Von da an erzählte er mir mit großer Zuneigung von ihr, klagte jedoch über ihre Kinderlosigkeit. Ich erinnere mich noch an meine Antwort, die unsere Vertrautheit mir erlaubte und die er mit einem Lächeln quittierte: »Man darf nicht aufgeben.« Und, wie auf einen nicht ausgesprochenen Einwurf, fügte er hinzu, daß er auch so glücklich sei, da er so in seinem Bereich frei und allein sei.

Einige Tage später lud er mich, als weiteren Beweis unserer engen Freundschaft, zu sich zum Essen ein. Ich war ihr einziger Gast, und sie ließen mich lachend ihre Fayenceteller bewundern, die sie in den Ofen gestellt hatten, damit die Glasur platzte, um auf diese Weise den Craquelé-Effekt von künstlerischen Steingutarbeiten nachzuahmen.

La musique retrouvée, Paris 1928, S. 119–121, 123f, 132f, 139f.

Ricardo Viñes
(1875–1943)

Ricardo Viñes studierte Klavier zunächst an der Städtischen Musikschule von Barcelona und anschließend am Pariser Conservatoire, wo er mit Ravel Freundschaft schloß. Er war als Solist an den Uraufführungen zahlreicher Werke von Debussy, Ravel, Satie, de Falla und Albéniz beteiligt. Sein Tagebuch enthält umfangreiche Aufzeichnungen zu musikalischen wie gesellschaftlichen Begegnungen mit Debussy.

Samstag, den 4. Juli 1903
Ich besuchte Debussy, und er spielte mir wieder seine neuesten Stücke *Pour le piano* vor, von denen er mir eine Kopie gegen Ende des Monats zusenden will. Ich ließ zufällig die Bemerkung fallen, daß mich diese Stücke an Turners Bilder erinnerten, und er antwortete, daß er, bevor er mit ihrer Komposition begonnen hatte, tatsächlich eine ganze Zeit im Turner-Saal in London verbracht habe.

Samstag, den 3. Februar 1906
Um drei Uhr nachmittags ging ich zu Debussy, um ihm *Images* vorzuspielen. Ich spielte es mehrere Male und er ebenfalls. Es muß ihm Freude bereitet haben, denn er rief noch seine damalige Frau (Madame Bardac) hinzu. Sie baten mich, ihnen Ravels *Miroirs* vorzustellen, was ich dann auch tat.

Dienstag, den 26. November 1907
Bei Debussy zum Abendessen gewesen. Ich traf als erster ein, und wir führten ein langes Gespräch. Dann erschienen Louis Laloy und seine Frau. Wir blieben bis ein Uhr morgens und sprachen hauptsächlich über die Schola Cantorum und den Schaden, der durch die Mittelmäßigkeit ihrer Leiter angerichtet wurde.

Dienstag, den 23. Januar 1912
Zum Abendessen bei Debussy gewesen, zusammen mit den Laloys und Madame Charpentier. Es verstand sich von selbst, daß wir nicht musizierten und auch kaum darüber sprachen, so wie es bei wirklichen Künstlern (womit ich diejenigen meine, die am wenigsten über ihre Kunst zu sagen haben) vorkommt. Debussy und seine Frau murrten, daß ich sie so selten besuchen käme. Sie bringen mir sehr viel Verständnis entgegen. Wir sprachen über die Chinesen und ihre Revolution.

Dienstag, den 12. März 1912
Abends das dritte Durand-Konzert in der Salle Erard, bei dem ich den ersten Satz von Debussys *Images* gespielt habe. Es fand so großen Beifall, daß ich noch eine Zugabe spielen mußte. Ich

entschied mich für *La soirée dans Grenade*, was ich zuletzt vor vierzehn Tagen beim ersten Durand-Konzert gespielt hatte. Ich war nicht sehr glücklich damit, vor allem da ich wußte, daß Debussy anwesend war und in einer Loge saß; denn er hatte dieses Stück noch nie so gehört, wie er es gern gehabt hätte.

Ricardo Viñes, Tagebucheinträge, in: »Revue internationale de musique française«, 1/2, Juni 1980, S. 226, 229f, 232f

Debussy konnte einem schon ein bißchen Furcht einflößen mit seinem so herrlich häßlichen Gesicht und seiner merkwürdigen, wie ungeschickt behauenen, hervorstehenden Stirn (ähnlich der Verlaines). Im Schatten dieser Stirn lauerten zwei große, katzenhafte Augen, die ironische und vieldeutige Blicke aussandten. Der ganze Ausdruck erinnerte an das romantische Bild eines condottiere oder sogar, wenn man das so sagen darf, an einen stolzen kalabrischen Banditen. Debussy war selbst weder wichtigtuerisch noch herb, hart oder rauh. Manchmal konnte er sich auf richtig kindliche Art freuen. Ich erinnere mich an einen Abend, wie wir mit noch zwei weiteren Gästen nach dem Essen die ganze Zeit damit verbrachten, mit geschlossenen Augen Schweinchen zu malen und dabei nur einmal den Stift vom Papier abzusetzen, um mit zwei Punkten die Augen zu markieren! Heute bedaure ich es, die ausgelassenen Zeichnungen, die Debussy an diesem Abend produziert hat, nicht aufbewahrt zu haben. Ein anderes Mal fragte ich ihn mutig, ob ich ihm eins seiner *Préludes*, nämlich *La fille aux cheveux de lin*, vorspielen könne, und sagte zum Scherz: »Sie werden nun La fille aux cheveux de *ripolin* [Das Mädchen mit den glasierten Haaren] zu hören bekommen.« Debussy machte sich gern über andere lustig, aber dieses Wortspiel fand er entschieden nicht komisch.

Ricardo Viñes, Aufzeichnung eines Rundfunkinterviews aus dem Jahr 1938, Bibliothèque Nationale, LA Viñes 17/7

Ricardo Viñes

Jacques Durand
(siehe Seite 36)

Ich habe noch Debussys Arbeitszimmer vor Augen und das hübsche Haus, das er in der Nähe der Porte Dauphine in der Avenue du Bois de Boulogne bewohnte. Er arbeitete winters wie sommers von Unmengen von Blumen umgeben, die sein Arbeitszimmer füllten. Es war eine Symphonie der Farben, die die Töne hervorzubringen schienen, und wenn ich an diese Blumenpracht denke, erinnere ich mich des Verses von Baudelaire:

»Les sons et les parfums tournaient dans l'air du soir.« (»Laute und Düfte lagen in der Abendluft«) – ein Vers, den Debussy einem seiner wunderbaren *Préludes pour piano* als Motto voranstellte.

Das Büro des Maître lag im Erdgeschoß und besaß zum Garten hin, der das Anwesen umgab, eine große, lichtdurchflutete Glasfront. Der breite Tisch, an dem Debussy seine Meisterwerke schrieb, war voller kostbarer japanischer Ziergegenstände. Unter ihnen befand sich sein Lieblingsstück, eine Porzellankröte, die er sein Maskottchen nannte und die er überallhin mitnahm, wobei er behauptete, ohne die Kröte vor Augen nicht arbeiten zu können. Wie oft beklagte er sich nicht darüber, daß es leider so schwierig sei, seinen Arbeitstisch mit in den Urlaub zu nehmen. Debussy war sehr häuslich und haßte Veränderungen. Er hatte eine Vorliebe für sein Klavier: Es war ein ausgezeichnetes Instrument, auf dem er hinreißend und mit Begeisterung spielte. In seinem Büro erinnere ich auch einen bestimmten Farbstich von Hokusai, der eine gigantische losbrechende Welle darstellte. Debussy liebte diese Welle und sie inspirierte ihn, als er *La mer* komponierte; er bat uns, sie auf dem Titelblatt der gedruckten Partitur abzubilden.

Quelques souvenirs d'un éditeur de musique, 2 Bde., Paris 1924/25, Bd. 2, S. 90–93 *

Debussy und Emma, geschiedene Bardac

Raoul Bardac
(1881–1950)

Raoul Bardac war der Sohn von Emma Debussy aus deren erster Ehe mit dem Bankier Sigismond Bardac. Raoul Bardac studierte am Pariser Conservatoire, wo er ein Kommilitone von Ravel war, und danach privat bei Debussy.

Sicherlich wurde sein häusliches Glück manchmal durch Sorgen finanzieller Art gestört, die ihn zu einigen Veränderungen im Haus und zu einigen Reisen zwangen. Dies jedoch waren die einzigen Schlechtwetterwolken an einem sonst heiteren Himmel.

Er lebte kein Leben in Luxus (denn er hatte weder einen luxuriösen Geschmack, noch bedurfte er des Prunks), aber in Bequemlichkeit und äußerster Gediegenheit, ohne jegliche Zurschaustellung nach außen. Er schöpfte sein tägliches Glück aus der Zufriedenheit, die die kleinen Gewohnheiten und eine Atmosphäre voller Zärtlichkeit und Aufopferung bereiteten.

Er liebte seinen Garten, der nach seinen Plänen angelegt und mit Blumen und Sträuchern seiner Wahl bepflanzt worden war und den er eigenhändig pflegte. Er wandelte dort langsam und still auf und ab, um dann plötzlich ins Haus zu gehen und dort auf dem Bechstein oder dem Blüthner (den ich noch heute besitze) den musikalischen Gedanken zu spielen, der ihn bewegte und den er schnell und klar (grundsätzlich mit Tinte) in einem gebundenem Heft notierte. Manchmal kam er auch nur ins Haus zurück, um einige Gartengerätschaften zu holen, mit denen er minutiös und voller Sorgfalt verwelkte Zweige oder unerwüschte Triebe entfernte.

Außer zu unvermeidlichen Anlässen verließ er das Haus nicht und ging nirgendwo hin. Eine Ausnahme machten die Besuche bei den Buchhändlern oder den Händlern chinesischer Holzschnitte und Kunstgegenstände.

Unter seinen Buchkäufen waren immer auch einige englische Bücher und Zeitschriften, deren Aufmachung ihn reizte und die er sich von seiner Frau (meiner Mutter), oder von meiner Schwester (heute Madame Tinan), die damals ein junges Mädchen war und bei ihrer Mutter und ihrem Stiefvater lebte, übersetzen ließ.

Debussy hing besonders an einer Reihe von Gegenständen, die seinen Schreibtisch zierten und seine treuen und stummen Gefährten waren: sehr einfache Rohrfederhalter von unverwüstlicher Machart, spezielle Tintenlöscher, eine Tabakdose, ein Zigarettenetui, die Kröte Arkel und eine Figurine, die einen schlafenden Chinesen darstellte (die Mehrzahl dieser Gegenstände sind auf Debussys Tisch ausgestellt, der sich heute im Museum des Conservatoire in Paris befindet).

Man sagte, Debussy sei Gourmand, er war jedoch ein passionierter Gourmet, der Essen ohne Exzesse und Übertreibungen zelebrierte. Er liebte alles, was er für gut und schön befand, jedoch ohne das geringste Übermaß.

Er bestand auf seinem Whisky, den er jeden Abend gegen zehn Uhr trank, serviert in einer speziellen Karaffe, und auf seinem Tee, den er nur aus seinem persönlichen Teeglas trank.

Er hatte sehr gerne Freunde zu Besuch, aber er gab niemals Empfänge oder Gesellschaften für mehrere Freunde. Mittagessen und Abendessen im engsten Kreis wiederholten sich meist an festgelegten Tagen – aber er lud nie acht Personen auf einmal ein.

Er hatte eine Schwäche für Bridge, aber aufgrund seiner Zerstreutheit gelang es ihm niemals zu gewinnen, und er wetterte gegen sich selbst wegen seiner Fehler, die sich nicht mehr gutmachen ließen. Auch Schach reizte ihn, doch konnte er sich nicht auf das Spiel konzentrieren. Andererseits verachtete er keineswegs ein kleines Federball- oder Diabolo-Spiel mit meinen Schwestern. Ansonsten lag ihm jeder komplizierte oder artifizielle Zeitvertreib völlig fern.

Seine große, alles überragende und immerwährende Leidenschaft war und blieb die Musik, die er um ihrer selbst willen liebte, und er vertrug es nicht, sie brutal behandelt, schlechtgemacht oder pompös verunstaltet zu sehen. Er hätte sich nie träumen lassen, daß sie ihn berühmt machen würde, und war überzeugt, mehr oder weniger unbekannt zu bleiben. Er liebte alles an der Musik und war für ihre unterschiedlichsten Erscheinungsformen zugänglich, solange es nur wirklich Musik war.

Seine Bewunderung für einige ältere Komponisten und Zeitgenossen ist bekannt: Verdi, zum Beispiel, wegen seiner Standfestigkeit und seines Erfolgs bei der Erneuerung und Entwicklung seines Stils – besonders den *Falstaff* (vor allem: »Quand'ero paggio del Duca di Norfalk«), einige Passagen von Gounod (zum Beispiel: »Broutez, broutez mes chères«), einige Takte aus Puccinis *La Bohème* sowie den Beginn eines Walzers, *Esméralda von Mesquita*, glaube ich.

Ich zähle die Beispiele auf, wie sie mir in den Sinn kommen, um die Unterschiedlichkeit ihres Charakters zu zeigen – es gab noch viele andere –, ohne *Tristan* und *Parsifal* zu vergessen, denn man darf die musikalische Qualität des Genies Wagner nicht mit dem Einfluß seines Verhaltens verwechseln.

Claude Debussy komponierte langsam, indem er angestrengt versuchte, jede störende Entwicklung zu vermeiden und sie durch eine Linie zu ersetzen, die dem Wert und dem Weg, den die Ideen einnahmen, entsprach. Er war immer bemüht, den Ideen Raum zu lassen, die nur allzuoft in einem überladenen oder zu banalen Rahmen zu ersticken drohten. Er empfahl, zunächst Eindrücke zu sammeln, ohne diese zu schnell in Musik zu konkretisieren, um den Variationen desselben Themas auf diese Weise Möglichkeit zur Verwirklichung zu geben. Er war der Auffassung, daß man langsam, minutiös die spezifische Atmosphäre kreieren sollte, in der sich ein Werk entwickeln muß, und daß man mit der Niederschrift ruhig warten sollte, um der inneren, geheimnisvollen Arbeit der Gedanken jedwede Freiheit zu lassen, die man nur allzuhäufig durch Ungeduld unterbindet.

War ein Plan erst einmal angenommen, ging Claude Debussy jedoch schnell und mit großer Leichtigkeit an die Niederschrift. Diese Sicherheit resultierte auch aus seiner Freude, ein so wertvolles und verschwiegenes Metier zu haben.

Dans l'intimité de Claude Debussy, »Terres Latines«, Nr. 4/3, März 1936, S. 72ff *

Dolly Bardac (Madame Gaston de Tinan)
(1892–1985)

Dolly Bardac war die Tochter des Bankiers Sigismond Bardac und seiner Frau Emma. Sie blieb bei ihrer Mutter, als diese im Jahr 1904 zu Debussy zog, und lebte dort sechs Jahre bis zu ihrer Heirat.

Auf diejenigen, die ihn noch nicht kannten, wirkte Debussy zunächst sehr einschüchternd und kalt; er konnte einige Leute mit seinem ziemlich »kritischen« Blick nachgerade erschrecken, der einer natürlichen Schüchternheit und auch einer gewissen Gleichgültigkeit denjenigen gegenüber entsprang, die nichts an sich zu haben schienen, was sein Interesse hätte wecken können.

Hinter all dem verbargen sich eine verwundbare Sensibilität und seine Fähigkeit, denjenigen, denen er sich freundschaftlich verbunden fühlte, mit jener großen Wärme zu begegnen, die seinem wahren Wesen entsprach. Was man im übrigen seiner Korrespondenz u.a. mit Chausson, Robert Godet, Louis Laloy und Caplet entnehmen kann.

Er war im Herzen sehr jung, manchmal ein Kind; er besaß einen ausgeprägten Sinn für Komisches, aber manchmal (selten kann ich glücklicherweise hinzufügen) konnte er starke Wutanfälle bekommen, und dann haben mich seine donnernden Rufe regelrecht erschreckt.

Er bewegte sich sehr langsam und war peinlich genau mit Dingen, die ihn selbst betrafen oder die ihn umgaben. Die Gegenstände auf seinem Schreibtisch gehörten zu einem Arrangement, das stets unverändert blieb. Er hat sich niemals von einer großen, Arkel genannten Kröte aus Holz, einem Zierstück aus China, trennen können, die auf seinem Tisch stand und die ihn sogar auf seinen Reisen begleitete. In diesem Zusammenhang habe ich einmal einen Zettel gefunden, auf dem Debussy kurz vor der Abreise deutlich notiert hatte: »Arkel nicht in den Koffer packen; er kann das nicht leiden . . .«

Er ging selten aus und das, obwohl ein gemieteter Wagen stundenlang vorm Gartentor wartete, um ihm nach Lust und Laune zur Verfügung zu stehen. Wenn er ausging, dann gewöhnlich, um seinen Verleger und Freund Jacques Durand oder seinen Buchhändler zu treffen, oder um dem Laden mit chinesischen Antiquitäten einen Besuch abzustatten, auf die er ganz verrückt war. Der Ladeninhaber trug damals immer noch die Nationaltracht und den langen Haarzopf. Unter anderem kaufte Debussy dort die Intarsienarbeit aus schwarzem Lack und Gold, die ihn zu dem Klavierstück *Poissons d'or* inspirierte.

Debussy und Dolly Bardac in Pourville (1904)

Debussy hatte großes Interesse an der englischen Literatur, die er in der Übersetzung las, da er die Sprache nicht konnte, und er mochte es gern, wenn meine Mutter oder ich ihm Zeitschriftenartikel übersetzten, an denen er immer sehr interessiert war.

Er besaß eine Vorliebe für die Malereien von Turner und Whistler. Die Zeichnungen von Arthur Rackham schätzte er ebenfalls sehr; eine dieser Zeichnungen inspirierte ihn zu dem Präludium *Les fées sont d'exquises danseuses*. Nicht zu vergessen die anderen Titel, die sozusagen »britisch« inspiriert sind wie *Children's Corner*, *Homage to Samuel Pickwick, Esqu.*, *Puck's Dance* und schließlich *The Blessed Damoze*l des präraffaelitischen Malers und Dichters Dante Gabriel Rossetti. Debussy hatte auch eine Schwäche für schönes englisches Tafelsilber, für Whisky und sehr starken Tee, den er sich zum Frühstück selbst bereitete und zwar mit der gleichen Ruhe und Sorgfalt, die er allen Dingen widmete. In seinem Arbeitszimmer stand ein großer Armsessel aus Holz im Morris-Stil, das Höchste, was der englische Komfort zu bieten hatte. Debussy nahm mehrere Gelegenheiten wahr, um England zu besuchen. 1904 verbrachte er seinen Urlaub auf Jersey und kaufte sich dort einen Blüthner-Flügel, dessen Klang ihm ganz besonders gut gefiel; 1905 ging er dann nach Eastbourne.

Debussy liebte unseren Garten am Bois de Boulogne und arbeitete selbst viel darin. An schönen Tagen spazierte er einen Gartenweg entlang und hielt seine musikalischen Einfälle in einem kleinen, roten Notizbuch fest, das er immer bei sich zu tragen pflegte. Er arbeitete die Harmonie eines Stückes nie am Klavier aus; sie war immer schon fertig. Alles in allem war er ein unvergleichlicher Pianist, nicht nur, wenn er seine eigenen Werke spielte, sondern auch, wenn er Stücke von Komponisten interpretierte, die ihm gefielen, von Couperin und Rameau bis Schumann, Chopin, Chabrier, Albéniz, de Falla und vielen anderen. Es ist traurig, daß es von Debussy keine Aufnahmen auf Klavierwalzen gibt, die, übertragen auf Schallplatten, einen authentischen Eindruck seiner Interpretationen vermitteln könnten.

Louis Laloy, von dem Debussy zu sagen pflegte, daß er der intelligenteste Mann sei, dem er je begegnet sei, Paul-Jean Toulet und André Caplet waren die Freunde, die Debussy am häufigsten zu Hause besucht haben. Mit ihnen spielte er gern eine Partie Bridge, allerdings, wie ich gestehen muß, so schlecht und so langsam, daß er dadurch seine Partner zur Verzweiflung brachte. Erik Satie kam regelmäßig zum Mittagessen. Ich wartete immer ganz ungeduldig auf seinen Besuch, so unerwartet komisch war dessen Art, sich auszudrücken und in Gesprächen zu antworten. Die Haltung, die er gegenüber Debussy einnahm, war merkwürdig bescheiden und ohne Spontaneität, trotz seines schrecklich boshaften Blicks hinter dem Kneifer!

Ich kannte Debussys Eltern und seine Schwester sehr gut; sie kamen uns regelmäßig am Square du Bois besuchen. Vom Ruhm ihres Sohnes fühlten sie sich natürlich sehr geschmeichelt, auch wenn sie seine Bedeutung für die Musikgeschichte nicht so recht ermessen konnten. Einer der ersten Biographen Debussys, Léon Vallas, äußerte einigen Zweifel hinsichtlich Debussys Abstammung, indem er von einer gewissen »Rätselhaftigkeit« seiner Geburt sprach; aber die Ähnlichkeit mit seinen Eltern erlaubte keinen Zweifel an seiner Legitimität. Debussy hatte nie eine

Schule besucht; Lesen und Schreiben brachte ihm seine Mutter bei, die ihre Kinder sehr streng erzog und dabei mit Klapsen nicht gespart hat – eine unerfreuliche Erfahrung, an die sich ihr Sohn lachend erinnerte.

Ich hatte das große Glück, vom dreizehnten Lebensjahr an im Dunstkreis von *Pelléas et Mélisande* aufzuwachsen, und durfte bei den Proben und Vorstellungen mit dabei sein, wann immer meine Mutter und Debussy mich mitnahmen (unter anderem auch nach London). Häufig wird die Vermutung geäußert, daß meine Mutter und Debussy sich bei der Uraufführung von *Pelléas* zum erstenmal begegnet seien. Das stimmt aber nicht. Mein Bruder, damals schon ein junger Mann, während ich noch ein kleines Mädchen war, besuchte zusammen mit Ravel die Kompositionsklasse bei Gabriel Fauré. *Pelléas* wurde damals für ihn zu einer Art Schlüsselerlebnis; es gelang ihm, die Bekanntschaft Debussys zu machen, und später – zwischen 1903 und 1904 – brachte er ihn mit zu uns nach Hause, da meine Mutter ihn ebenfalls kennenlernen sollte.

Kein Biograph hat bisher der Persönlichkeit und dem Aussehen meiner Mutter genügend Aufmerksamkeit geschenkt. Sie war zierlich und hübsch und hatte goldbraunes Haar und topasfarbene Augen. Aber das ganz Besondere an ihr war ihr unvergleichlicher Charme, dem keiner widerstehen konnte, und den sie sich bis in die letzten Jahren ihres Lebens bewahrt hat.

Wenn Debussy sich bei seiner Arbeit zu einsam fühlte, pflegte er meiner Mutter von Flur zu Flur wundervolle kleine Briefchen mit vielen liebevollen Zärtlichkeiten zu schicken. »Dieser einzigartige Charme von Dir« lautet die letzte Zeile eines dieser Briefchen.

Memories of Debussy and his circle, »Recorded Sound«, 50/51, April-Juli 1973, S. 158-161; Vortrag, gehalten am 18. Dezember 1972 im National Sound Archive, dem ehemaligen British Institute of Recorded Sound

Henri Busser
(siehe Seite 95)

Langer Besuch bei Debussy in seinem Privathaus in der Avenue du Bois de Boulogne. Er scheint sich dort zu langweilen! Er muß oft an seine kleine Wohnung in der Rue Cardinet zurückdenken, wo er *Pelléas* komponiert hat.

Tagebucheintragung vom 5. Juli 1909, veröffentlicht in: Edward Lockspeiser, *Debussy, His Life and Mind*, London 1962/1965, II, S. 7

Louisa Liebich
(Daten unbekannt)

Mrs. Liebich war eine der frühesten Bewunderer Debussys in England und brachte 1908 ein Buch über ihn heraus. Die Begegnung, die im folgenden beschrieben wird, fand vermutlich Anfang des Jahres 1910 statt.

Da man ihn uns als »farouche« und ungesellig beschrieben hatte, spürte ich eine gewisse Nervosität bei dem Gedanken, den Löwen, wie man so sagt, in seiner Höhle aufsuchen zu wollen. Aber als in das helle Arbeitszimmer ein bezaubernder, freundlich lächelnder Mann eintrat und auf angenehme Art beim Händeschütteln sagte: »J'ai eu beaucoup de remords à cause de vous, Madame«, war ich vollkommen beruhigt und fühlte mich sofort wohl. Seine »Gewissensbisse« rührten daher, wie er erklärte, daß er bisher noch nicht geschrieben habe, um sich für mein Buch erkenntlich zu zeigen. In jenem und in den folgenden Jahren waren wir bei ihm und seiner Frau immer willkommen. An ihrem Tisch und in dem kleinen Arbeitszimmer mit Blick auf die Bahnlinie und den Bois haben wir viele interessante Gespräche geführt. Dieses erste Zusammentreffen prägte sich meinem Gedächtnis jedoch stärker ein als die nachfolgenden, was teilweise daran lag, daß ich mir damals Notizen dazu gemacht habe.

Ich hege eine besondere Schwäche für *Tristan et Iseult*, nicht in der teutonischen Version Wagners, sondern in der französischen von Bédier, die in einer vorzüglichen englischen Übersetzung von Mr. H. Belloc vorliegt. Ich war also begierig zu erfahren, wann Debussys Oper zu Bédiers Text fertig sein würde. Als Antwort auf diese Frage beschrieb er mit beiden Armen einen Kreis: »Das Komponieren wird viel Zeit in Anspruch nehmen; es ist eine ungeheure Aufgabe; mit jedem Jahr fällt mir mehr und mehr auf, wie schwierig es ist, das zu tun, was man eigentlich will.« Ich erwiderte darauf etwas in der Art, daß ein Genie wohl tue, was es tun müsse, aber er korrigierte mich und sagte: »Ein Genie muß sein eigenes Gleichgewicht finden; wenn es das täte, wäre das Komponieren zu einfach.« Und er wiederholte mehrere Male: »Es braucht eine Menge Zeit.« Er stimmte zu, daß Genie geboren sein müsse und nicht gemacht werden könne, so sagte er, »und dann dauert es Jahre und noch einmal Jahre, bis es sich selbst gefestigt und entwickelt hat.«

Mit Blick auf gewisse Sänger und seine Lieder sagte er: »Die Leute glauben, mit der modernen Musik könnten sie alles anstellen, was sie wollen – die alte Musik ist ihnen Religion, ein Fetisch; die Leute achten und verehren in der alten Musik jeden Takt, aber bei der modernen Musik meinen sie, sie könnten sich alle Freiheiten herausnehmen.« Wir sprachen über Weber, den er liebte, über Mozart, über die petites chapelles der Musikkritiker, der fähigen wie der unfähigen, über London usw. Später stellte ich fest, wie charakteristisch es für ihn war, meinen Mann bei jedem Künstler, dessen Konzert er erwähnte, zu fragen, ob er (oder sie) aufrichtig sei? Ich glaube, daß Aufrichtigkeit seine Religion war.

Meinem Mann lag daran, dem Komponisten einige Stücke aus den *Images* und andere Klavierstücke vorzuspielen; deshalb wurden Tag und Stunde vereinbart, und dies wurde der Anfang von vielen schönen Stunden, in denen wir uns über die Interpretation und die Besonderheiten seiner Kompositionen unterhielten. Einmal spielte Debussy uns nach dem Tee sein erstes Prélude, *Les Danseuses de Delphes*, vor. Es war noch unveröffentlicht. Ich habe niemals Schöneres gehört. Man hat mir erzählt, daß das Klavierspielen in einer Konzerthalle nicht seine Stärke war. Er erklärte an jenem Nachmittag, daß viele Préludes, vor allem aber *Les danseuses* und *Des pas dans la neige* nur »entre quatre-z-yeux« (unter vier Augen) gespielt werden sollten. In der Intimität seines Zimmers hatte man das Gefühl, man hörte einem Dichter zu, der seine eigene zarte Lyrik vortrug. Er hatte einen weichen Anschlag, der eine volle, reichschattierte Klangfarbe hervorzauberte. Er erzählte uns, daß dieses Prélude seine Eindrücke von der großen Karyatide der »Danseurs de Delphes« oben auf der großen Treppe des Louvre, links von dem »Beflügelten Sieg«, wiedergebe. Er spielte noch einige Stücke aus *Children's Corner*, und an einem anderen Abend einige Stücke von Erik Satie und seine eigene *Cathédrale Engloutie*. Heute halten wir ein Vorab-Exemplar dieses ersten Bandes der Préludes, das Debussy meinem Mann mit der Inschrift »en toute sympathie, 23.IV.10« für Aufführungen in England schickte, als wertvollen Schatz in hohen Ehren.

Ich erinnere mich besonders an seine übertriebene Ordentlichkeit. Sein Zimmer, sein Schreibtisch, seine Bücherborde waren stets peinlich aufgeräumt. Nichts gab es bei ihm im Überfluß, weder Bücher noch Bilder oder sonstige Dinge. Seine Handschrift war sehr klein, aber gut leserlich, die Briefgestaltung schön und ganz besonders klar, fein und gepflegt das Notenbild seiner Kompositionen. Diese Ordentlichkeit findet man auch in seiner Kunst, wo sich jede Note am richtigen Platz befindet, ohne übertriebene Detailfülle, ohne überflüssige Effekte.

An Englishwoman's memories of Debussy, »The Musical Times«, 1. Juni 1918, S. 250

Pasteur Valléry-Radot
(siehe Seite 175)

In der Avenue du Bois de Boulogne, am Ende einer langen Sackgasse, die von mit Bäumen umstandenen Villen gesäumt war, stand das Haus, in dem Debussy lebte. Hinter einem Zaun mußte man einige Stufen hochgehen und befand sich dann in einer etwas dunklen Vorhalle. Darauf folgte ein lichtdurchfluteter Raum, in den die Bäume des kleinen Gartens hineinzuwachsen schienen. Es herrschte eine ruhige Atmosphäre, alles besaß die gleiche gemäßigte Note, trotz der unterschiedlichen Möblierung: Am Ende des Raumes stand ein großer Arbeitstisch, rechts ein kleines Klavier aus schwarzem Holz, ein Buddha, einige japanische Zeichnungen an den Wände, viele Rosen. Hier empfing er mich oft, denn unsere enge Freundschaft sollte bis zu seinem Tode anhalten.

Bei der ersten Begegnung fiel er durch seine riesige, gewölbte Stirn auf. Sein Haar war schwarz und leicht gelockt, sein Bart fein. Er hatte volle Wangen. Seine dunklen Augen waren von Sanftheit und Klugheit erfüllt. Seine Gesten waren schwingend, und er sprach langsam mit sanfter Stimme, ohne Hast, und suchte nach dem richtigen Wort für das richtige Bild. Manchmal hielt er in der Mitte des Satzes inne, wie ein Pferd, das vor einem Hindernis scheut: Er fand dann das Wort nicht, das seinen Gedanken schmücken sollte. Er drückte sich sehr bildlich aus, wie jemand, der zu sehen versteht und immer das Charakteristische herauszustellen weiß. Seine Sätze waren oft nebelhaft verschleiert, um die Unsicherheit einer Idee oder eines Gedankens durch ein plötzlich auftauchendes und vibrierendes Wort wiederzugeben. Man verfiel dem Zauber seiner Empfindsamkeit, die man sogleich spürte, schreckte er doch auf vor einem unerwarteten Geräusch, vor zu grellem Licht oder einem deplazierten Wort.

Seine Frau hüllte ihn ein in ihre Zärtlichkeit. Sie verstand, daß er kapriziös wie ein Kind war und sie ihm alle Steine aus dem Weg räumen mußte. Eines seiner größten Vergnügen war es zuzuhören, wie seine Tochter Chouchou sprach, sang, Klavier spielte und zu den für sie erdachten Rhythmen tanzte.

Wie viele seiner Werke wurden nicht beendet, nur weil er nie zufrieden damit war! Wie oft hat er mir von diesem *Tristan*, nach einer Romanidee von Bédier, erzählt, zu dem er das Libretto und die Musik zu schreiben träumte: »Etwas ganz anderes als *Tristan und Isolde*, etwas, was der französischen Empfindsamkeit entspräche.«

Er, dem es leichtgefallen wäre, sich einfach von seiner Phantasie leiten zu lassen, um zu komponieren, arbeitete hart, um das

Tierliebhaber Debussy

auszudrücken, was er in den dunklen Tiefen seines Unterbewußtseins hörte. Wenn ich in sein Arbeitszimmer trat, fand ich ihn häufig nervös vor einem weißen Blatt Papier. Ich wußte dann, daß ihn alles irritiert hätte, und so sprach ich ihn nicht an; einige Zeit später drehte er sich zu mir um und sagte freundlich lächelnd: »Ich mag Sie sehr, Sie stören meine Arbeitsatmosphäre nicht.« Ein anderes Mal, wenn er die »Formulierung« gefunden hatte, nach der er suchte, empfing er mich freudig: »Diesmal, glaub' ich, hab' ich's!« Dann setzte er sich ans Klavier und bat mich um meine Meinung: »Ich teste gerne den Eindruck auf jemanden, der wie Sie nichts von Musik versteht und der ›fühlt‹, was ich tue, ohne die Technik entschlüsseln zu können. Das ist es, was zählt! Lernen Sie vor allem niemals Noten!«

Dieser Mann, den viele für einsam hielten, weil er empfindsam und von schwierigem Charakter war, pflegte einige Freundschaften, denen er immer treu blieb. Für diese Menschen hatte er nichts als Freundlichkeit. Louis Laloy und der Pianist Walter Rummel zählten zu unserem Kreis. Toulet kam fast jeden Donnerstag zum Essen in die Avenue du Bois. Und auch ich wurde sehr oft von Madame Debussy eingeladen. Nach dem Essen setzte sich Walter Rummel im Arbeitszimmer ans Klavier, während Toulet und Debussy einen wunderbaren Whisky tranken, ein »Geheimnis des Hauses«, wie Madame Debussy lachend sagte.

Mes souvenirs sur Claude Debussy, »Marottes et violons d'Ingres«, 46, 1953, S. 47f, 50 *

Arthur Hartmann
(1881–1956)

Der in Ungarn geborene Geiger Arthur Hartmann verbrachte den Großteil seines Lebens in den USA. Im Februar 1914 gaben Debussy und Hartmann gemeinsam ein öffentliches Konzert mit einer Violinsonate von Grieg, den Transkriptionen des Liedes *Il pleure dans mon coeur* sowie den beiden Préludes *La fille aux cheveux de lin* und *Minstrels*.

Ich schrieb eines Tages dem Verleger von Debussy und bat ihn, mir alles und jedes zu schicken, was Debussy je für Geige komponiert habe. Als ich die Antwort erhielt, daß Debussy bislang noch gar nichts für dieses Instrument geschrieben habe, wandte ich mich an Debussy persönlich, mit der Bitte um Einsicht in ein paar Kompositionen für Violine. Zu meinem Erstaunen und Vergnügen erhielt ich von ihm eine Bestätigung dessen, was mir sein Verleger bereits mitgeteilt hatte. Daraufhin verschaffte ich mir die Noten einiger seiner Lieder und stellte gleich fest, daß man das schöne Lied *Il pleure dans mon coeur* transkribieren könnte. Für den Anfang des Herbstes hatte ich eine Amerika-Tournee geplant, und ich nahm mir nochmals die Freiheit heraus, an Debussy zu schreiben, um ihm mitzuteilen, daß ich mich am Tag vor meiner Abreise per Schiff in Paris aufhalten würde. Zu meiner Freude antwortete er umgehend und schrieb, daß er sich freuen würde, wenn ich morgens um elf Uhr bei ihm vorbeikäme. Pünktlich wurde ich in ein Zimmer geführt, das mit erlesenen japanischen und chinesischen Vasen, Holzschnitzereien, Tüchern, Instrumenten und so weiter ausgestattet war. Ich hatte ein paar Minuten Zeit, meine Umgebung eingehender zu betrachten.

Während ich so beschäftigt dasaß und wartete, hörte ich plötzlich, wie sich die Tür öffnete. Ich drehte mich um und erblickte Debussy, der mich musterte. Die Augen waren seltsam, und noch seltsamer war die Kopfform. Ich verbeugte mich tief, aber er machte keine Anstalten, meinen Gruß zu erwidern, sondern schaute mich unverwandt spöttisch an. Dennoch spürte ich in seiner nervösen und sensiblen Persönlichkeit eine große Geistesverwandtschaft. Das Schweigen schien mir endlos zu dauern, und schließlich nahm ich die Einmaligkeit dieses Treffens mit Humor und platzte auf französisch munter mit den Worten heraus: »Also gut, sagt man nicht: Wie geht's Ihnen?« und lachte. Lächelnd antwortete er: »Genau! Wie geht's Ihnen!« Amüsiert fuhr ich fort: »Ich nehme an, Sie sind Maître Debussy«, worauf er ziemlich heftig sagte: »Das, mein lieber Monsieur, ist wohl unbestreitbar«, und in seiner ziemlich zögerlichen, schüchternen und beinahe verdrießlichen Art fügte er hinzu: »Und wie ich weiß, daß ich Claude Debussy bin, so weiß ich auch, daß es sich bei Ihnen um Monsieur Arthur Hartmann handeln muß.« Bis dahin hatte er sich noch nicht bewegt oder mir die Hand gereicht, sondern heftig eine Zigarette gepafft, während er mich mit halbgeschlossenen, aber funkelnden Augen musterte.

Äußerst amüsiert fragte ich: »Und so sind Sie also der Komponist von *Pelléas?*« »Genauso verhält es sich, Monsieur«, gab er zurück. »Das bin ich – und zwar ganz allein.« »Bravo!« rief ich, »und ich für meinen Teil danke Ihnen, denn für mich sind Sie der größte Künstler seit Wagner.«

Schweigend zündete er sich mit Hilfe des alten Stummels eine neue Zigarette an, aber es fiel ihm nicht ein, mir auch eine anzubieten. Aber was zählt das schon? Ich war mit Debussy in einem Zimmer, und, was noch viel wichtiger war, ich hatte das Gefühl, daß er mich mochte. Ich für meinen Teil wußte, daß ich ihn liebte! So sagte ich ruhig: »Ich sehe, gegen das Rauchen haben Sie nichts?« »Oh, was das angeht«, antwortete er in seiner spöttisch-präzisen Art, »da liegen Sie, mein lieber Monsieur, vollkommen richtig. Ich habe nicht im geringsten etwas dagegen.« Woraufhin ich mir eine meiner eigenen Zigaretten ansteckte, und er geradeheraus lachen mußte. »Und nun«, sagte er, »zeigen Sie mir Ihre Transkription.« Indem ich ihm einen Moment lang in die Augen sah, bevor ich den Geigenkasten öffnete, rief ich aus: »Wie schade, daß Sie nicht schon tot sind; denn dann könnte ich meine Transkription so, wie sie ist, veröffentlichen! Aber nun muß ich Sie Ihnen zeigen, und Sie werden sie nicht gutheißen. Ganz sicher nicht, denn ich habe schon einiges verändert. Zum Beispiel habe ich an der einen Stelle einen Akkord in Gis-Dur gegen Ihr E-Dur gesetzt; und zweifellos wissen Sie, daß sich diese Tonarten nicht gut vertragen. Aber ich konnte es wirklich nicht verhindern; denn die Geige ist so ein verwirrend genaues Tier, und so lange ich bei ihr bleibe, möchte ich das Beste aus ihr machen!«

Debussys Antwort war wie eine Erleuchtung. »Monsieur«, sagte er, »ich kenne Sie zwar nicht, und ich habe Sie niemals spielen hören, aber ich habe das eigenartige Gefühl, daß mir Ihre Einfälle nicht unangenehm sein werden. Seien Sie so gut und spielen Sie's mir vor.« Schüchtern begann ich an, während er sich ans Klavier setzte. Wir spielten ohne Unterbrechung, und als ich fertig war, befahl er ohne weiteren Kommentar: »Noch einmal.« So wiederholte ich es noch fünfmal und blickte ihn mit pochendem Herzen an. Schweigend streckte er mir seine Hand entgegen. »Mein Freund, das ist exzellent. Ich ziehe es von nun an meinem Lied vor, und ich werde mich darum kümmern, daß es gedruckt wird. Es gibt nur einen Punkt, zu dem ich gern etwas sagen würde, wenn Sie gestatten. Sie haben im Klavierpart meine Ideen übernommen, während Sie Ihre eigenen im Geigenpart untergebracht haben. Erlauben Sie mir, beides umzutauschen, so daß Sie den Klavierpart und ich den Geigenpart bekomme, so werden wir beide stärker«, und er beendete den Satz, indem er die Finger ineinander verschränkte, womit er eine noch engere Verbindung symbolisieren wollte.

Ich schwebte im siebten Himmel der Glückseligkeit und blieb noch einige Minuten, rauchte mehrere Zigaretten und achtete besonders darauf, die angebrannten Streichhölzer in eine Art japanischer Vase zu legen und die Zigarettenasche in einer anderen abzustreifen – so wie er es auch tat. Unser Gespräch beschränkte sich auf einzelne Sätze und einsilbige Kommentare. Als ich mich erhob, um zu gehen, fiel mir plötzlich der merkwürdige Umstand auf, daß zwei Männer, die sich gegenüber sitzen, ganz in blau gekleidet sind – Hemden, Kragen, Krawatten, Anzüge und sogar die Strümpfe –, und ich sagte: »Komisch, daß meine Familie nie verstehen kann, daß alles über und um mich herum blau ist, sogar meine Schreibutensilien.« Und er erwiderte: »Ah, ça! Familien neigen dazu, diejenigen zu sein, bei denen man sich am wenigsten zu Hause fühlt.« Er fragte mich noch, in welchem Hotel ich für den Tag abgestiegen sei, bevor er mich herzlich verabschiedete und mir eine gute Reise wünschte. Etwas später am Nachmittag war ich überglücklich vor Freude über die Überraschung, als mir der Hotelpage eine Photographie von Debussy mit Widmung überreichte – etwas, was ich nicht zu erbitten gewagt hätte. Als ich dem Verleger einen Besuch abstatte, mich ihm vorstellte und ihm von meinen Erlebnisse erzählte, war er so erstaunt, daß er seine Frau rief und mich bat, die Geschichte noch einmal zu wiederholen. Dabei unterbrach er mich ständig mit dem Ausruf: »Und er war nett zu Ihnen und hat Sie so empfangen? Erstaunlich!«

Als ich achtzehn Monate später nach Paris zurückkehrte, wohnte ich nach meiner Heirat eine Zeitlang in der Nähe von Debussys Villa. Ein paar Wochen später hinterließ ich bei ihm eine Notiz, daß ich ihn gern wiedersehen würde, wenn er Zeit hätte. Die Antwort fiel sehr herzlich aus. Zu jeder Zeit, wenn ich einmal die Lust verspürte, über die Straße zu springen, würde er sich freuen, mir die Hand zu reichen. Und nun, da er nicht mehr lebt, ist vielleicht das Schönste, das ich über ihn erzählen kann, daß er mich bei meinen unzähligen Besuchen, die ich ihm abstattete, immer – sei es am Vormittag oder zur Mittagszeit, am Nachmittag oder am Abend, sei es, daß er arbeitete oder Besuch hatte – unverzüglich empfangen hat. Oft suchte ich ihn in seinem Zimmer auf, wenn er arbeitete, und es kam mir beinahe so vor, als würden alle Arbeiten von Geisterhand verrichtet, denn sein Schreibtisch – ein riesiger, langer und niedriger Tisch – war stets tadellos aufgeräumt, und ich habe niemals einen Tintenfleck auf seiner Löschrolle entdecken können. Nie lagen Manuskripte herum, selbst auf dem Klavier nicht.

Da ich wußte, daß er mehrere Jahre in Rom verbracht hatte, fragte ich ihn einmal, ob er gut Italienisch spräch, worauf er ganz wie ein Pariser antwortete: »Mein Freund, nachdem ich Bücher gewälzt habe, um zu erfahren, wie man auf italienisch Federhalter und Tinte kauft, und ich feststellen mußte, daß der Verkäufer viel besser Französisch sprach, als ich jemals hätte Italienisch lernen können, habe ich keinen weiteren Versuch mehr unternommen, auch nur ein einziges Wort zu lernen.«

Wagner war er nur einmal begegnet. Er hatte einen schrecklichen Eindruck auf Debussy hinterlassen. »Seine Augen«, rief er aus, »waren furchtbar. Uff! Waren die schrecklich! Aber Liszt, ah, der war ja ganz anders. Er war die Güte in Person.«

Eines Tages traf ich ihn mit seiner kleinen Tochter im Garten an; er hatte eine Maurerkelle in der Hand. Plötzlich schellte die Torglocke, und ehe ich begriff, was passierte, hatte er mich am Kragen gepackt und mit hinter einen Busch gezogen. Vorsichtig nach vorn spähend, um zu sehen, wer es war, hörten wir den Hausdiener gelassen sagen: »Monsieur ist nicht zu Hause.« Er winkte mir, und wir verschwanden.

Wir sprachen über Religion, und ich hatte erklärt, daß ich dem Gang in die Kirche, wo mir ein Mann von Dingen erzählt, von denen er selbst nichts weiß, einen langen Waldspaziergang und anschließend das Spielen der *Faust*-Symphonie von Liszt vorziehe. Ich war doch recht gespannt zu erfahren, was er von diesem Werk hielt, und zu meiner großen Freude antwortete er: »Mein Freund, auch wenn es Leute gibt, die sich die Freiheit herausnehmen, über Dinge, von denen sie selbst nichts wissen, zu urteilen und diese zu verkünden, ist das noch lange kein Grund, weshalb wir der Herde folgen sollten. Und was den *Faust* von Liszt anbetrifft, es ist eins der wenigen Werke, das über jede Art von Kritik erhaben ist.« Er grub die Erde um und fand einen Wurm. Er war im Begriff ihn zu zerteilen, als er einen Moment innehielt und sagte: »Chouchou, frag' doch Onkel Arthur, ob er diesen Wurm am Leben ließe.« Ich murmelte gleichgültig: »Warum nicht! Es gibt noch so viele, die erbarmungswürdig sind und die da atmen und kriechen! Was mich betrifft, so ist mir die Betrachtung eines einzelnen Baumes lieber als die der gesamten Menschheit«, woraufhin er mir schweigend die Hand reichte.

Eines Nachmittags überbrachte mir sein Hausdiener unerwartet eine Nachricht: »Lieber Freund! Werden Sie heute Nachmittag zu Hause sein? Wenn ja, würde ich sehr gern bei Ihnen vorbeikommen und Sie besuchen. Herzlichst, Ihr Freund Claude Debussy.« Ein paar Minuten später stand er auch schon mit Madame Debussy und Chouchou vor der Tür. Schüchtern kam er herein, schaute sich hastig um und sagte: »Sind wir so ziemlich allein?« »Bis auf meine Frau, ja«, antwortete ich. »Dann werden wir die Damen sich selbst überlassen, um sich kennenzulernen. Wo ist Ihr Zimmer?« Kaum daß er das gesagt hatte, war er auch schon in unserer Wohnung und ging mir voran in mein Zimmer. Er machte es sich in meinem Schreibtischsessel bequem, musterte meine Federhalter, mein Schreibzeug und mein Papier, dann die Bilder an den Wänden und meine Bücher. Darauf zog er ein Blatt Papier aus der Schublade meines Schreibtisches, rauchte schweigend und sagte, indem er mich dabei ansah: »Bien, oui c'est comm' cela«, wobei die Augen lustig blinzelten. Worauf ich entgegnete: »Oui, c'est certain, que c'est comm' ça.« Und er setzte einen Punkt auf's Papier. Nach einer langen Pause wiederholte er: »Oui, c'est certain, que c'est comm' ça«, und ich antwortete: »Ah, ça, c'est indiscutable! C'est certainement comm' ça«, und er setzte einen weiteren Punkt. Da fielen mir die sechs antiken Westenknöpfe aus Silber ein, die ich kürzlich unter den größten Schwierigkeiten auf einer Konzerttournee in Norwegen gesammelt hatte. Sie waren sehr alt, und ich hatte diese Erbstücke verschiedenen Leuten in Norwegen abgeluchst. Ich hatte sie in der Hoffnung gesammelt, einen ganzen Satz zusammenzubekommen, um ihn dann Debussy zu schenken. Ich übergab sie ihm nun und erklärte, daß es seltene Stücke seien und wie schwierig es war, sechs passende zusammenzubekommen. Wortlos nahm er sie entgegen und steckte sie, immer noch ohne etwas zu sagen, in seine Tasche. Dann erhob er sich plötzlich und klingelte nach dem Hausmädchen. Als sie erschien, streckte er bestimmend die Hand aus und befahl: »Du thé!«

Wir kehrten zu den Damen zurück und nahmen zusammen den Tee ein. Meine Frau fragte mich, ob ich Debussy die Knöpfe schon gegeben hätte, und begann nun ihrerseits, Madame Debussy von all den Mühen zu berichten, die es uns gekostet hatte, die einzelnen Leute dazu zu bringen, sich von den Knöpfen zu trennen. Debussy holte die Knöpfe kommentarlos hervor, und seine Frau begann sofort zu schwärmen – von ihrer ungewöhnlichen Schnitzerei, ihrer Seltsamkeit, der fast nicht zu entdeckenden Gleichmäßigkeit im Muster und so weiter. Beim Abschied wandte sich mir Debussy plötzlich mit den Worten zu: »Mein lieber Freund, Sie haben da etwas in dieser Wohnung, das ich liebend gern haben würde.« Mit einem spöttischen Knicks sagte ich: »Ah, endlich – zweifellos möchten Sie mein Autogramm.« Er pfiff durch die Zähne und drohte mir mit dem Finger. »Oder vielleicht meine Photographie mit Autogramm?« Wieder die gleiche Art von Antwort. »Lassen Sie mich raten«, überlegtee ich, »die Bände von Poe? Oder das Bild von Lafcadio Hearn?« Er packte mich am Arm, zog mich zurück in mein Zimmer. Dort streckte er seinen Arm energisch vor, zeigte auf einen seltsam geformten Kieselstein auf meinen Schreibtisch und rief: »Ça!« Diesen kleinen Kieselstein hatte mir ein Achtzigjähriger geschenkt, der ihn auf seiner Hochzeitstour vor einem halben Jahrhundert auf dem Berg des Schwarzen Eises in Norwegen aufgesammelt hatte. Lachend sagte ich Debussy, daß er ihn herzlich gern haben könne, und die überschwengliche Freude darüber war einfach unbeschreiblich, während es mir im stillen um die einmaligen Westenknöpfe leid tat. Ich muß hinzufügen, daß der wunderliche Kieselstein seitdem einen festen Platz auf Debussy Schreibtisch hatte, neben fast unbezahlbaren chinesischen und japanischen Kostbarkeiten.

Debussy besaß einen wachen und feinen Sinn für Humor. Einmal, in einem Gespräch über verschiedene französische Komponisten, hatte ich die Bemerkung fallen lassen, daß Vincent d'Indys religiöser Fanatismus ihn, verbunden mit seiner mittelalterlichen Gelehrsamkeit, zu einer Figur des, sagen wir, vierzehnten Jahrhunderts mache. Woraufhin sein knapper Kommentar lautete: »Ja, zu einer Holzfigur!« Als ich ihm wieder einmal schrieb und ihm mitteilen konnte, daß ich gerade die Transkription eines seiner Preludien für Klavier, *Das Mädchen mit dem flachsfarbenen Haar* (*La fille aux cheveux de lin*), fertiggestellt hätte und sie ihm gern zeigen würde, antwortete er: »Ich brenne darauf, das Mädchen mit den flachsfarbenen Haaren Geige spielen zu hören, da ich mir sicher bin, daß sie über ein beträchtliches Maß an Begabung verfügt.«

Ein schlichter Nachmittagstee war bei den Debussys schon aufwendiger also anderswo ein Abendessen, und das Abendessen selbst ließ dann erst recht nichts mehr zu wünschen übrig. Ich kann mich noch gut an ein ungewöhnliches Abendessen erinnern, das ganz in rot gehalten war, angefangen vom Tischtuch und den Servietten bis zum Champagner (wohlgemerkt, roter Champagner, bitteschön, und kein Burgunder-Schaumwein!).

An seinem Geburtstag, dem 22. August 1914, sah ich ihn zum letztenmal. Ich brachte ihm damals ein paar blaue Kornblumen vorbei und fragte ihn neckend, wie ihm mittags die Linsen oder Maccaroni geschmeckt hätten ... Der Komponist Dukas war anwesend, und ich kann mich noch gut an die für Debussy typischen Kommentare über die Deutschen und deren Musik erinnern. »Uff«, sagte er angewidert, »diese Leute trinken, gleichgültig, ob sie nun durstig sind oder nicht! Alles ist bei ihnen ‹en gros›. Ein Thema muß lang sein, ohne Rücksicht auf Inhalt oder Wert, je länger, desto besser. Dann eine endlose Episode, gefolgt von einem endlosen Thema. Dann, nach sechzehn Litern Bier fangen sie mit der Ausführung an, die so fürchterlich lang ist, daß sie in diesem Haus kaum Platz finden könnte. Zum Beispiel Mahlers Symphonien (wobei er Mahler natürlich wie Mal-air aussprach) mit ihren tausend Stimmen und Peitschen, Unterseebooten und was nicht noch alles ... Oder Monsieur Strauss, dessen Klugheit darin besteht, zu wissen, wie man das reine Nichts komponiert ... Nun, mein Freund, das alles zusammengenommen erreicht noch nicht einmal die Lautstärke, die ein kleines Orchester im Finale von Beethovens Fünfter erzeugt, und das lediglich mit Hilfe eines zusätzlichen Kontrafagotts!«

Als Antwort auf meine Befürchtung, daß die Deutschen Namur passieren und in Richtung Paris marschieren könnten, pfiff er durch die Zähne und winkte mehrmals ab, da ich aber eindringlich wiederholte, daß dies nicht unwahrscheinlich sei, legte er die Hand auf's Herz und sprach feierlich: »Mein Freund, ich gebe Ihnen mein Ehrenwort, daß die Deutschen niemals bis nach Paris kommen werden. Glauben Sie mir nun?« Und ich gab ihm die Hand und versicherte ihm, daß ich ihm voll und ganz glauben würde, woraufhin er vor Wut platzte, und seine Augen fast aus den Höhlen sprangen. »Und übrigens, immer kommen lassen, und Sie werden feststellen, daß Sie in Ihren Überlegungen etwas übersehen haben. Denn vergessen Sie nicht, lieber Freund, daß jede Concierge in Paris auf die Straße gehen und mit Messer und Gabel kämpfen würde. Verstehen Sie – mit Messer und Gabel, so, piff, puff, eins in jedes Auge. Voyons, Sie vergessen, wie Frankreichs Frauen sind, mein lieber Freund!«

Claude Debussy as I knew him, »Musical Courier«, 39, 23. Mai 1918

VII
Auf Tournee

Emma Bardacs reicher Erbonkel Osiris starb im Jahr 1907; er hatte seine Nichte zuvor jedoch testamentarisch enterbt. Widerwillig nahm Debussy von da an eine Reihe von Engagements im Ausland an, um Geld zu verdienen. Zusätzlich zu den Besuchen in London, Turin und Amsterdam, die unten beschrieben sind, reiste er nach Wien, Budapest, Moskau, St.Petersburg, Rom, Den Haag und Brüssel. Seine letzte Auslandsreise führte ihn im Juli 1914 nach London.

Sir Henry Wood
(1869–1944)

Henry Joseph Wood wurde in London geboren und studierte daselbst an der Royal Academy of Music. Im Jahr 1895 führte er die »Promenade Concerts« ein, die er dann noch fast ein halbes Jahrhundert lang dirigierte. Im Jahr 1911 wurde er in den Adelsstand erhoben. Der Philantrop und Musikliebhaber Sir Edgar Speyer übernahm 1901 die Leitung der Finanzverwaltung des Queen's Hall Orchestra.

Wofür ich Speyer außerdem noch dankbar bin, war seine Bereitschaft, jeden großen ausländischen Komponisten zu uns einzuladen und ihm die Gelegenheit zu geben, seine eigenen Werke zu dirigieren. Man darf nicht vergessen, daß Speyer von Geburt her Deutscher war; aber er war mehr als entschlossen, Claude Debussy auf jeden Fall in die Queen's Hall zu holen – und daß, obwohl die Deutschen in jenen Tagen den Franzosen nicht gerade freundlich gesonnen waren.

»Sie müssen nach Paris fahren«, empfahl mir Speyer. Dann fragte er sich, ob Debussy überhaupt dirigieren könne, schloß dann aber seine Überlegungen mit dem Gedanken ab, daß das letztlich gleichgültig sei, denn London wolle und müsse ihn haben.

»Sie müssen nächste Woche nach Paris fahren«, insistierte Speyer, »und Sie müssen ihm das Versprechen abnehmen, nächstes Jahr zu kommen. Für Ihre Ausgaben werden Sie einen Scheck bekommen. Erzählen Sie Debussy, was immer Sie wollen, aber veranlassen Sie, daß er kommt.«

Dies war ein heikler Auftrag. Obwohl Speyer mir auftrug, Debussy auszurichten, daß sein Haus ihm zur Verfügung stehe und er königlich bewirtet werde, hatte ich kein sehr gutes Gefühl dabei. Ich dachte eher an den reizvollen italienischen Garten in der Grosvenor Street 46 (ich wußte, daß Debussy dort eine eigene Suite bekommen würde) und raffte meine gesamten diplomatischen Kräfte zusammen, um den großen französischen Komponisten zu seinem ersten Besuch in London zu überreden.

Speyer und ich unterhielten uns ausführlich über die Höhe der Gage, die wir ihm anbieten wollten. Bisher hatten wir den Dirigenten-Komponisten eine Gage von dreißig oder vierzig Guinees bezahlt, aber solche Summen schienen uns in diesem Fall kaum angemessen. Wir entschlossen uns schließlich zu hundert Giunees, und so fuhr ich nach Paris. Über die Art, wie ich ihm die Sache beibringen sollte, war ich mir noch nicht im klaren, denn es war mir bekannt, daß er ein sehr zurückgezogenes Leben führte und daß er eine Aversion gegen öffentliche Auftritte hatte. Wie auch immer, ich beschloß, ihn über Madame Debussy zu knakken, die, wie sich herausstellte, perfekt Englisch sprach. Ich dachte an die Gage und daran, wie viele englische Komponisten alles verdorben hatten, indem sie für so gut wie nichts dirigierten. Elgar erzählte mir, er habe oft für kaum mehr dirigiert, als seine Bahnkarte gekostet hatte. Taktvoll näherte ich mich Madame Debussy und eröffnete ihr meinen Auftrag. Als sie die Sache ihrem Manne erzählte und die Höhe der Gage erwähnte, wurde er wütend und sprang auf. »Wie? Hundert Guinees . . . Für mich? Und das, wo Sie Caruso vierhundert Guinees bezahlen?«

Dies stellte ich sogleich richtig: »Niemals haben wir Caruso oder irgendeinen anderen Sänger gegen eine solche Gage engagiert.« Debussy beruhigte sich wieder und bot an, darüber nachzudenken. Nach wie vor hatte ich das Gefühl, daß die Sache für uns nicht gut stand. So ging ich nach dem Mittagessen fort und telegraphierte Speyer, ob zweihundert Guinees in Ordnung seien. Speyer telegraphierte postwendend sein Einverständnis und bekräftigte noch einmal, daß wir Debussy auf jeden Fall haben müßten, ungeachtet aller Kosten.

Wir hatten Glück: Debussy willigte ein. Es schien ihm nicht klar zu sein, daß das Londoner Publikum ihn unbedingt haben wollte, obwohl er zu der Ansicht neigte, daß seine Musik bei uns beliebter sei als in Paris. Seinen Entschluß hat er sicher nie bereut; denn er liebte London und genoß seine beiden Aufenthalte dort in vollen Zügen.

Er kam am 1. Februar 1908, und ein gefüllter Saal erwartete ihn und hieß ihn auf echt englische Art willkommen. Ich kann mich noch äußerst lebhaft an den ersten Eindruck erinnern, den der dunkle, bärtige Franzose auf mich machte: an die dunklen, seelenvollen Augen, die ruhige und ziemlich unangenehme Stimme und vor allem an seinen riesigen Kopf. So einen Kopf hatte ich noch nie bei einem Mann von seiner Statur gesehen; er erinnerte mich an die Köpfe der alten Ägypter.

Debussy schien sich zu freuen – fast wie ein Kind –, weil er der Meinung war, daß wir in London seine Musik mehr schätzten als seine eigenen Landsleute in seinem geliebten Paris. Es mag sein, daß die französische Hauptstadt nie besonders gnädig mit ihren Komponisten verfahren ist. Berlioz, Sie erinnern sich, litt unter Depressionen, weil er außerhalb Frankreichs populärer war als innerhalb, und César Franck klagte bitter darüber, daß ihm nur ganz allmählich Anerkennung zuteil wurde.

Über den Empfang, der ihm an jenem Nachmittag in London bereitet wurde, konnte Debussy sich wahrlich nicht beklagen; nicht einmal Strauss hatte man herzlicher willkommen geheißen.

Ich hatte außerdem mit dem Orchester sorgfältig *L'après-midi d'un faune* und *La mer* einstudiert und dabei besonderen Wert auf die feinen, schleierartigen Effekte gelegt, die beide Werke durchziehen. Bei der Probe fungierte Maurice Sons als Dolmetscher, da Debussy nur sehr wenig Englisch sprach. Der sprachbegabte Sons war in dieser Hinsicht eine große Hilfe.

Tatsächlich hätten die Umstände für alle Beteiligten nicht besser sein können. Wir mochten ihn, und er mochte uns, so daß er auf den Vorschlag unseres Managers Newman, seinen Besuch in der Queen's Hall am 27. Februar 1909 zu wiederholen, sehr gern einging. Wegen der außerordentlich großen Resonanz, die das Stück im vorherigen Jahr gefunden hatte, wiederholten wir *L'après-midi*, und statt *La mer* spielten wir diesmal die drei *Nocturnes*, wobei Smallwood Metcalfe's Eastbourne Choir die Chorpartien in *Sirènes* sang.

Auch diesmal hatte ich mit dem Orchester geprobt, so daß für Debussy praktisch nichts zu tun übrig blieb. Die Probe verlief einigermaßen glatt, doch beim Konzert ereignete sich ein eigenartiger Zwischenfall. Ich kann mich nicht daran erinnern, desgleichen jemals wieder erlebt zu haben. Im zweiten Stück der *Nocturnes* (in dem *Fêtes* betitelten Satz) sind erhebliche Taktwechsel zu beachten. Zu unser aller Überraschung verlor Debussy (der, offen gesagt, kein sehr guter Dirigent war, nicht einmal seiner eigenen Werke) plötzlich den Kopf und kam aus dem Takt! Als er merkte, was passiert war, hielt er es offensichtlich für das beste, aufzuhören und den Satz neu zu beginnen. Er klopfte ab – einmal und dann noch einmal.

Da geschah etwas ganz Außergewöhnliches. Das Orchester weigerte sich, aufzuhören. Es war wirklich eine bemerkenswerte Szene. Da stand der berühmte Komponist und dirigierte sein eigenes Werk, und nun war er in Schwierigkeiten geraten und bat das Orchester aufzuhören, und das Orchester verweigerte ihm den Gehorsam. Die Musiker machten einfach keine Anstalten, ihr Spiel zu unterbrechen: Sie wußten, daß das Publikum sie für den Fehler verantwortlich machen würde. Außerdem lief es beim Orchester mit diesem Stück (das ihnen ausnehmend gut gefiel) ganz vorzüglich, und so hatten sie sich in den Kopf gesetzt, eine Vorstellung ersten Ranges zu geben, wovon sie sich nicht abbringen lassen wollten und was ihnen schließlich auch gelang. Ich hatte sie noch nie so einmütig erlebt.

Das Publikum hatte sehr wohl bemerkt, daß irgend etwas schiefgelaufen war; es war auch nicht zu übersehen gewesen, daß Debussy ganz offensichtlich versucht hatte, das Orchester zu stoppen. Am Ende zollte ihm das Publikum auf echte britische Art in solchem Maße seine Anerkennung, daß Debussy gezwungen war, den Satz noch einmal zu wiederholen. Diesmal ging alles glatt, und der Beifall war sogar noch stärker als beim erstenmal. Debussy war verdutzt und konnte das englische Gemüt sicherlich nicht begreifen. Ich jedenfalls war an diesem Nachmittag auf mein Orchester sehr stolz und stellte mit Genugtuung fest, daß auch er stolz darauf war, es dirigiert zu haben.

»Sie wollten einfach nicht aufhören!« erzählte er mir später in der Garderobe. Ich glaube, er nahm etwas mit nach Paris zurück, worüber er noch nachzudenken hatte.

My life of Music, London 1938, S. 157f, 228f

Victor Segalen
(sieh Seite 166)

Brief Segalens an seine Frau, London, den 31. Januar 1908:
Ich habe also fast meine ganze Zeit mit den Debussys verbracht – die noch immer die alten sind. Dank der ausgezeichneten öffentlichen Verkehrsmittel in London ist ihr Hotel nur zehn Minuten von meinem Domizil, mit dem ich eine gute Wahl getroffen habe, entfernt. Allerdings fand ich Debussy ein wenig verärgert über die geringe Anzahl von möglichen Orchesterproben: eine einzige statt der gewünschten vier. Es kam jedoch alles ins Lot, und heute abend scheint er mir schon sehr viel zuversichtlicher. Ich habe weder gestern mit ihnen zu Abend gegessen, denn sie waren in der Stadt aufgehalten worden, noch heute, wo sie, wenn auch ein wenig gegen ihren Willen, zum Dirigenten gehen. Und nach fast sieben Stunden Musik muß jeder auch einmal für sich sein.

Heute morgen habe ich sie gegen 9 Uhr 30 in ihrem Hotel abgeholt. Von dort aus brachte uns der Dirigent, Wood, in einen kleinen Orchestersaal, der sich sehr von der Queen's Hall unterschied und in dem Teile der Proben stattfinden. Die Blas-, Holz- und Schlaginstrumente haben dann von zehn bis um ein Uhr geprobt. Zuerst war es trotz guten Willens jämmerlich. Es war »das Meer in Stücken« (»La mer en morceaux«), wie Madame Debussy, die ich begleitete, sagte. Man hatte den unangenehmen Eindruck, daß alle Versuche musikalischer Konstruktion des Komponisten mühselig durchgekaut wurden. Dann, nach und nach, bekam es Hand und Fuß. Debussy am Dirigentenpult blieb ungerührt, ganz der große Meister, sehr kühl und niemals laut. Überflüssig zu erwähnen, welch wunderbare Lektion in Harmonielehre es war. Der Dirigent hatte mir eine Orchesterpartitur geben lassen, und so verpaßte ich keine einzige Note. Aber der morgendliche Eindruck blieb bestehen: Man litt Tantalusqualen, und es war unfertig, als würde man jemandem die Stückchen eines wunderbaren Mosaiks in seinen Einzelteilen zeigen. Von da aus gingen wir – geradezu gedrängt von dem sehr zuvorkommenden Wood, der sich sehr um Debussy bemüht – gemeinsam zum Lunch. Gegen zwei Uhr wurde die Arbeit wiederaufgenommen, diesmal mit den Streichinstrumenten, und jetzt hatte alles schon sehr viel mehr Glanz und Nuancen; jetzt war man nicht mehr weit von einer befriedigenden Umsetzung entfernt. Debussy entspannte sich, und er vertraute mir an, daß die Engländer, »sobald ein javanischer oder schwarzer Dirigent auftaucht, enorme Anstrengungen unternehmen würden, um ihn zufriedenzustellen, und sie lieber auf der Stelle sterben wollten – ja, auf der Stelle –, als dies nicht zu erreichen.«

Victor Segalen, Anni Joly-Segalen und André Schaeffner (Hg.), *Segalen et Debussy*, Monaco 1962, S. 90f *

Georges Jean-Aubry
(siehe Seite 143)

Zu dem Zeitpunkt wurde Debussy zu einem der Symphoniekonzerte in der Queen's Hall eingeladen, das am Sonnabend, dem 1. Februar 1908 gegeben werden sollte. Er sollte *Prélude à l'après-midi d'un faune* und *La mer* (als englische Erstaufführung) dirigieren.

Ich war sehr gespannt darauf, Debussy dirigieren zu sehen, besonders vor einem englischen Publikum. Sein aufrichtiger Wunsch, daß ich ihn nach London begleiten möge oder daß wir uns dort wenigstens treffen sollten, hätte keine Ausrede gelten lassen. Jedoch fürchtete ich einen Augenblick lang, daß mein Gesundheitszustand die Reise, die ich mir aus vollem Herzen wünschte, nicht zuließe. Am 22.Januar 1908 schrieb er mir folgendes:

Mein lieber Freund, – ich versichere Ihnen, ich habe mit größtem Bedauern vernommen, daß Sie krank sind. Ich dachte am Sonntag an Sie und hoffte, Sie zu treffen. Das London-Konzert ist für den 1.Februar geplant, und ich werde im Grosvenor Hotel (Victoria Station) wohnen.

Ich bin zuversichtlich, daß Sie genügend Zeit gehabt haben, sich zu erholen, um eine Reise anzutreten, die, fürchte ich, anstrengend werden wird, vor allem in Anbetracht der Tatsache, daß Sie das Meer überqueren müssen, um *La mer* zu hören, und wieder auf dem Meer zurückkehren müssen.

Glauben Sie mir, mein lieber Freund,
Herzlichst Ihr
Claude Debussy

Ich konnte dann bei dem Konzert dabei sein. Wir aßen vorher zusammen zu Mittag – der Komponist, Madame Debussy, T. J. Guéritte und ich –, und ich muß sagen, daß er doch einen äußerst angespannten Eindruck machte, und ihm gar nicht wohl zumute war, obwohl er nach der vormittäglichen Probe mit dem Orchester sehr zufrieden gewesen war. Wir taten unser Bestes, um ihn wieder zu beruhigen, und sagten ihm, daß er für das Londoner Publikum kein Unbekannter mehr sei, daß er sich der herzlichsten Aufnahme sicher sein könne und daß er keinen Grund zur Besorgnis haben müsse. Aber nervös und sensibel, wie er war, raubte ihm diese erste Begegnung alle Ruhe.

Die Ovationen, die ihm das englische Publikum nach dem Konzert darbrachte, schlugen alles, was ich bis dahin erlebt hatte, um Längen. Ich sehe ihn noch vor mir, wie er im Foyer der Queen's Hall (wohin ich unmittelbar nach Ende des Konzerts ging, um ihm zu gratulieren) stand und versuchte, seine Gefühle zu verbergen, und immer wieder sagte: »Wie nett die sind, wie nett die sind!«

Die Londoner Zeitungen – ich habe mir die Ausschnitte aufgehoben und sie jetzt, während ich das hier schreibe, vor mir ausgebreitet – betonten einhellig zwei Aspekte, gegen die Debussy nichts einzuwenden hatte: Zum einen unterstrichen sie die Begeisterung des Publikums, und zum anderen stellten sie alle eine äußerliche Ähnlichkeit des Komponisten mit Dante Gabriel Rossetti fest, wobei einige Zeitungen so weit gingen, diese als »frappant« zu bezeichnen.

Vom Eingang zur Queen's Hall bis zum Wagenschlag wurde Debussy, der von den starken Emotionen völlig erschöpft war, das Opfer gieriger Autogrammjäger, die von allen Seiten auf ihn einstürmten und in günstigen Momenten mit bedrohlichen Füllfederhaltern nach ihm stießen. Obwohl er sich schnell in einer Ecke des Wagens verkroch, um der Begeisterung zu enfliehen, die er in dieser Form nun wahrlich nicht goutierte, wiederholte er noch einmal mit müder Geduld: »Wie nett sie doch sind!«

Some recollections of Debussy, »The Musical Times«, 1. Mai 1918, S. 204f

Percy Grainger
(1882–1961)

Nach seinem Studium bei Busoni in Berlin begann der gebürtige Australier Percy Grainger seine Laufbahn als Komponist und Pianist. Er war eng mit Grieg und Frederick Delius befreundet. Das unten beschriebene Treffen fand wahrscheinlich im Jahr 1908 statt.

> Ich traf Debussy bei den Speyers, wo er sich wie ein kleines fauchendes wildes Tier aufführte. Lady Speyer hatte ein paar Freunde zum Tee eingeladen, und er sagte: »Tee? Ich will mit niemandem in einem Zimmer sein. Man soll mir den Tee hierher bringen!« . . .wo er ihn dann allein trinken konnte.

Percy Grainger im Gespräch mit John Amis, BBC, 15. Juni 1959

Claude Debussy

Arnold Bax
(1883–1953)

Arnold Bax studierte an der Royal Academy of Music; unter anderem Klavier bei Tobias Matthay. Er schrieb sieben Symphonien und eine Reihe von Symphonischen Dichtungen sowie Kurzgeschichten und Gedichte unter dem Pseudonym Dermot O'Byrne. 1942 wurde er mit dem Ehrentitel Master of the King's Musick ausgezeichnet.

Um das Jahr 1908 herum wurde der »Music Club« gegründet, eine piekfeine Konzert-und-Abendessen-Angelegenheit, dessen Vorsitz der »Star«-Kritiker (im doppelten Sinne) Alfred Kalisch innehatte, ein fromm das Weihrauchpfännchen schwenkender Jünger vor dem Altar des Richard Strauss. Der Club bestand zumeist aus älteren Mitgliedern, die wegen ihres Reichtums, ihrer Dickbäuchigkeit und ihres asthmatischen Schnaufens Ansehen genossen. Aus teuren Dekolletés sich mächtig vorwölbende, blaßrosafarbene Busen, füllige Kinnpolster und massige Rücken wurden von den Damen freizügig zur Schau gestellt, während unter den Herren das rötlich-frische Doppelkinn, das unter dem Kragen am Nacken herausquoll, und die Glubschaugen vorherrschten. Tatsächlich gab sich die versammelte Gesellschaft alle Mühe, die Ähnlichkeit zu den Figuren der berühmten Zeichnung von Beardsley – »Die Wagnerianer« – hervorzuheben.

Im Jahre 1909 beschlossen Kalisch und der Club, gepackt von falschem Ehrgeiz, mehrere hervorragende Komponisten aus dem Ausland einzuladen und sie als ihre Gäste mit gutem, reichem Essen, kräftigen Weinen und einer Auswahl ihrer eigenen Werke ausgiebig zu beköstigen. Die vier Musiker, die man zu diesem Vergnügen ausersehen hatte, waren Debussy, Vincent d'Indy, Sibelius und Schönberg; und ich darf Ihnen schon jetzt versichern, daß ihre Leiden ungeheuer waren. Von den vier Gästen litt Debussy sicherlich die größten Qualen.

Der Musikclub hielt seine Treffen meist in den Räumen der Art Galleries in der Suffolk Street ab, wo die entschlosseneren unter den britischen Büßern sich den Martyrien gleich zweier Kunstrichtungen unterwerfen konnten. Aus irgendeinem Grund, den ich vergessen habe, wurde Debussy jedoch zum Opferstock der Aeolian Hall geführt. Die Veranstaltung wurde mit einer Willkommensadresse an den Komponisten eröffnet, die eine kurze Würdigung seines Werkes beinhaltete. Dazu brauchte man jemanden, der Französisch konnte, weil Debussy kaum ein Wort Englisch verstand.

Da begannen die Schwierigkeiten, denn Frederick Corder, ein versierter Französisch-Gelehrter, der sich dazu bereit erklärt hatte, das Begrüßungswort zu übernehmen, sagte im letzten Moment mit der vorgeschobenen Entschuldigung, er sei plötzlich krank geworden, ab. Wie wir am nächsten Tag feststellten, war der eigentliche Grund der, daß ihn den ganzen Nachmittag lang sein künstlerisches Gewissen derart geplagt hatte, daß er sich schließlich zu dieser Absage durchrang, da er sich nicht dazu imstande sah, öffentlich ein musikalisches Verständnis zu preisen, das er selbst nicht teilen konnte.

Schließlich übernahm Kalisch selbst, der sein Französisch auf der Schule von Stratford-atte-Bow gelernt hatte – oder möglicherweise auch in Oxford, das war nicht so genau auszumachen, denn man konnte ihn sowieso kaum hören –, diese Aufgabe.

Der große Komponist, ein übermäßig schüchterner Mann, wurde dem Publikum gegenüber mitten auf der Bühne in einen Stuhl gesetzt. Er wirkte äußerst verdutzt und sah sich nur dadurch in der Lage, seine mißliche Situation zu meistern, daß er jedesmal aufstand und eine leichte, ungelenke Verbeugung machte, sobald er seinen Namen in Kalisch's gutturalem Gemurmel zu erkennen glaubte.

Als dieser Teil seines Martyriums beendet war, war es ihm endlich erlaubt, wie betäubt zum rückwärtigen Teil des Saales zu watscheln, wo er dann Edwin Evans anvertraute, daß er lieber eine Symphonie auf Bestellung schriebe als so eine Erfahrung noch einmal machen zu müssen.

Ich denke, daß das dargebotene Programm der Gesangs- und Instrumentalstücke des Meisters durchaus repräsentativ war; und ich erinnere mich daran, den Klavierpart der *Ariettes oubliées* für einen amerikanischen Sänger gespielt zu haben.

Nach dem Konzert bekam ich die Nachricht, daß Debussy mich gern treffen und mir für meinen Beitrag zu dieser abendlichen Musikvorstellung danken wolle. Ich werde nie den Eindruck vergessen, den er durch seine untersetzte, schwerfällige Gestalt und sein riesiges, grünliches, fast an einen Mohren erinnerndes Gesicht, das unter einem undurchdringlichen Dickicht schwarzen Haares lag, auf mich machte, ebensowenig wie die unergründlichen, träumenden Augen, die nach einem Gegenstand hinter meinem Rücken Ausschau zu halten schienen. Als er sich unentschlossen nach vorn schleppte und seine weiche Hand ausstreckte, sah er aus wie ein Triton, aufgetaucht aus den »graugrünen Grotten des alten Ozeans«. »Ein mythologisches Relikt!« dachte ich bei mir.

Wenn ich mir seine morbide gelbliche Gesichtsfarbe ins Gedächtnis rufe, so vermute ich, daß der bösartige Feind, der ihm in seinen frühen Fünfzigern zum Verhängnis werden sollte, schon damals in seinem Körper lauerte.

Evans teilte mir die Bemerkung des Komponisten mit, daß ich seine Lieder zwar sehr einfühlsam interpretiert habe, aber doch in einer zu pianistischen Manier. Dieses Urteil fand ich äußerst interessant, denn noch niemals vorher hatte man mich dafür getadelt, daß ich Klavier spiele wie ein Pianist.

Farewell, My Youth, London 1943, S. 58f

Vittorio Gui
(1885–1975)

Der Dirigent Vittorio Gui wurde von Toscanini 1923 an die Scala geholt und gründete 1928 in Florenz das Orchester, mit dem später das Mai-Festival ins Leben gerufen wurde. Die folgenden Erinnerungen beziehen sich auf einen Besuch in Turin, den Debussy im Jahre 1911 unternahm.

Ich muß gestehen, daß mein Herz, als der Zug aus Paris einfuhr, fast so laut hämmerte wie die Kolben der Lokomotive. Nicht einer von uns hatte Debussy je persönlich getroffen. In Italien kursierte nur eine einzige Photographie von ihm (die heute sehr bekannt ist), die im Vergleich zu denen einiger seiner Kollegen, die sich in extravaganten Posen ablichten ließen, wenig schmeichelhaft war. So musterten unsere acht Augen ängstlich die Menschenmenge, die in den Waggontüren zum Vorschein kam. Viele Gesichter erschienen, aber keins erinnerte an das dunkelbärtige der berühmten Photographie. Schon ergingen wir uns in Mutmaßungen über verschwundene Bahnwaggons und andere imaginäre Gründe für eine Verspätung, als eine wohlgeordnete Gruppe aus dem letzten Abteil zu uns herabstieg: Sie bestand aus einer kleinen Frau (die sehr chic war), einem kleinen Mädchen von sieben oder acht Jahren, einem Kindermädchen und schließlich einem großen Mann mit dunklen Augen und einem Bart, sanft in seinem Benehmen und unbeholfen in seinen Bewegungen, sparsam mit seinen Gesten und mit dem geduldigen und gut gelaunten Gesichtsausdruck eines Familienvaters im Urlaub. Da war er, mitsamt seiner Familie. Unwillkürlich mußte ich an das denken, was einer seiner Bekannten, vielleicht war es Pierné gewesen, nicht ganz ohne Ironie von ihm gesagt hatte: »Oh, Debussy aime beaucoup ses aises.« (»Oh, Debussy liebt sehr die Behaglichkeit.«) Und so hatte er für seinen Aufenthalt von kaum einer Woche all seine Lieben mitgebracht, weil er auch in dieser kurzen Zeit nicht von ihnen getrennt sein wollte.

Man machte sich kurz und auf konventionelle Art miteinander bekannt, gab sich eilig die Hand und verabredete sich für eine halbe Stunde später im Hotel d'Europa, wo er wohnen sollte. Wir trafen ihn dort wieder, und er empfing uns in Hemdsärmeln auf seinem Zimmer – mit einer bewundernswerten Ungeniertheit, mit einer so liebenswürdigen Einfachheit, daß ich angesichts der heute überall anzutreffenden Überheblichkeit der profillosen, von ihrer eigenen eingebildeten Wichtigkeit aufgeblasenen Figuren in meiner Erinnerung an die damalige Szene tief gerührt bin. Ich hatte den Eindruck, oder zumindest kommt es mir heute so vor, daß er mir, der ich der Jüngste unter den Anwesenden war, die herzlichste Aufmerksamkeit entgegenrachte. Und ich nahm mit großer Befriedigung zur Kenntnis, mit welcher Natürlichkeit er sich von der üblichen Ehrerbietung befreite, die fast alle denjenigen gegenüber demonstrativ erweisen, deren Position es erlaubt, sie als »wichtig« in der Gesellschaft zu erachten. Ich war mit Sicherheit die am wenigsten »wichtige« Person unter den Anwesenden, und dennoch war ich es, den er besonders wohlwollend empfing. Ich spürte, wie sich in mir neben meiner Bewunderung, die ich schon für ihn als Künstler gehegt hatte, ein neues Gefühl der Sympathie regte, und es dauerte nicht lange, da verwandelte sich dieses Gefühl in echte Zuneigung. Meine anfänglich schüchterne Ehrerbietung wich bald dem offenen Ausdruck dieser Zuneigung.

Nachdem Depanis die wichtigsten Fragen hinsichtlich der Proben, der Besetzung usw. abgeklärt hatte, kam er auf den etwas heiklen Punkt zu sprechen, der meine Rolle bei der Vorbereitung des Orchesters betraf. Ich sollte Debussy eigentlich dabei zur Hand gehen, aber zu unserer großen Überraschung schlug Debussy das Angebot entschieden aus und verkündete in einem Ton, der für den Moment keine weitere Diskussion zuließ, daß das Dirigieren eine alte, bisher stets zukurzgekommene Leidenschaft von ihm sei und er überglücklich wäre, wenn man alles ihm selbst überließe! Eiliger Rückzug des Unterzeichneten, der sich sofort in die fröhliche Schar der Zuschauer einreihte, aus der er allerdings, wie wir sehen werden, bald wieder hervortauchen sollte.

Szenenwechsel: Beginn der Proben, die entgegen jede Zweckmäßigkeit auf der Bühne des Teatro Regio abgehalten wurden; nur die »generale« sollte in der Festhalle im Valentino-Park stattfinden. Das Orchester, das zum großen Teil aus hervorragenden jungen Musikern, die gerade ihr Studium abgeschlossen hatten, und werdenden Komponisten (von denen mittlerweile einige in Ehren zum Dirigentenpult gewechselt haben) bestand, war sich der Wichtigkeit des Musikers, der persönlich gekommen war, um mit ihm zu arbeiten, wohl bewußt und auch bereit, ihm die allergrößte Ehrerbietung zu erweisen. War er nicht seit fast zehn Jahren in der Musikwelt heftig umstritten, und war nicht sogar die Öffentlichkeit aus ihrer gewohnheitsmäßigen Lethargie gerissen? Dies war ein richtiges Ereignis in der Konzertsaison: nicht das Kommen und Gehen irgendeines berühmten, von seinen »Fans« gefeierten Dirigenten – dies ist ja im Leben eines Orchesters nichts völlig Ungewöhnliches –, sondern die Begegnung mit einem wirklich großen, schöpferisch tätigen Künstler, von dem man schon damals ahnen konnte, daß er in die Unsterblichkeit eingehen würde. Der Auftritt dieses Mannes, der offenbar gleichgültig – und höchst unwillig, wie es schien – aufs Podium stieg, im Mundwinkel eine Zigarette, die er kurze Zeit später wegwarf, löste dann erhebliche Überraschung aus und war vielleicht auch desillusionierend. Das war aber unvermeidlich; die Allgemeinheit neigt dazu, unerschütterlich an kindischen Illusionen festzuhalten.

Sein Schlag war unsicher, sein Gesicht stets in der Partitur vergraben – dabei war es doch seine eigene Musik! Er hatte weder über die Musiker noch über sich selbst die Kontrolle und blätterte die Seiten der Partitur mit der Hand um, in der er den Taktstock hielt! Es passierte ihm mehr als einmal, daß er zur großen Verwirrung des Orchesters den Takt verlor. Nie in meinem Leben habe ich mir in Anbetracht der Schmerzen, die mir dieses Schauspiel bereitete, inbrünstiger gewünscht, daß vor meinen Augen der Traum von einem idealen Orchester Wirklichkeit werden möge: ein Orchester, bestehend aus höheren Wesen, die ihre besten intellektuellen und intuitiven Kräfte zur Entfaltung bringen – nicht um dem Dirigenten (es gab ja keinen), sondern um dem Komponisten, dem Schöpfer, beizustehen. Dessen überflüssige und hinderliche Körperlichkeit diente in diesem Fall als Argument für die Abschaffung einer vermittelnden Zwischenstufe zwischen den Gedanken und ihrem klanglichen Ausdruck. Sogar hierin (so dachte ich, indem ich meine absurde Vision weiterspponn) schien die Kühnheit des revolutionären Schöpfers von neuer und anti-bürgerlicher Musik den bisher vertrauten Rahmen zu sprengen. Würde denn niemals eine Zeit kommen, in der die Musik den Menschen ohne diese materiellen Hindernisse vermittelt werden könnte? (Denn oftmals ist das menschliche Element viel feindlicher und widerspenstiger als eine Darmsaite oder Blech.) Würde die Musik jemals aus der Tyrannei des Vortragenden befreit werden?

Aber die Ereignisse brachten mich schlagartig wieder auf den Boden der Tatsachen zurück, und mit der Entschuldigung, ich sei sein Interpret, und in meiner Befugnis als ständiger Dirigent des Orchesters mußte ich schnell einschreiten, um der Verwirrung und den ersten Anzeichen spöttischer Reaktionen, die unter den weniger Ehrfürchtigen die Runde zu machen begannen, Einhalt zu gebieten. Kurz, ich mußte der Ausbreitung natürlicher Unordnung wehren, die in einer Gruppe von Männern, besonders von Südländern, zu entstehen droht, wenn dem Anführer keine Autorität mehr zugebilligt wird. Die Lage spitzte sich bei der Entwirrung der Suite *Iberia* zu. Zum erstenmal wurde ein italienisches Orchester mit dieser schwierigen Partitur konfrontiert. Auch heute noch sind das filigrane Geflecht von Licht und Schatten und der komplexe Rhythmus des Stücks beim ersten Durchlauf kein Kinderspiel. Man stelle sich nur einmal die Verwirrung unter den Umständen, die ich gerade beschrieben habe, vor. Es herrschte ein derartiges Durcheinander, daß selbst Debussy unruhig zu werden begann, als er merkte, daß es ihm nicht gelingen wollte, dem Orchester auch nur eine einzige Note seiner Partitur verständlich zu machen. Vollkommen verwickelt im Chaos der Töne nahm er den Weg des geringsten Widerstands, gewährte die üblichen zehn Minuten Pause und verschwand offenkundig verärgert in der Dirigentengarderobe.

Nach kurzem Kriegsrat marschierte Depanis in heroischer Entschlossenheit los, um Debussy den nun unvermeidlichen Vorschlag zu unterbreiten, die Probenarbeit meiner Person zu überlassen. Er selbst könne dann den Taktstock am Abend des Konzerts wieder übernehmen, wenn das Orchester soweit vorbereitet sei und alles wie am Schnürchen laufe. Debussy schien den Vorschlag erwartet zu haben, denn nur allzu bereitwillig stimmte er ihm zu, wobei er seine Zufriedenheit nicht verbarg, so elegant aus einer verfahrenen Situation herausgekommen zu sein. Hinzuzufügen ist, daß wir uns zu der Zeit schon sehr gut verstanden; unsere Begegnung hatte nicht nur zu einem guten Einvernehmen auf intellektueller Ebene, sondern zu einer wachsenden Freundschaft geführt, die sich später zu echter Zuneigung vertiefte.

Der berühmte Komponist zeigte sich zunehmend wohlwollend gegenüber einer unersättlichen, wißbegierigen Jugend, die ihn mit Fragen über alle möglichen Themen, sowohl literarischer als auch musikalischer Art (denn er verfügte über eine außergewöhnliche literarische und allgemeine Bildung) belagerte, ja, oft bestürmte – aufgeregt, wie man in diesem Alter eben ist, wenn man bedeutenden Leuten begegnet, und begierig, direkt aus der Quelle zu schöpfen, und nicht aus bloßer Neugierde heraus. Meine Jugend und Offenheit rührten ihn, und er erging sich in Gesprächen über alles mögliche. Er selbst war ein guter Unterhalter mit viel Verve und unnachahmlich im Verweben seiner Eindrücke von Leuten und Dingen, indem er stets die humorvolle Seite sah und sich selbst seiner feinen, aber gutmütigen Ironie freute, so daß man des Zuhörens nie überdrüßig wurde. Aus der Zeit, als er ein häufiger Gast bei Mallarmé gewesen war, schien er sich etwas von dessen meisterhafter, subtiler Unterhaltungskunst, die wesentlicher Bestandteil seiner Selbstdarstellung war, bewahrt zu haben. Debussy empfand sich als Künstler mit vollkommen moderner Weltanschauung, als ein Sohn der neuen Zeit, und fühlte sich aufgrund seiner sehr hoch entwickelten kritischen Fähigkeiten, die er ständig auch auf sein eigenes Werk richtete, verpflichtet, die bedeutenderen künstlerischen und ästhetischen Hervorbringungen seiner Zeit, auf welchem Gebiet der Kunst auch immer, eingehend zu prüfen.

Seine Begeisterung für Swinburne ließ mich, der ich damals restlos für Tennyson schwärmte, die wirkliche Bedeutung dieses großen englischen Dichters erst erkennen. Debussy machte kein Hehl daraus, daß der Text seiner *Proses Lyriques* von der Empfindungswelt Laforgues und anderer Parnassiens, die dessen geistige Vorgänger waren, beeinflußt war. Er sprach mal mit einem gutmütigen Lächeln, mal mit plötzlicher Lebhaftigkeit; nur Vulgarität akzeptierte er nicht. Seinem Sprechen, wie auch seinem ganzen Betragen wohnte ein natürlicher Sinn für's Aristokratische inne, was den natürlichen Adel dieses Prinzen von gutem Geschmack bezeugt – neben der ungeheuren, unbestreitbaren Aufrichtigkeit, der vollkommenen Übereinstimmung zwischen Mensch und Künstler, zwischen Lebensauffassung und hohen Idealen. Dies waren die Merkmale, die mich in jenen friedlichen Tagen, in den ich sein ständiger Begleiter sein durfte, mit Begeisterung erfüllten.

Wir kamen darin überein, daß ich am nächsten Morgen mit der Einstudierung des ersten Satzes aus *Iberia* beginnen sollte. Den größten Teil der Nacht brütete ich über der winzigen Mini-Partitur (in jungen Jahren vertragen unsere Augen problemlos gewisse Mißhandlungen), die heute wegen der Dankesworte, die Debussy nach der ersten Aufführung hineinschrieb, zu meinen größten Kostbarkeiten zählt. Ich studierte sie ausführlich, schlief ein wenig und machte mich eifrig auf den Weg ins Regio, wo mich das Orchester mit großer Zufriedenheit begrüßte. Die Musiker waren zwar verärgert über die vorangegangene Probe, im Grunde aber verspürten sie doch den Wunsch, dem berühmten Komponisten, für den sie aufrichtige Bewunderung hegten, ihre wahren Fähigkeiten zu zeigen. Sie gaben ihr Bestes, und es dauerte nicht lange, da wurden kleine Wunder vollbracht; so sehr, daß der erste Satz der Suite in weniger als einer Stunde sicher und nicht ohne kleine Verfeinerungen zustande kam. Plötzlich tauchte Debussy still und mit seinem gutmütigen und unmerklich traurigen Lächeln, die ewige Zigarette zwischen den Lippen, im Theater auf – vielleicht kam er einfach aus Neugierde. Wir alle freuten uns darüber. Durchflutet vom Triumph und dem Gefühl, diesmal kompetent geleitet zu werden, und im Bewußtsein der neuen Ordnung, die aus dem Chaos des vorherigen Abends entstanden war, vermochte das Orchester nun auch die Schönheit der Musik zu schätzen, die mit zum Lebendigsten und Schönsten zählt, was Debussy jemals geschrieben hat. Ich biß mir vor Aufregung auf die Zähne wie ein junges Schlachtroß, mein Puls raste. Debussy bat uns, das Ergebnis unserer Mühen vorzuführen: Ich gab das Zeichen zum Angriff. Und unter dem Druck all dieser emotionalen Spannungen geschah das Wunder: Der erste Satz gelang leicht, zart, mit der Klarheit des Morgenlichts. Auf Spaniens Straßen wandelten sonnengebräunte südländische Mädchen mit einer Blume im Mund, verschwenderisch mit ihrem Lächeln füllten sie die Straßen und die Herzen der Passanten mit einem Gefühl von Lebensfreude; hier und da noch mit einer Kornähre im Haar (dem Bild Verlaines zufolge, das ihm so lieb ist), gingen sie vorbei, die Verkörperung einer erträumten Jugend, die von Liebe singt und die Lebensquelle des neuen Tages begrüßt... Kaum hatten die beiden Klarinetten den Seufzer auf der großen Terz, mit der das Bild sich zu einer lichtvollen Wolke auflöst, ausklingen lassen, da spürte ich zwei Arme meinen Hals umfassen (ich spüre sie heute noch), und der große Musiker drückte mir einen Kuß auf die glühende Wange; um uns herum brach ein Beifall los, der seine Geste und meine natürliche Rührung umfing.

Es verstand sich hiernach von selbst, daß ich alle Proben bis zum Konzertabend übernahm. Er stand immer neben mir auf der linken Seite des Dirigentenpultes, lobte und gab Ratschläge und offenbarte oftmals eine tiefe innere Zufriedenheit, die man der Freundlichkeit seines Gesichtsausdrucks entnehmen konnte. Diese Tage, in denen ich das Glück hatte, während der Arbeit einem so vortrefflichen und geistvollen Mann nahe sein zu können, vergingen im Eifer konzentrierter Zusammenarbeit – eine Zeit, die geprägt war von der herzlichen Anerkennung, die Debussy mir entgegenbrachte. Wenn ich an sie zurückdenke, erscheint sie mir wie eine Oase im stürmischen Leben; denn Debussy hatte, ganz abgesehen davon, daß er sich uns in seiner Musik als einzigartiger Künstler offenbarte, ein großzügiges und heiteres Wesen. Er war sehr verständnisvoll, denn er selbst hatte viel gelitten und die Ungerechtigkeiten des Lebens kennengelernt. Der Kampf, den er letztendlich zwar gewonnen hatte, war bitter genug gewesen. Der Erfolg war ihm nicht zu Kopf gestiegen, er hatte Verständnis für die Unzulänglichkeiten der anderen und blieb sich seiner eigenen bewußt. Und wenn auch gelegentlich Ironie in seinen Worten mitschwang, so ging ihr der boshafte Ton, den sich besonders viele seiner Landsleute zu eigen gemacht haben, völlig ab. Er schien tatsächlich seine Reife und Gesetztheit mit meiner jugendlichen und überschwenglichen Begeisterung in Einklang zu bringen: Er konnte meine ungezügelte Bewunderung für seine ungewöhnlich schöne Musik offenbar richtig einschätzen, vielleicht weil meine Aufrichtigkeit so überzeugend war.

Schließlich kam der Tag, an dem das Konzert stattfinden sollte (man hatte den Termin noch um ein paar Tage verschoben, um in der Probenarbeit letzte Hand anlegen zu können), und ich übergab ihm wieder den Takstock, da das Publikum doch ihn sehen wollte. Er nahm ihn widerstrebend und zitterte dabei fast wie ein Kind. Da überkam mich ein Gefühl, das ich bisher in dieser Form nicht gekannt hatte: die Angst um den anderen, als habe ein seltsamer Zauber die Situation verkehrt und ihn zu dem Jüngeren gemacht; mit fast väterlicher Besorgnis zitterte ich um ihn wegen seiner mißlichen Lage! Er dirigierte so gut er konnte, hölzern, mechanisch, ohne Feuer und ohne seine Kräfte wirklich zu führen: Die Katastrophe blieb aus, aber auch die Poesie der Musik. Die eigentliche Bedeutung dieser schönen und nicht zu fassenden Musik geht ohne diese Poesie, die ihr wahres Wesen ausmacht, verloren. Das Orchester strengte sich an und versuchte verzweifelt, den Willen seines schwachen Leiters zu erahnen; aber der gute Wille der einzelnen verlor sich ohne die eigentliche, alles koordinierende Kraft, wodurch das gewisse Etwas, das die echte Begeisterung hervorruft, nicht zum Ausdruck kam. Das ganze blieb kalt und wirkungslos.

Für die Mehrheit der Zuhörer war die Musik neu, und sie war auch nicht gut darauf vorbereitet (man denke an das Datum). Hinzu kam, daß das letzte Bonbon, nämlich die klanglich wundervolle Passage, die von dem Stück *Parfums de la nuit* zum Finale überleitet, diese zitterne und sehr zarte Blüte unnachahmlicher Poesie, verdorben wurde durch einen heftigen Regenschauer, der auf das Glasdach niederprasselte. Er machte nicht nur die Klangeffekte zunichte, sondern lenkte auch die Zuhörer ab, deren Aufmerksamkeit sich besorgt der Frage zuwandte, wie man denn nun nach Hause käme – ohne Regenschirm! Es war das letzte Stück auf dem Programm: Die Sache war endgültig verloren. Jede Chance auf Wiedergutmachung war vertan, und dazu noch durch einen ganz banalen Zufall.

L'après-midi d'un faune war das einzige Stück, das am Ende Applaus ohne Protestrufe erhielt. Das Stück war dem italienischen Publikum ja auch nicht mehr unbekannt, es war das »gewohnte« *Après-midi*, über dessen Beliebtheit Debussy selbst scharf herzog, wenn wir unter uns waren. Sicherlich fehlte es nicht an Sympathiebekundungen seitens eines oder zwei begeisterter Verehrer (ich erinnere mich zu unserem Trost und zu seiner Ehre noch an den jungen Piero Coppola, der extra aus

Mailand angereist war und der vor Begeisterung ganz aus dem Häuschen zu sein schien und nur Verachtung für den profanum vulgus übrig hatte). Debussy war wie immer recht still und lächelte. Er war vielleicht auf feindliche Gesinnung eingestellt gewesen und hatte stattdessen nur ein wenig kalte Abneigung zu spüren bekommen.

Es blieb ja noch viel Zeit: Einige der Stücke waren hiermit zum erstenmal in Italien gespielt worden, und er hatte hier und da ein paar Schüler gefunden, die schon zutiefst an ihn glaubten. Das genügte ihm schon. Die eigentliche Belohnung für seine Leistung bestand für ihn nicht im Applaus eines anonymen, gemischten Publikums! Er spürte um sich herum die tiefe Ergebenheit einer kleinen, aber ehrlichen Gruppe, und dies war in seinen Augen eine größere Anerkennung als die laute und oberflächliche Zustimmung von seiten des »Tieres mit den tausend Gesichtern«, das jeweils mit gleicher Eilfertigkeit verrät und schmeichelt. Außerdem ermöglichte es ihm seine kritische Objektivität, sich selbst als jemanden zu sehen, der mit großem Vorsprung vorangeschritten ist und nun darauf wartet, daß die anderen ihm folgen mögen. Deshalb konnte er vernünftigerweise nicht erwarten, die Zustimmung derjenigen zu erhalten, die sich der großen Herde anschließen, die ihre Wünsche und banalen Gefühle zum Ausdruck bringt.

Er blieb noch ein paar Tage bei uns; wir unterhielten uns und durchlebten noch ein paar unvergeßliche Stunden gegenseitigen Verstehens in intellektueller und spiritueller Hinsicht. Dann kam der Augenblick des Abschieds. In der rechten Ecke der Lobby des Hotel d'Europa, stand ein bescheidener, aus Weide geflochtener Tisch; dort nahm er mir, ohne zu fragen, die Partitur von *Iberia* aus der Hand, die für mich schon zum Symbol wertvoller Erinnerungen geworden war, und schrieb in seiner kleinen und sehr klaren Handschrift eines Benediktiner-Mönchs Worte der Zuneigung und Dankbarkeit hinein – Worte, die mich mit Stolz erfüllten, mich aber gleichzeitig auch verwirrten, wenn ich an all das denke, was er für mich, vielleicht unbewußt, in jenen Tagen getan hatte . . . Und doch war ich es, dem gedankt wurde! Ja, die stille Botschaft dieser wenigen Worte und anderer, die er mir aus Paris schrieb, bedeuten mir mehr als der Lärm vieler unbekannter, Beifall klatschender Hände.

Debussy in Italy, »Musical Opinion«, Januar 1939, S. 305f; Februar 1939, S. 404f

Richard van Rees
(1853–1939)

Der Jurist und Bankier Richard van Rees gehörte seit 1884 dem Verwaltungsvorstand des Concertgebouw in Amsterdam an; von 1913 bis 1922 war er dessen Präsident. Debussy besuchte Amsterdam im Frühjahr 1914.

Schon mehrere Male hatte die Leitung des Concertgebouw-Orchesters Debussy vergeblich zu einem Besuch in Amsterdam zu überreden versucht und ihm verständlich machen wollen, wie sehr man seine Musik in Holland schätzte. Leute, die ihn kannten, versicherten uns, daß er ein sehr zurückgezogenes Leben führe und daß er eine unüberwindliche Abneigung gegen Tourneen und öffentliche Auftritte hege, so daß uns schon ein glücklicher Zufall zu dem Privileg verhelfen müßte, ihn bei uns willkommenheißen zu dürfen.

Dieser glückliche Zufall erschien in Gestalt des Schweizer Komponisten und Dirigenten Gustave Doret, der oft nach Holland kam und große Bewunderung für das Concertgebouw-Orchester hegte. Er bot uns an zu versuchen, seinen Freund Debussy nach Amsterdam zu holen. Diese Idee und die Vorstellung, Debussy werde unser Orchester hören, begeisterten Doret derart, daß er bereit war, Debussy auf seiner Reise zu begleiten – was seiner Meinung nach die einzige Möglichkeit war, Debussys Reiseunlust zu überwinden.

So gelang es uns endlich, Debussy nach Holland zu bekommen, obwohl es das Unglück so wollte, daß Mengelberg zu dieser Zeit gerade in Frankfurt dirigierte. Das Debussy-Konzert, bei dem der Komponist teilweise als Dirigent und teilweise als Pianist in Erscheinung trat, fand an einem Sonntagnachmittag statt. Als Debussy das Dirigentenpult bestieg, von Doret sozusagen an die Hand genommen – er begleitete den Komponisten überall hin, als sei er sein Mahaut, er saß sogar neben ihm, wenn er dirigierte oder spielte –, erhob sich spontan das gesamte Publikum, ebenso wie das Orchester, und man bereitete ihm einen außergewöhnlichen, geradezu königlichen Empfang. Um die Wahrheit zu sagen, Debussy machte auf dem Dirigentenpodium einen unbeholfenen und unglücklichen Eindruck. Nicht aufgrund seiner äußeren Erscheinung, da seine kräftige Gestalt zusammen mit den sensiblen, feinen Gesichtszügen, die lediglich durch ihren dunklen Teint etwas südländisch anmuteten, einen angenehmen Eindruck machten. Aber seine ganze Persönlichkeit umgab eine diffuse Atmosphäre von Desinteresse und Langeweile, wie man es an Leuten wahrnimmt, die unter Heimweh leiden – eine Krankheit, die ihn übrigens, wie er selbst sagte, ständig plagte, wenn er fort von Paris war.

Ich glaube, er dirigierte die kurzen Orchesterstücke *Nuages* und *Fêtes*, die unter der Leitung von Doret so sorgfältig wie möglich einstudiert worden waren. Debussy war ein schlechter Dirigent, aber das Orchester brachte viel Verständnis auf und folgte intuitiv seinen Anweisungen, so daß die Aufführung seiner Werke ein enormer Erfolg wurde. Der gleiche Erfolg war ihm bei seinen Vorführungen auf dem Klavier beschieden, obwohl diese technisch nicht einwandfrei waren. Das Konzert endete mit stürmischen Ovationen, die den Komponisten zu ermüden schienen, und er verließ, geführt von Doret, das Podium schon nach kurzer Zeit. In der Künstlergarderobe verlieh er seiner Dankbarkeit für diesen Empfang und für die ausgezeichnete Aufführung seiner Musik Ausdruck, ohne dabei jedoch große Begeisterung zu zeigen. Offensichtlich war er froh darüber, daß alles vorbei war.

Ein paar Stunden später kamen Debussy und Doret zu mir zum Abendessen. Doret hatte in ihrer beider Namen die Einladung zum Essen unter der Bedingung angenommen, daß niemand anwesend sei, den Debussy nicht kenne. Deshalb hatte ich nur den Konzertmeister und den ersten Cellisten zusammen mit ihren Frauen, Monsieur und Madame Zimmermann und Monsieur und Madame Gérard Hekking, sowie ein paar Leute aus dem Aufsichtsrat des Concertgebouw, die Debussy in der Künstlergarderobe vorgestellt worden waren, eingeladen. Zu meinem größten Bedauern mußte ich einige Freunde von mir enttäuschen, die diesen berühmten Gast, den man unter so schwierigen Umständen herbeigeschafft hatte, gern kennengelernt hätten.

Debussy fühlte sich wohl in unserem schönen alten Haus, das im Louis-Seize-Stil gebaut und eingerichtet war und über einen herrlichen Korridor und über große, imposante Räume verfügte. Dies war die Gelegenheit für meine Frau, ihm den großen Einfluß vorzuführen, den französischer Geschmack und Stil auf unsere Vorfahren ausgeübt hatte. Bei Tisch weckte eine kleine Empire-Uhr, die er sehr bewunderte, Debussys Aufmerksamkeit. »Sie sehen, daß ich immer wieder hinschauen muß,« sagte er zu seiner Gastgeberin, »weil jede Minute, die vergeht, mich Paris wieder näher bringt.« Als Tischnachbarin hatte er eine charmante, lebhafte und sehr hübsche Frau, deren Vorfahren dem Revolutions-Terror entflohen waren und die perfekt Französisch sprach, aber selbst ihr gelang es nicht, die Stimmung ihres Nachbarn aufzuheitern.

Als ich die Zeit dafür gekommen glaubte, ein paar Worte zu sprechen, nahm Debussy seinen unglücklicherweise noch leeren Teller und hielt ihn sich einen Augenblick lang vor das Gesicht, zweifellos, um seine Schüchternheit und andere Gefühle zu verbergen, die sich in dem Moment in seinem Gesichtsausdruck widerspiegelten. Ich ließ mich dadurch nicht von meinem Vorhaben abbringen. Nachdem ich mich für sein Kommen und für die Ehre, die er uns damit erweise, bedankt hatte und unterstrich, welch hohes Ansehen er in Holland genoß, endete ich mit dem Hinweis, daß das Künstlerzimmer im Concertgebouw Portraits der bedeutendsten europäischen Künstler enthalte, die bei uns aufgetreten waren, daß es aber zwischen ihnen einen freien Platz gebe, den wir mit dem Portrait des großen französischen Meisters aufzufüllen hofften. Nach seinem Besuch des Concertgebouw waren wir glücklich, uns diesen Wunsch erfüllen zu können, und wir setzten jene Worte unter das Bild, die auch die Molière-Büste im Empfangszimmer der Académie Française zieren, nämlich: »Seinem Ruhme ermangelt nichts, uns ermangelte es an Ruhm« (»Rien ne manque à sa gloire, il manquait à la nôtre«). Diese Rede machte offensichtlich einen guten Eindruck auf unseren Gast. Es war amüsant zu beobachten, wie Doret, der ihm gegenüber saß, ihm lautlose, aber nicht zu übersehende Zeichen machte, die ihm bedeuten sollten, daß er auf diese Rede, die ihm zu Ehren gehalten wurde, antworten müsse. Er schien Dorets Versuche erst zu ignorieren, dankte uns dann aber für den Empfang, den man ihm bereitet hatte, und drückte schlicht und leicht in einer kleinen, eleganten Rede seine Bewunderung für unser Orchester aus.

Mit einer Zigarette nach dem Essen fühlte er sich offensichtlich noch besser. Er sprach begeistert über alles mögliche, nur nicht über Musik. Als ich schließlich vorschlug, uns wieder den Damen im Salon zuzugesellen – es wurde allmählich spät – erwiderte er: »Warum? Wir fühlen uns doch hier sehr wohl.« Es war nicht ganz einfach, ihm zu erklären, daß es Zeit sei und sich unsere Wege trennen müßten und daß wir deshalb keine andere Wahl hätten.

Kurz nachdem wir den Salon betreten hatten, wurde gemeldet, daß die Wagen vorgefahren seien, und Doret bedeutete seinem Freund, sich doch zu verabschieden. Daraufhin sagte Debussy zu mir: »Es scheint, daß die Leute weggehen.« Als unsere Gäste sahen, daß Debussy daran noch nicht dachte, verabschiedeten sie sich. Ohne Einwände ließ er sie gehen, machte es sich anschließend an der Seite seiner Gastgeberin bequem und sagte, sichtlich entspannter: »Wie schön es hier doch ist, Madame. Ich habe gar nicht gewußt, daß man außerhalb von Paris so gut essen kann.« Als er bemerkte, daß mein ältester Sohn sich während meiner Abwesenheit um den Wein kümmerte, wandte er sich zu ihm um und sagte: »Junger Mann, ich gratuliere Ihnen zu der Weinliste, sie war exquisit.« Dann sprach er gänzlich unbefangen und unbeschwert von seiner Frau und seiner Tochter. Er erzählte uns, daß er wegen seines äußerst empfindlichen Magens regelmäßig selbst auf den Markt ginge, um auszuwählen, worauf er Appetit verspürte; kurz, er brachte eine Stunde damit zu, uns von den gewöhnlichsten, alltäglichen Dingen zu erzählen. Doret, der wie auf Kohlen saß, weil sie am nächsten Tag abreisen wollten und noch nichts gepackt hatten, und der in Abständen Debussy zum Gehen zu bewegen suchte, stieß bei ihm auf taube Ohren: »Lassen Sie mich doch allein hier, die Leute sind nett, ich fühle mich hier wohl, ich möchte mich noch ein bißchen entspannen. Gehen Sie doch und fangen Sie schon mit dem Packen an, wenn Sie wollen, ich komme später nach.« So war es schon nach elf, als die beiden Freunde aufbrachen.

Richard van Rees, unveröffentlichtes Schreibmaschinenskript, S. 36ff

Gustave Doret
(siehe Seite 59)

Ich glaube, von Debussy als Redner kann man sich kaum eine Vorstellung machen, wenn man ihn nicht erlebt hat. Nach einem Konzert in Amsterdam lud der Präsident des Concertgebouw zu einem opulenten Mahl ein. Der Präsident hielt eine Rede (beim Champagner), der Schriftführer eine (beim Kaffee) – und keine Antwort. Ich saß Debussy gegenüber und signalisierte ihm deutlich, daß er seiner Pflicht nachkommen müsse und ich ihm diese nicht abnehmen könne. Schließlich verpaßte ich ihm unter dem Tisch einen kräftigen Tritt, und da zeigte er endlich eine Reaktion. Mir wurde klar, daß er lediglich aufgrund seiner Schüchternheit geschwiegen hatte. Er stand auf, sprach mit vor Aufregung ganz heiserer Stimme drei Worte des Dankes und setzte sich wieder hin. Danach wurde er, als sei ihm eine große Last von den Schultern genommen, richtig gesprächig. Er schwatzte drauflos wie eine Elster und wurde so zum lebendigen Mittelpunkt des Abends. Um drei Uhr morgens kamen wir zurück in unser Hotel und rauchten riesige Havanna-Zigarren, die uns unser Gastgeber in die Taschen gestopft hatte.

Gustave Doret, unveröffentlichter Brief vom 31. März 1918
an Robert Godet

Und nun unsere Generalprobe in Amsterdam. Zuerst Werke von Saint-Saëns. Warum bleibt Debussy auf dem Podest und lauscht dem Werk des Älteren mit besonderer Aufmerksamkeit? In dem Moment, als ich vom Pult heruntersteige und ins Foyer trete, nimmt er mich beim Arm und sagt: »Nun ja, mein Guter, ich kann nicht sagen, daß ich ein leidenschaftlicher Anhänger von Saint-Saëns wäre, nein. Aber wir sind uns doch einig, daß es verdammt gut ist!«

Temps et contretemps, Fribourg 1942, S. 191 *

VIII
Die letzten Jahre

Im Jahr 1912 entwickelte Nijinsky zu der Musik von *Prélude à l'après-midi d'un faune* eine Choreographie für Diaghilews Ballets Russes. Obwohl Debussy mit dieser Adaption nicht einverstanden war, ließ er sich vor allem aus finanziellen Gründen dazu überreden, für Diaghilew die Ballettmusik *Jeux* zu komponieren. Der Kriegsausbruch bedrückte ihn, und 1915 kam eine schwere Operation hinzu, die infolge seiner Krebserkrankung notwendig geworden war. Debussy vollendete nur noch ein einziges weiteres Werk, die Violinsonate, und starb am 25. März 1918 im Alter von fünfundfünfzig Jahren.

Louis Laloy
(siehe Seite 216)

Der Kritiker und Musikwissenschaftler Louis Laloy wurde 1914 Geschäftsführer der Pariser Opéra. Er war Debussys erster Biograph.

An einem klaren Frühlingsnachmittag des Jahres 1913 ging ich mit Debussy einige Schritte in meinem Garten in Bellevue: Wir erwarteten Strawinsky. Sobald er unser gewahr wurde, lief der russische Komponist mit ausgestreckten Armen auf uns zu, um seinen französischen Lehrmeister zu umarmen. Debussy warf mir einen amüsierten, aber gleichzeitig gerührten Blick über die Schulter zu. Strawinsky hatte die Klavierbearbeitung zu vier Händen seines neuesten Werks – des *Sacre du printemps* – mitgebracht. Debussy erklärte sich bereit, auf dem Pleyel-Flügel – den ich noch heute besitze – die Bässe zu spielen. Strawinsky bat darum, seinen Kragen ablegen zu dürfen. Den Blick starr durch die Brille auf das Klavier gerichtet, senkte er den Kopf und riß, einige in der Bearbeitung vereinfachte Stellen summend, in einem Strom von Musik die agilen und weichen Hände seines Begleiters mit, der, ohne einmal zu haken, spielend mit den Schwierigkeiten fertig wurde. Als sie am Ende anlangten, war keine Rede mehr von Umarmungen oder Komplimenten. Wir waren alle stumm, erschüttert wie nach einem Orkan, der aus der Tiefe der Zeiten gekommen schien und uns an den Wurzeln des Lebens ergriffen hatte.

Debussy hatte mich zu dieser Zeit mit Satie bekannt gemacht, und wir trafen uns manchmal an seinem Tisch, tauschten süßsaure Bemerkungen und schiefe Blicke aus, die Debussy, glaube ich, sehr amüsierten. Mit Satie verband ihn eine turbulente und doch unlösbare Freundschaft – oder eher noch eine dieser Haßlieben, die ihn wegen des wiederholten Aufeinanderprallens nicht zu vereinbarender Unarten enervierten, ohne jedoch die Sympathie für den Charakter des anderen zerstören zu können; eine Sympathie, die aus der gemeinsamen Herkunft rührte. Man glaubte, zwei Brüder zu erleben, die die Lebensumstände in verschiedene Welten versetzt hatten, den einen in eine reiche, den anderen in eine arme. Der erste war gastfreundlich, aber stolz auf seine Überlegenheit und bereit, diese offen zu zeigen, der zweite unter einer lustigen Maske unglücklich, seine Schulden mit Späßchen bezahlend, mit denen er seinen Gastgeber unterhielt, dabei seine Demütigung verbergend; der eine immer auf der Hut vor dem anderen, ohne jedoch verhindern zu können, daß sie sich gegenseitig zärtlich liebten.

Debussy war ebensowenig Christ wie Satie. Der einzige Unterschied bestand darin, daß er seinen Stolz nicht verbarg. Zudem waren die Jahre, in denen Satie seine ersten Ruhmesstrahlen leuchten sah, die Kriegsjahre, und Debussy war traurig und niedergeschlagen von den Ereignissen, angeschlagen auch durch ein Unheil, dessen langsames Gift nichts mehr aufhalten konnte. Düsteren Gedanken nachhängend, war er weniger denn je zu einer Anstrengung von Freundlichkeit oder eines netten Lobs fähig. Als wir für Satie Konzerte organisierten, die sich einzig seinen Werken widmeten, konnte Debussy – schon ans Bett gefesselt – nicht daran teilnehmen, und der Bericht über deren Erfolg ließ ihn mißtrauisch werden, denn er glaubte an Ränke oder Täuschung. Satie, dem dies zu Ohren kam, war darüber derart außer sich, daß er ihm einen fast beleidigenden Brief schrieb. Debussy las ihn im Bett, in dem er seit Wochen unbeweglich lag und in dem er wenige Wochen darauf sterben sollte. Mit zittriger Hand verknitterte er den Brief, der plötzlich zerrissen war. »Pardon« murmelte er wie ein Kind, das man ausschimpfen wird, und mit Tränen in den Augen. Ich glaube, ich habe es Satie, der Debussy sicherlich unwissentlich verletzte, lange nachgetragen. Erst nach seinem Tod, der sieben Jahre später erfolgte, habe ich ihm verziehen, nachdem ich von Freunden erfuhr, wie sehr er seinerseits gelitten haben muß, als andere ihn lobten, ihm aber die Anerkennung, die ihm am wichtigsten gewesen wäre, verweigert blieb. So traurig war – durch ihrer beider Schuld – das Ende ihrer Freundschaft.

La musique retrouvée, Paris 1928, S. 213, 258f, 261f *

Pasteur Vallery-Radot
(siehe Seite 175)

Ich erinnere mich an diese Abende im Châtelet-Theater mit Debussy. Es waren die ersten Aufführungen der Ballets Russes, die ihn aufgrund ihrer Neuheit und ihrer Farbenpracht faszinierten und die gewöhnlich sehr gut mit der Musik harmonierten. Die Choreographie von Nijinsky hingegen, manchmal eckig und unharmonisch, »häßlich« und »Dalcrozianisch« wie er selbst sagte, verwirrte ihn. Die Verrenkungen Nijinskys in der *Prélude à l'après-midi d'un faune* waren weit von dem entfernt, was er hatte ausdrücken wollen.

Als *Jeux* das erste Mal im Théatre des Champs-Elysées aufgeführt wurde, am 15. Mai 1913, war ich unangenehm überrascht von der Choreographie, die aufgesetzt wirkte und niemals mit der

Musik übereinstimmte, und ich kam nicht umhin, Debussy mein Empfinden mitzuteilen. Er zuckte mit den Achseln, eine Geste die bei ihm bedeutete: »Was macht das schon, daß sie mich nicht verstanden haben?« – »Aber«, fragte ich ihn, »ich habe Sie während der Aufführung gar nicht gesehen. Wo waren Sie?« – »In der Concierge-Loge, eine Zigarette rauchen.«

Mes souvenirs sur Claude Debussy, Marottes et Violons d'Ingres, 46, 1953, S. 53 *

Jacques Durand
(siehe Seite 36)

Seit seinem berühmten Streichquartett hatte Debussy keine Kammermusik mehr geschrieben. Nachdem er in den Durand-Konzerten das Septett mit Trompete von Saint-Saëns wieder gehört hatte, war sein Interesse an dieser Musikrichtung wieder erwacht. Er teilte es mir mit, und ich bestärkte ihn darin. So wurde die Idee zu den sechs Sonaten für verschiedene Instrumente geboren.

Quelques souvenirs d'un éditeur de musique, 2 Bde., Paris 1924/25, Bd. 2, S. 77 *

Louis Laloy
(siehe Seite 216)

Als ich nach einiger Zeit Debussy Ende 1915 wiedersah, war ich erstaunt über die Niedergeschlagenheit und Traurigkeit in seinen Augen. Er hatte gerade *Noël des enfants qui n'ont plus de maisons* beendet, eine herzzerreißende Klage über die unschuldigen Opfer der Brände und Massaker, mit denen Belgien für seine loyale Haltung bestraft worden war. Wir sprachen an diesem Tag mit keinem Wort von den Verbrechen: Seine Musik genügte. Wir sprachen auch nicht über die Militäraktionen, aber über die Kathedrale von Reims und Jeanne d'Arc. Es war Debussy die Idee zu einer Kantate gekommen, die ihr Mitleid, ihren Mut und ihren Schmerz ausdrücken sollte, und in der durch die Flammen des Scheiterhaufens ihr prophetischer Glaube von der Befreiung ihres Volkes nach weiteren harten Prüfungen kündet. Er bat mich, dazu ein Gedicht zu schreiben, und von da an war dies das vornehmliche und einzige Thema unserer viel zu seltenen Treffen. Er las leise, dachte nach, brachte eine Anmerkung für das Orchester oder bezüglich des Tempos am Rand des Textes an, bat mich um einen anderen Rhythmus, eine Wiederholung, in dem er sich oft selbst verbesserte, die Richtung änderte und um den Entwurf kreiste, um ihn aus allen unterschiedlichen Winkeln zu betrachten – getreulich der Methode einer geduldigen Annäherung und schrittweisen Anpassung, die schließlich zu der exaktesten Übereinstimmung von Gedanken und Ausdruck führt. Während einer dieser Arbeitssitzungen sagte er mir zu einem schrillen Trompeteneinsatz, den er zunächst geplant und dann wieder verworfen hatte: »Ich mißtraue dem Außergewöhnlichen.« Das war der letzte Ratschlag, den ich von ihm erhielt, und ich möchte ihn der Nachwelt übermitteln.

Le monument de Claude Debussy, »Revue des deux mondes«, 102/14, 15. Juli 1932, S. 461f *

Darius Milhaud
(1892–1974)

Darius Milhaud studierte zusammen mit André Gedalge am Pariser Conservatoire und wurde vor allem mit seinen Ballettmusiken, wie *L'homme et son désir*, *Le boeuf sur le toit* und *La création du monde*, bekannt. Er gehörte der Gruppe Les Six an und war ein enger Freund von Erik Satie.

Ich hatte auch die Gelegenheit, Debussy in Konzerten zu hören – er spielte manchmal zu bestimmten Liedern die Begleitung – und jedesmal rührte mich die Sanftheit, mit der er die Töne anschlug, zutiefst; er spielte herrlich. Einmal erlebte ich ihn, wie er, ich glaube etwa 1912, die Uraufführung von *Rondes de printemps* in der Salle Gaveau dirigierte. Ich schätzte an ihm die große Präzision und Einfachheit, hatte mir aber niemals träumen lassen, ihm einmal persönlich zu begegnen. Damals, in einer Zeit ohne Radio und ohne Fernseher, umgab große Männer eine Art Mysterium, und aus meiner Generation hätte es keiner gewagt, sie darin zu stören; was heute nicht der Fall ist, wenn das Telefon klingelt und irgend jemand wissen will, wie mein Name buchstabiert wird.

Dann, während des Krieges, als Debussy die Sonate für Bratsche, Harfe und Flöte komponierte, ging ich regelmäßig zu einem Freund, wo wir Kammermusik spielten und damals gerade diese Sonate zusammen mit einem Harfenisten und einem Flötisten ausprobierten. Dies kam seinem Verleger, Monsieur Jacques Durand, zu Ohren, und er fragte mich, ob ich den Bratschenpart bei der Uraufführung von Debussys Sonate übernehmen wolle. Ich glaube, das war im Jahr 1916, während des Krieges. Diese Aussicht versetzte mich in helle Aufregung, und Monsieur Durand sagte mir: »Ich werde mit Debussy einen Termin ausmachen, und er wird Ihnen dann alle Tempi angeben.« Natürlich klopfte mein Herz wie wild, als ich den Meister traf, den ich so sehr verehrte. Er war schon sehr von seiner schweren Krankheit gezeichnet, der er zwei Jahre später erlag. Er sah sehr blaß aus und trug einen leichten Schal um die Schultern; die Hände zitterten auf den Klaviertasten. Aber außerordentlich heiter spielte er mir seine Sonate zweimal auf dem Klavier vor. Leider konnte ich mir nicht sämtliche Details wie Tempi, Rallentando usw. gleich merken.

Dann erzählte ich ihm natürlich nicht, daß ich selbst komponierte, da wir schüchterner waren, als es wohl heute die jungen Komponisten sind. Für Debussy war ich ein junger Bratschist, der ihm Ehrerbietung und Hochachtung entgegenbrachte. Nach all den Jahren hege ich für Debussy noch immer die gleiche Bewunderung, die gleiche zärtliche Empfindung, die gleiche Liebe.

Reminiscences of Debussy and Ravel, in: *Essays on Music,* Anthologie von »The Listener«, hg. von Felix Aprahamian (London 1967), S. 79f

Ernest Ansermet
(1883–1969)

Ernest Ansermet war eigentlich Mathematiker, hatte aber bei Ernest Bloch und André Gedalge auch Musikunterricht genommen. Von 1915 bis 1923 dirigierte er die Ballets Russes und gründete 1918 in Genf das Orchestre de la Suisse Romande, das er bis 1966 dirigierte.

Als ich 1917 in Paris die Uraufführung von Erik Saties *Parade* mit den Ballets Russes leitete, war auch Debussy anwesend, und er lud mich für den darauffolgenden Nachmittag zu sich nach Hause ein. Wir sprachen über die Tempi in seinen Werken, und ich hatte viele Fragen zu den *Nocturnes.* Er holte seine Partitur der *Nocturnes* hervor, und ich sah, daß sie mit Korrekturen in allen Farben übersät war, in roter, blauer, grüner Tinte. Ich fragte ihn: »Was davon ist richtig?« Und er sagte: »Ich weiß es nicht. Nehmen Sie die Partitur mit, und bringen Sie sie in ein paar Tagen wieder. Wählen Sie aus, was Ihnen als gut erscheint.«

Er war von sehr zurückhaltendem, aristokratischem Wesen. Und ich hatte immer das Gefühl, daß er sich von dem, was um ihn herum geschah, absetzte. Er pflegte nur einige wenige Freundschaften; eine langjährige mit Godet und später mit Lacerda. Er stand mit Satie auf sehr freundlichem Fuß (Satie kam einmal die Woche zu ihm zum Mittagessen). Aber er hatte sich ein Bild von Satie gemacht; er hielt ihn nicht für einen großen Musiker, aber für einen liebenswürdigen und interessanten Mann. Ich hatte das Gefühl, daß er sehr allein, sehr einsam war.

Debussy war sich seiner sicher. Er hatte seine eigene Auffassung von den Dingen und ließ sich darin auch nicht von anderen irritieren. Mit Leuten, deren Interesse sich lediglich auf politische oder wirtschaftliche Angelegenheiten richtete, konnte er nicht warm werden. Er lebte nur für seine Musik. Er war nicht der Mann, der sich nach den Partiuren anderer Leute umsah, er spielte seine eigene Musik. Er liebte Chopin, Schumann und Bach. Ein Freund, der Pianist Walter Rummel, pflegte ihn manchmal zu besuchen und Bach-Choräle zu spielen.

Ernest Ansermet im Gespräch mit Robert Chesterman, BBC, 7.September 1969

André Suarès
(siehe Seite 74)

Ich habe Debussy zweimal gesehen und zwischen beiden Malen lagen zwölf oder fünfzehn Jahre. Die letzte Begegnung mit ihm fand kurz vor seinem Tod statt. Es war anläßlich eines Wohlfahrtskonzerts, zu dem seine Werke gegeben wurden. Der Krieg hatte ihn als passonierten Patrioten gezeigt, der, mehr noch als bloß Franzose zu sein, vor allem in seiner Heimat, der Ile-de-France, tief verwurzelt war.

Er war gerade ernstlich erkrankt, und man hielt ihn für verloren – was er auch war. Was mich erschütterte, war nicht so sehr die Tatsache, daß er mager und hinfällig war, sondern sein abwesender Ausdruck und der tiefe Überdruß. Er war aschfahl und kreidebleich. Seine Augen glänzten nicht fiebrig, sondern hatten den schweren, düsteren Glanz tiefer Seen. Es war nicht einmal Bitterkeit in seinem Lächeln: Er war wohl eher des Leidens überdrüssig und empfand eine Angst, die wie schwankendes Rohr war, das an einem Herbstabend das schemenhafte Ufer eines Sees in trügerischer Ruhe umsteht.

Seine runde, geschmeidige und recht kräftige Hand, die der eines Bischofs glich, hing schwer an seinem Arm herab, der selbst kraftlos von der Schulter baumelte. Einzig sein Kopf war noch erfüllt von Leben, diesem grausamen Leben, an dem er doch so hing. Einige, die sich mit ihm unterhielten, gewannen Zuversicht und fanden ihn in besserer Gesundheit als erwartet. Aber als er sich setzte, schaute er langsam, mit schnellem Augenblinzeln ins Publikum, wie jemand, der sehen will, ohne gesehen zu werden, und der entdeckt, was der Blick der anderen nur halb erfaßt. Er war voller Abscheu und Scham, wie es nur der Künstler sein kann, und empfand es fast als Schande, leiden zu müssen. Man darf annehmen, daß er sein Leid vergrößerte, indem er es zu verstecken suchte.

Debussy, »Revue Musicale«, 2, Dezember 1920, S. 123 *

Jacques Durand
(siehe Seite 36)

(1918) Paris lag unter feindlichem Beschuß. Es gab ständig Flugzeugangriffe. Einer fand in unmittelbarer Nähe von Debussys Haus statt.

Ich ging eines Abends meinen unglücklichen Freund besuchen, und hoffte, ihn ein letztes Mal sehen zu können. Ich wußte, daß seine Tage gezählt waren, und die Spuren seines Leidens spiegelten sich in seinem ausdrucksvollen Gesicht. Als Debussy mich sah, war er sehr erfreut und wünschte, sich mit mir allein zu unterhalten. Er erzählte mir zunächst von den Schrecken der vergangenen Nacht, in der er, im Angesicht der Gefahr des Bombenangriffs, nicht die Kraft gehabt hatte aufzustehen, um im Keller mit den Seinen Schutz zu suchen, die sich weigerten, ihn allein zu lassen. Diese physische Unfähigkeit und die Schrecken des Krieges quälten ihn. Ich versuchte ihn aufzumuntern und ihn an eine baldige Besserung seines Zustands glauben zu lassen. Er dankte mir und schaute mich dann durchdringend mit seinen tiefgründigen Augen an und sagte mir, daß alles vorbei sei und daß er es wüßte, und es nur noch eine Frage von wenigen Stunden sei. Ach! Es war die Wahrheit. Als ich protestieren wollte, gab er mir ein Zeichen, daß er mich umarmen wolle und dann bat er mich, ihm eine Zigarette zu geben, als letzten Trost.

Quelques souvenirs d'un éditeur de musique, 2 Bde., Paris 1924/25,Bd. 2, S. 77f *

Louis Laloy
(siehe Seite 216)

Die Krankheit, unter der er seit mehreren Jahren litt, nahm unter der Härte der Kriegsjahre einen bösartigen Verlauf. Wir sahen seine Gesichtszüge verfallen, seinen Blick stumpf werden. Er war zuerst gezwungen, im Haus und dann im Bett zu bleiben. »Oh! dieses Bett! Dieses Bett!« seufzte er in seiner Hoffnungslosigkeit. An der Oper wurde unterdessen die Wiederaufnahme von *Castor et Pollux* vorbereitet. Die Generalprobe war für Donnerstag, den 21. März 1918, nachmittags, angesetzt, weil man am Abend mit Fliegerangriffen rechnete. Ein letztes Bedauern war es für ihn, nicht daran teilnehmen zu können. Er versuchte zu lächeln, als er mir beim Gehen mit erstickter Stimme sagte: »Richten Sie Herrn Castor schöne Grüße aus!«

Zwei Tage später, am Samstagmorgen, begann das Bombardement von Paris mit Langrohrgeschützen. Er hörte in seinen letzten

Tagen den schauerlichen Lärm der Explosionen. Sein Leiden hatte am Montag, dem 25. März, ein Ende.

La musique retrouvée, Paris 1928, S. 228 *

Claude-Emma Debussy (Chouchou)
(1905–19)

Claude-Emma Debussy war Debussys einziges Kind. Sie starb im Alter von vierzehn Jahren an den Folgen einer falschen medikamentösen Behandlung von Diphterie. Raoul Bardac war der Sohn aus erster Ehe von Debussys Frau Emma. Folgender Brief von Chouchou an Raoul Bardac datiert vom 8. April 1918.

Mein lieber Raoul,
Hast Du mein letztes Telegramm erhalten? Ja, nicht wahr. Ich hatte zuerst gedacht, Dir zu telegraphieren. Ich hatte Dir schon geschrieben, als mir einfiel, daß auf der Post mehrere Ausweispapiere nötig wären, die ich nicht besitze, da ich noch ein junges Mädchen bin, und ich habe daher Dolly beauftragt, es abzusenden. Nachdem ich Mamas aufgelöstes Gesicht gesehen hatte, bat ich Dolly, hierherzukommen. Kurz nachdem sie gegangen war, wurde Mama zu Papa gerufen, denn die Krankenschwester meinte, es ginge ihm »sehr, sehr schlecht«. Schnell wurden zwei Ärzte gerufen, die beide

Debussy und seine Tochter Chouchou in Houlgate (1911)

übereinstimmend meinten, daß es besser wäre, ihm eine Spritze zu geben, damit er nicht weiter leiden müsse. Natürlich verstand ich – Roger Ducasse, der gerade da war, sagte zu mir: »Komm deinen Vater umarmen, Chouchou.« Ich wußte also sofort, daß es zu Ende ging. Als ich in das Zimmer trat, schlief Papa und atmete regelmäßig, wenn auch sehr flach, bis zehn Uhr abends, und um diese Zeit schlief er leise und engelsgleich für immer ein. Was passiert ist, kann ich nicht sagen. Ein Sturzbach von Tränen wollte meinen Augen entrinnen, aber ich hielt die Tränen wegen Mama sofort zurück. Die ganze Nacht über konnte ich, allein in Mamas großem Bett, kein Auge schließen. Ich hatte Fieber, meine trockenen Augen starrten die Wand an, und ich konnte die Wirklichkeit einfach nicht fassen!

Am Tag darauf kamen viele, zu viele Leute, um Mutter zu sehen, und am Ende des Tages hielt sie es nicht mehr aus – es war eine Erleichterung für sie und für mich. Der Donnerstag nahte, der Donnerstag, an dem man ihn uns für immer nehmen sollte! Ich habe ihn das letzte Mal in dieser schrecklichen Kiste, die auf der Erde stand, gesehen. Oh! So glücklich sah er aus und diesmal hatte ich keine Kraft mehr, meine Tränen zurückzuhalten, und ich fiel fast hin und konnte ihn nicht küssen. Auf dem Friedhof konnte sich Mama natürlich nicht mehr zusammennehmen als irgend möglich, und was mich anbelangt, so dachte ich an nichts anderes als: »Ich darf nicht weinen, wegen Mama.«Ich nahm meine ganze Kraft zusammen, ich weiß nicht, woher sie kam. Ich weiß es nicht. Ich habe keine einzige Träne vergossen: Die unterdrückten Tränen sind wie die vergossenen, und jetzt ist für immer Nacht. Papa ist tot. Drei Worte, ich verstehe sie nicht, oder ich verstehe sie nur zu gut. Und ganz allein gegen den unbeschreiblichen Kummer von Mama ankämpfen zu müssen ist wirklich furchtbar – aber es hat mich einige Tage lang meinen eigenen vergessen lassen. Aber jetzt fühle ich ihn noch um so stärker – Oh, Du dort unten, so weit fort, denk' ein wenig an Deine arme kleine Schwester, die Dich umarmen und Dir sagen möchte, wie sehr sie Dich liebt. Verstehst Du, was ich alles empfinde und nicht schreiben kann?

Tausend zärtliche Küsse und alle Zuneigung von Deiner kleinen Schwester.

François Lesure/Roger Nichols (Hg.), *Debussy Letters*, London 1987, S. 335f *

Pasteur Vallery-Radot
(siehe Seite 175)

Debussy wollte auf dem Friedhof von Passy beerdigt werden, den er für weniger düster hielt als die anderen Pariser Friedhöfe. Dort würde er in der Gesellschaft von Bäumen und Vögeln liegen. Die Debussys besaßen dort aber keine Grabstelle, so daß der Sarg zunächst zum Père Lachaise gebracht werden mußte. Ein Jahr später sorgten Madame Debussy, André Caplet und ich für die Überführung nach Passy, wo Debussy heute begraben liegt.

Claude Debussy: souvenirs, »Revue des deux mondes«, CVIII, 45, 15. Mai 1938, S. 417

Zeittafel Claude Debussy

1862 Am 22. August wird Achille-Claude Debussy in Saint-Germain-en-Laye bei Paris geboren.

1867 Umzug der Familie nach Paris.

Zeit- und kulturgeschichtlicher Hintergrund

1862 Geburtsjahr von Frederick Delius, Gustav Klimt.
J. F. Halévy (63), Henry David Thoreau (45) sterben.
H. Berlioz, *Béatrice et Bénédicte;* G. Verdi, *Die Macht des Schicksals.*

1863 Französische Truppen besetzen Mexiko.
In London fährt die erste Untergrundbahn.
Geburtsjahr von Pietro Mascagni, Gabriel Pierné, Edvard Munch.
Eugène Delacroix (65), Alfred de Vigny (66) sterben.
Erster Salon des Refusés in Paris.
H. Berlioz, *Les troyens à Carthage*; G. Bizet, *Die Perlenfischer.*

1864 Bürgerkrieg in Japan.
Geburtsjahr von Richard Strauss.
Giacomo Meyerbeer (73) stirbt.
Ch. Gounod, *Mireille.*

1865 Ermordung Abraham Lincolns; Ende des amerikanischen Bürgerkriegs.
Geburtsjahr von Paul Dukas, Alexander Glasunow, Jean Sibelius.
G. Meyerbeer, *Die Afrikanerin*; R. Wagner, *Tristan und Isolde.*

1866 Österreichs Niederlage im Deutschen Krieg gegen Preußen.
Alfred Nobel erfindet das Dynamit.
Geburtsjahr von Ferruccio Busoni, Wassily Kandinsky, Erik Satie.
Friedrich Rückert (78) stirbt.
B. Smetana, *Die verkaufte Braut*; A. Bruckner, 1. Symphonie.

1867 Weltausstellung in Paris.
Geburtsjahr von Pierre Bonnard, Enrique Granados, Emil Nolde, Luigi Pirandello.
Charles Baudelaire (46) stirbt.
Ch. Gounod, *Romeo und Julia*; J. Offenbach, *Die Großherzogin von Gerolstein*; G. Verdi, *Don Carlos*; P. Tschaikowsky, 1. Symphonie.

1868 Geburtsjahr von Stefan George, Scott Joplin.
Gioacchino Rossini (76) stirbt.
R. Wagner, *Die Meistersinger von Nürnberg*; E. Grieg, Klavierkonzert; C. Saint-Saëns, 2. Klavierkonzert.

1869 Eröffnung des Suez-Kanals.
Geburtsjahr von André Gide, Henri Matisse, Hans Pfitzner, Albert Roussel, Frank Lloyd Wright.
Hector Berlioz (66) stirbt.
R. Wagner, *Das Rheingold.*

1871 Erster Klavierunterricht bei Jean Cerutti.
Debussys Vater schließt sich im März der Nationalgarde an und wird nach der Niederschlagung des Aufstands der Pariser Commune im Dezember zu vier Jahren Gefängnis verurteilt.

1872 Im Oktober Beginn des Studiums am Pariser Conservatoire in den Klassen von Lavignac und Marmontel.

1874 Dritter Preis in Solfeggio.
Bei einem Konzert des Conservatoire spielt Debussy Chopins Klavierkonzert in f-Moll.

1875 Zweiter Preis in Solfeggio; Auszeichnung für die Aufführung der zweiten Ballade in F-Dur von Chopin.

1876 Erster Preis in Solfeggio.

1877 Zweiter Preis für Klavier.

1870 Deutsch-Französischer Krieg.
Das Erste Vatikanische Konzil bestätigt die päpstliche Unfehlbarkeit.
Geburtsjahr von Florent Schmitt.
Charles Dickens (58) stirbt.
R. Wagner, *Die Walküre.*

1871 Proklamation des Deutschen Reiches in Versailles; die preußische Armee belagert Paris.
Aufstand der Pariser Commune.
Gründung der Société Nationale de Musique.
Geburtsjahr von Marcel Proust, Georges Rouault.
G. Verdi, *Aida.*

1872 Geburtsjahr von Serge Diaghilew, Piet Mondrian, Aleksandr Skrjabin, Ralph Vaughan Williams.
L. Tolstoi, *Krieg und Frieden.*
G. Bizet, *L'Arlésienne.*

1873 Geburtsjahr von Sergej Rachmaninow, Max Reger.
G. Bizet, *Jeux d'enfants*; N. Rimski-Korsakow, *Iwan der Schreckliche*; A. Bruckner, 2. Sinfonie; P. Tschaikowsky, 2. Symphonie.

1874 Wiedereinsetzung der Bourbonen-Herrschaft in Spanien.
Geburtsjahr von Gustav Holst, Charles Ives, Arnold Schönberg.
M. Mussorgsky, *Boris Godunow;* C. Saint-Saëns, *La Danse macabre*; R. Strauss, *Die Fledermaus.*

1875 Konstitution der Dritten Republik in Frankreich.
Geburtsjahr von Maurice Ravel, Rainer Maria Rilke, Thomas Mann, Otto Hahn, Pierre Monteux.
Georges Bizet (37), Camille Corot (79) sterben.
G. Bizet, *Carmen*; E. Lalo, *Symphonie espagnole*; C. Saint-Saëns, 4. Klavierkonzert.

1876 Ende des Zweiten Karlistenkrieges in Spanien.
Alexander Graham Bell läßt sich die Erfindung des Telephons patentieren.
Geburtsjahr von Pablo Casals, Manuel de Falla.
R. Wagner, *Der Ring der Nibelungen*; L. Delibes, *Sylvia*; A. Ponchielli, *La Gioconda*; E. Grieg, *Peer Gynt-Suite*; J. Brahms, 1. Symphonie.

1877 Ernennung von Queen Victoria zur Kaiserin von Indien.
Rußland erklärt der Türkei den Krieg.
Thomas Alva Edison erfindet den Phonographen.
Geburtsjahr von Alfred Cortot, Ernst von Dohnányi, Raoul Dufy.

1879 Im Oktober Eintritt in Auguste Baziles Klasse für Klavierbegleitung und Harmonielehre.
Aus dieser Zeit stammen die ersten überlieferten Kompositionen Debussys.

1880 Erster Preis in Harmonielehre.
Im Sommer Reisen in die Schweiz und nach Italien als Privatpianist bei Madame von Meck.
Im Dezember Eintritt in Guirauds Kompositionsklasse.

1881 Im Juli erneuter Aufenthalt bei Madame von Meck, diesmal in Moskau.
Klavierbegleiter in der Gesangsklasse von Madame Moreau-Sainti.
Bekanntschaft mit Blanche Vasnier, der er mehrere Lieder widmet.

1882 Im Mai erstmals öffentliche Aufführung eigener Musik.
Zweite Auszeichnung im Fach Kontrapunkt und Fuge.
Im August erneuter Aufenthalt in Moskau bei Madame von Meck, mit deren Familie er anschließend noch nach Wien reist.
Erste Fassung von *En Sourdine* und *Clair de Lune* (*Mandoline*); erste Veröffentlichung einer Komposition (*Nuit d'étoiles*).

1883 Zweiter Preis beim Prix de Rome für die Kantate *Le gladiateur* (Juni).

1884 Erster Preis beim Prix de Rome für die Kantate *L'enfant prodigue* (Juni).

E. Chabrier, *L'étoile*; C. Saint-Saëns, *Samson et Dalila*; J. Brahms, 2. Symphonie; A. Borodin, 2. Symphonie; A. Bruckner, 3. Symphonie.

1878 Bulgarien wird eigenständiges Fürstentum unter türkischer Hoheit.
Geburtsjahr von Franz Schreker.
L. Tolstoi, *Anna Karenina*.
P. Tschaikowsky, 4. Symphonie.

1879 Jules Grévy wird Staatspräsident Frankreichs.
Geburtsjahr von Sir Thomas Beecham, Maurice Delage, E. M. Forster, Paul Klee, Ottorino Respighi.
P. Tschaikowsky, *Eugen Onegin*; E. Chabrier, *Une éducation manquée*.

1880 Geburtsjahr von Ernest Bloch, André Derain, Nikolaus Medtner.
Gustave Flaubert (59), Jacques Offenbach (61), Henri Wieniawski (45) sterben.
N. Rimski-Korsakow, *Eine Mainacht*; A. Sullivan, *Pirates of Penzance*.

1881 Zar Alexander II. fällt in St. Petersburg einem Attentat zum Opfer.
In Berlin wird die erste elektrische Straßenbahn in Betrieb genommen.
Geburtsjahr von Béla Bartók, George Enescu, Pablo Picasso, Fernand Léger.
Fjodor M. Dostojewski (60), Modest Mussorgsky (42) sterben.
J. Offenbach, *Hoffmanns Erzählungen*; J. Brahms, 2. Klavierkonzert; A. Bruckner, 4. Symphonie.

1882 Geburtsjahr von James Joyce, Zoltán Kodály, Francesco Malipiero, Igor Strawinsky, Karol Szymanowski, Virginia Woolf, Georges Braque.
R. Wagner, *Parsifal*; N. Rimski-Korsakow, *Schneeflöckchen*.

1883 Geburtsjahr von Ernest Ansermet, Alfredo Casella, Franz Kafka, Anton Webern.
Edouard Manet (51), Richard Wagner (70) sterben.
L. Delibes, *Lakmé*; J. Brahms, 3. Symphonie.

1884 Geburtsjahr von Amadeo Modigliani.
Bedřich Smetana (60) stirbt.
J. Massenet, *Manon*; G. Puccini, *Le villi*; J. Brahms, 4. Symphonie; A. Bruckner, 7. Symphonie; A. Dvořák, 6. Symphonie.

1885 Ab Januar Aufenthalt in der Villa Medici in Rom.
Im November Bekanntschaft mit Franz Liszt, der ihn auf die Werke von Palestrina und Orlando di Lasso hinweist.
L'ombre des arbres; Chevaux de bois.

1886 Fertigstellung der symphonischen Ode *Zuléima.*
Unterbrechung des Rom-Aufenthalts, die von der Académie zutiefst mißbilligt wird.
Green.

1887 Im Februar Rückkehr nach Paris.
Printemps; C'est l'extase, Il pleure dans mon cœur, Spleen (Ariettes oubliées) sowie *La mort des amants (Cinq poèmes de Charles Baudelaire)*; Beginn der Komposition von *La damoiselle élue.*

1888 Besucht Aufführungen von *Parsifal* und *Die Meistersinger* in Bayreuth.
Le balcon (Cinq poèmes); Beginn der Komposition von *Petite Suite*, Fertigstellung von *La damoiselle élue.*

1889 Hört *Parsifal*, *Die Meistersinger* und *Tristan* in Bayreuth; Besuch der Weltausstellung in Paris.
Harmonie du Soir, *Le jet d'eau*, *Receuillement* (*Cinq poèmes*); UA und Veröffentlichung der *Petite suite*; Beginn der Komposition der Fantasie für Klavier und Orchester.

1890 Beginn der Komposition von *Rodrigue et Chimène* (Oper) sowie der *Suite bergamasque*; Fertigstellung der Fantasie für Klavier und Orchester.

1891 Bekanntschaft mit Erik Satie.
Erste Serie der *Fêtes galantes.*

1892 Aufgabe des Projekts *Rodrigue et Chimène* (Jan.).
Liaison mit Gabrielle (Gaby) Dupont.
De rêve, De grève (Proses lyriques); Beginn der Komposition von *Prélude à l'après-midi d'un faune.*

1893 Bekanntschaft mit Oscar Wilde (Feb.).
Im April UA von *La damoiselle élue.*
Nach dem Besuch einer Aufführung von Maurice Maeterlincks Drama *Pelléas et Mélisande* beginnt Debussy mit der Vertonung dieses Werkes.

1885 Geburtsjahr von Alban Berg, Otto Klemperer, Edgar Varèse, Egon Wellesz, Ezra Pound, D. H. Lawrence.
Victor Hugo (83) stirbt.
A. Dvořák, 7. Symphonie; R. Strauss, *Der Zigeunerbaron.*

1886 Gottlieb Daimler baut das erste Automobil.
Franz Liszt (75) stirbt.
M. Mussorgsky, *Chowanschtschina*; C. Franck, *Variations symphoniques.*

1887 Zur Weltaustellung in Paris wird der Eiffelturm errichtet.
Geburtsjahr von Marc Chagall, Le Corbusier, Artur Rubinstein, Heitor Villa-Lobos, Edith Sitwell.
Alexander Borodin (53) stirbt.
G. Verdi, *Otello.*

1888 Wilhelm II. wird Kaiser des Deutschen Reiches.
Gründung des Instituts Louis Pasteur in Paris.
Geburtsjahr von Louis Durey, T. S. Eliot.
P. Tschaikowsky, 5. Symphonie; E. Lalo, *Le roi d'Ys.*

1889 Kronprinz Rudolf, designierter Thronfolger von Österreich-Ungarn, erschießt sich bei Mayerling im Wiener Wald.
Zur Weltaustellung in Paris wird der Eiffelturm eingeweiht.
Geburtsjahr von Charlie Chaplin, Jean Cocteau.
R. Strauss, *Don Juan*; G. Mahler, 1. Symphonie.

1890 Rücktritt Otto von Bismarcks als Reichskanzler.
Geburtsjahr von Charles de Gaulle, Jacques Ibert, Bohuslav Martinů, Nijinsky, Boris Pasternak.
Vincent van Gogh (37), César Franck (68) sterben.
A. Borodin, *Prinz Igor*; P. Mascagni, *Cavallerina rusticana*; P. Tschaikowsky, *Pique Dame.*

1891 Geburtsjahr von Max Ernst, Sergej Prokofjew.
L. Delibes (55) und Georges Seurat (32) sterben.

1892 Geburtsjahr von Arthur Honegger, Darius Milhaud.
Édouard Lalo (69) stirbt.
R. Leoncavallo, *I pagliacci*; J. Massenet, *Werther*; A. Bruckner, 8. Symphonie.

1893 Geburtsjahr von Wladimir Majakowski, Wilfred Owen.
Charles Gounod (75), Peter Tschaikowsky (53), Guy de Maupassant (43) sterben.
E. Humperdinck, *Hänsel und Gretel*; G. Puccini, *Manon Lescaut*; G. Verdi, *Falstaff*; P. Tschaikowsky, 6. Symphonie.

Bekanntschaft mit Pierre Louÿs.
Im Dezember UA des Streichquartetts.
De fleurs, De soir (Proses lyriques).

1894 Verlobung mit der Sängerin Thérèse Roger (Feb.), wird bereits einen Monat später wieder gelöst.
Eugène Ysaye gibt in Brüssel das erste Konzert, dessen Programm ausschließlich aus Debussy-Werken besteht (März).
Im Dezember UA von *Prélude à l'après-midi d'un faune.*

1895 Abschluß der ersten Fassung von *Pelléas et Mélisande.*

1896 Die erste Fassung von *Sarabande* wird veröffentlicht (Feb.).

1897 Im Februar UA der orchestrierten Fassung zweier Stücke aus Saties *Gymnopédies.*
Im Juni Beginn der Arbeit an den *Chansons de Bilitis*, im Dezember an der Schlußfassung der *Nocturnes.*

1898 Gerichtliche Verfolgung wegen nichtbezahlter Schulden.
Ende der Liaison mit Gabrielle Dupont.
Dieu, qu'il la fait bon regarder; Yver, vous n'estes qu'un villain.

1899 Im Oktober Heirat mit Rosalie (Lily) Texier.
Abschluß der *Nocturnes* (Dez.).

1900 Im Dezember UA von *Nuages* und *Fêtes* (*Nocturnes*).

1894 Hauptmann Alfred Dreyfus wird in Frankreich des Hochverrats angeklagt.
Geburtsjahr von Aldous Huxeley, e. e. cummings.
Alexis Emanuel Chabrier (53), Hans von Bülow (64) sterben.
J. Massenet, *Thaïs*; A. Bruckner, 5. Symphonie.

1895 Die Brüder Lumière organisieren die erste kommerzielle Vorführung von bewegten Bildern.
Conrad Röntgen entdeckt die X-Strahlen.
Henry Wood begründet die Promenade Concerts in London.
Geburtsjahr von Paul Eluard, Paul Hindemith, Carl Orff.
Sigmund Freuds erstes Werk über Psychoanalyse erscheint (*Studien über Hysterie*).
R. Strauss, *Till Eulenspiegel*; G. Mahler, 2. Symphonie.

1896 Frankreich annektiert Madagaskar.
Geburtsjahr von Léonide Massine, Roger Sessions.
Anton Bruckner (72) stirbt.
U. Giordano, *Andrea Chénier*; G. Puccini, *La Bohème*; H. Wolf, *Der Corregidor*.

1897 Geburtsjahr von William Faulkner, Thornton Wilder.
Johannes Brahms (64) stirbt.

1898 Spanisch-Amerikanischer Krieg; US-Truppen besetzen Kuba, die Philippinen und Hawaii.
Marie und Pierre Curie entdecken das Radium.
Geburtsjahr von George Gershwin, Bertolt Brecht, Ernest Hemingway, Henry Moore, Paul Robeson.
Lewis Carroll (66), Aubrey Beardsley (26) sterben.
R. Strauss, *Ein Heldenleben*; N. Rimski-Korsakow, *Sadko*; A. Messager, *Véronique*.

1899 Beginn des Burenkrieges in Südafrika.
Alfred Dreyfus wird nach einem Revisionsprozeß erneut verurteilt.
Geburtsjahr von Noel Coward, Alfred Hitchcock, Francis Poulenc, Georges Auric, Federico Garcia Lorca.
Ernest Chausson (44), Johann Strauß (74) sterben.
E. Elgar, *Enigma Variations*; N. Rimski-Korsakow, *Die Zarenbraut*.

1900 Boxer-Aufstand in China.
Die Métro in Paris nimmt ihren Betrieb auf.

1901 Schreibt Musikkritiken für »La Revue Blanche« (ab April).
Schriftliche Zusicherung (Mai), daß *Pelléas et Mélisande* in der kommenden Saison aufgeführt werden soll.
Im Oktober erste vollständige Aufführung der *Nocturnes.*

1902 Im Januar UA von *Pour le Piano.*
Am 30. April Premiere der Oper *Pelléas et Mélisande.*

1903 Ernennung zum Chevalier der Legion d'Honneur.
Estampes; Beginn der Komposition von *La mer.*

1904 Debussy verläßt Lily Texier wegen Emma Bardac (Juni).
Danse sacrée et danse profane, Masques, L'isle joyeuse, Trois chansons de France, zweite Serie der *Fêtes galantes.*

1905 Klavierauszug von *La mer* (März).
Scheidung von Lily Texier (Aug.).
Geburt der Tochter Claude-Emma (Chouchou) am 30. Oktober.
Im Oktober UA von *La mer.*

Max Planck formuliert die Quantentheorie.
Geburtsjahr von George Antheil, Aaron Copland, Ernst Krenek, Kurt Weill.
Friedrich Nietzsche (55), Oscar Wilde (46), Arthur Sullivan (59) sterben.
Sigmund Freud, *Traumdeutung*; A.Tschechow, *Onkel Wanja*.
G. Puccini, *Tosca*; J. Sibelius, *Finlandia-Suite*; G. Charpentier, *Louise*; N. Rimski-Korsakow, *Das Märchen vom Zaren Saltan*.

1901 Queen Victoria, Königin von England, stirbt am 22. Januar.
Der Nobelpreis wird erstmals vergeben.
Geburtsjahr von Walt Disney, Jascha Heifetz, Marlene Dietrich, André Malraux, Henri Sauguet.
Henri Toulouse-Lautrec (37), Giuseppe Verdi (88) sterben.
Thomas Mann, *Die Buddenbrooks*.
A. Dvořák, *Rusalka*; S. Rachmaninow, 2. Klavierkonzert; R. Strauss, *Feuersnot*; G. Mahler, 4. Symphonie; A. Bruckner, 6. Symphonie.

1902 Ende des Burenkriegs in Südafrika.
Geburtsjahr von John Steinbeck, William Walton.
Samuel Butler (67), Émile Zola (62) sterben.
A. Schönberg, *Verklärte Nacht*; J. Sibelius, 2. Symphonie.

1903 Die Gebrüder Wright unternehmen die ersten Motorflug-Versuche.
Geburtsjahr von Lennox Berkeley, Aram Chatschaturjan, Evelyn Waugh, Boris Blacher.
Paul Gauguin (55), Hugo Wolf (43) sterben.
G. Mahler, 3. Symphonie; E. Elgar, *The Apostles*.

1904 Russisch-Japanischer Krieg.
Beginn der Ausgrabungen für den Panama-Kanal.
Geburtsjahr von Georges Balanchine, Salvador Dalí, Luigi Dallapiccola, Graham Greene, Dimitri Kabalewski.
Anton Tschechow (44), Anton Dvořák (63) sterben.
G. Puccini, *Madame Butterfly*; L. Janáček, *Jenufa*; G. Mahler, 5. Symphonie; M. Ravel, Streichquartett.

1905 Gescheiterte Revolution in Rußland.
Gesetz zur Trennung von Kirche und Staat in Frankreich verabschiedet.
Geburtsjahr von Jean-Paul Sartre, Michael Tippett, Greta Garbo.
Albert Einstein, Relativitätstheorie.
R. Strauss, *Salome*; F. Lehár, *Die lustige Witwe*; G. Mahler, *Kindertotenlieder*.

1906 Bekanntschaft mit Richard Strauss (März).
UA der ersten Serie der *Images*.

1907 Aufführungen von *Pelléas et Mélisande* in Brüssel (Jan.) und Frankfurt (April).

1908 Heirat mit Emma Bardac (Jan.).
Dirigiert eigene Musik in London (Feb.).
Aufführung von *Pelléas et Mélisande* in New York (Feb.) und Mailand (März, dirigiert von Toscanini); UA der zweiten Serie der *Images* (Feb.).
Im Dezember UA von *Children's Corner*.

1909 Im Februar Ernennung zum Mitglied des Obersten Rats des Conservatoire.
Dirigiert erneut in London.
Überwacht die Produktion von *Pelléas et Mélisande* am Covent Garden in London.
Rondes de printemps; Beginn der Arbeit an der Rhapsodie für Klarinette und am ersten Buch *Douze Préludes*.

1910 Im Februar UA von *Ibéria*.
Bekanntschaft mit Gustav Mahler (April) und mit Igor Strawinsky (Juni, nach dem Besuch einer Aufführung des *Feuervogel)*.
Im Oktober Tod des Vaters.
Reise nach Wien und Budapest (Nov.).
Trois ballades de François Villon; Veröffentlichung des ersten Buches *Douze Préludes*.

1911 Im Mai UA von *Le martyre de Saint-Sébastien*.
Reise nach Turin (Juni).

1912 Im Mai UA der Ballettfassung von *L'après-midi d'un faune* durch die Ballets Russes in Paris.
Erste Fassung der *Jeux* (Sept.).
100. Aufführung von *Pelléas et Mélisande* an der Opéra-Comique (27. Dez.).

1906 Erdbeben in San Francisco.
Geburtsjahr von Samuel Beckett, Dmitri Schostakowitsch.
Paul Cézanne (67), Henrik Ibsen (78) sterben.
E. Elgar, *The Kingdom*; G. Mahler, 6. Symphonie.

1907 England, Frankreich und Rußland bilden die Tripelentente.
Geburtsjahr von W. H. Auden, Alberto Moravia.
Edvard Grieg (64) stirbt.
F. Delius, *A Village Romeo and Juliet*; P. Dukas, *Ariane et Barbebleu.*

1908 Belgien annektiert den Kongo.
Bulgarien erklärt seine Unabhängigkeit.
Geburtsjahr von Olivier Messiaen, Herbert von Karajan, Elliott Carter, Simone de Beauvoir.
Nikolai Rimski-Korsakow (64) stirbt.
E. Elgar, 1. Symphonie; F. Delius, *Brigg Fair*; A. Skrjabin, *Poème de l'extase*; G. Mahler, 7. Symphonie.

1909 Louis Blériot überquert den Ärmelkanal erstmals mit einem Flugzeug.
Henry Ford baut das erste Automobil der T-Reihe.
Wassily Kandinsky malt das erste abstrakte Bild.
In Mailand wird das Futuristische Manifest veröffentlicht.
Isaac Albéniz (48) stirbt.
R. Strauss, *Elektra*; S. Rachmaninow, 3. Klavierkonzert; E. Wolf-Ferrari, *Il segreto di Susanna.*

1910 Geburtsjahr von Jean Anouilh, Samuel Barber, Jean Genet.
Milij Balakirew (73), Leo Tolstoi (82), Mark Twain (75) sterben.
I. Strawinsky, *Feuervogel*; A. Berg, Streichquartett; R. Vaughan Williams, *A Sea Symphony* und *Fantasia on a Theme by Tallis;* G. Puccini, *Das Mädchen aus dem goldenen Westen;* G. Mahler, 8. Symphonie; E. Elgar, Violinkonzert.

1911 Roald Amundsen erreicht den Südpol.
Gustav Mahler (50) stirbt; Bruno Walter dirigiert postum die Uraufführung von *Das Lied von der Erde* in München.
R. Strauss, Der Rosenkavalier; I. Strawinsky, *Petruschka*; E. Elgar, 2. Symphonie; M. Ravel, *L'heure espagnole.*

1912 Ausrufung der Republik in China.
Untergang der »Titanic« vor Neufundland.
Geburtsjahr von John Cage, Eugène Ionesco.
Jules Massenet (70) stirbt.
A. Schönberg, *Pierrot lunaire*; M. Ravel, *Daphnis et Chloé*; F. Schreker, *Der ferne Klang*; R. Strauss, *Ariadne auf Naxos*; G. Mahler, 9. Symphonie.

1913 Im Januar UA der Orchesterfassung der *Images*.
Im Mai UA der Ballettmusik *Jeux* durch die Ballets Russes; Loie Fuller entwickelt Choreographien zu *Nuages* und *Sirènes*.
Reise nach Moskau und St. Petersburg auf Einladung von Serge Kussewitzky (Dez.).
Veröffentlichung des zweiten Buches der *Douze Préludes*.

1914 Reisen nach Rom, Den Haag und Amsterdam (Feb.).
Letzter Besuch in London (Juli).

1915 Im März Tod der Mutter.
Krebsoperation (Dez.).
En blanc et noir; Sonate für Violoncello und Klavier; *Études*; Sonate für Flöte, Viola und Harfe.

1916 Beginn der Arbeit an der Sonate für Violine und Klavier (Okt.); im Dezember UA der *Études*.

1917 Im September letzter öffentlicher Auftritt als Klavierbegleiter bei der Violinsonate.

1918 Am 25. März stirbt Claude Debussy im Alter von 55 Jahren.

1913 Nils Bohr entdeckt die Struktur des Atoms.
Geburtsjahr von Benjamin Britten, Albert Camus, Witold Lutoslawski.
Thomas Mann, *Der Tod in Venedig.*
I. Strawinsky, *Le Sacre du Printemps*; A. Schönberg, *Gurrelieder*; A. Webern, *Sechs Orchesterstücke*; M. de Falla, *La vida breve*; S. Prokofjew, 2. Klavierkonzert.

1914 Eröffnung des Panama-Kanals.
Beginn des Ersten Weltkriegs nach der Ermordung des Erzherzogs Franz Ferdinand von Österreich in Sarajevo.
Geburtsjahr von Andrzej Panufnik, Dylan Thomas, Tennessee Williams.
James Joyce, *The Dubliners.*
R. Vaughan Williams, *A London Symphony.*

1915 Versenkung der britischen »Lusitania« durch deutsche U-Boote.
Erste direkte Telefonleitung von New York nach San Francisco.
Geburtsjahr von Saul Bellow, Arthur Miller, Svjatoslav Richter.
Alexandr Skrjabin (43) stirbt.
R. Strauss, *Alpensymphonie.*

1916 Kampf um Verdun, Schlacht an der Somme.
Geburtsjahr von Yehudi Menuhin, Milton Babbitt.
Enrique Granados (49), Henry James (73), Max Reger (43), George Butterworth (31) sterben.
M. de Falla, *Noches en los jardines de España*; E. Granados, Goyescas; S. Prokofjew, *Skythische Suite*; G. Holst, *Savitri.*

1917 Bürgerkrieg in Rußland; nach der Oktoberrevolution Proklamation zur föderativen Republik.
Eingreifen der Vereinigten Staaten in den Ersten Weltkrieg.
Edgar Degas (83), Scott Joplin (48) sterben.
F. Busoni, *Turnador* und *Arlecchino*; G. Puccini, *La Rondine*; S. Prokofjew, *Symphonie classique*; H. Pfitzner, *Palestrina*; E. Satie, *Parade.*

1918 Ende des Ersten Weltkriegs. Wilhelm II. geht ins niederländische Exil. Novemberrevolution in Deutschland.
Geburtsjahr von Leonard Bernstein.
Lili Boulanger (24), Gustav Klimt (56), Charles Hubert Parry (70), Wilfred Owen (25), Guillaume Apollinaire (38) sterben.
Oswald Spengler, *Der Untergang des Abendlands.*
I. Strawinsky, *Die Geschichte vom Soldaten*; S. Prokofjew, 1. Symphonie; B. Bartók, *Der wunderbare Mandarin*; G. Puccini, *Il trittico.*

Personenregister

Hauptbeiträge sind mit halbfetten Ziffern gekennzeichnet.